Margaretha Kopeinig

MARTIN SCHULZ – VOM BUCHHÄNDLER ZUM MANN FÜR EUROPA

Die Biografie

Mit einem Vorwort von Jean-Claude Juncker

GEGRÜNDET
1999

Margaretha Kopeinig

MARTIN SCHULZ – VOM BUCHHÄNDLER ZUM MANN FÜR EUROPA

Die Biografie

Mit einem Vorwort von Jean-Claude Juncker

Czernin Verlag, Wien

Gedruckt mit Unterstützung der Stadt Wien, MA 7/ Kultur – Wissenschafts- und Forschungsförderung

Kopeinig, Margaretha: Martin Schulz – vom Buchhändler zum Mann für Europa. Die Biografie / Margaretha Kopeinig Wien: Czernin Verlag 2016
ISBN: 978-3-7076-0584-6

© 2016 Czernin Verlags GmbH, Wien
Coverfoto: © Europäisches Parlament
Autorinnenfoto: Karharina Roßboth-Fröschl
Alle weiteren Fotos © Europäisches Parlament,
außer Seite 32/33 (Lampedusa) © Franco Lannino/EPA/picturedesk.com
und Seite 278/79 © FEP, Get caught reading
Umschlaggestaltung: sensomatic
Lektorat: Senta Wagner
Satz: Burghard List
Druck: Finidr
ISBN Print: 978-3-7076-0584-6
ISBN E-Book: 978-3-7076-0585-3

INHALT

VORWORT VON JEAN-CLAUDE JUNCKER,
Präsident der Europäischen Kommission

Martin Schulz ist ein streitbarer Europäer – und das meine ich im besten Sinne des Wortes. Denn er gibt niemals auf, wenn es um Europa geht. Das ist die logische Konsequenz nicht nur aus seiner Persönlichkeit, sondern auch aus seiner Herkunft. Wenn man wie Martin Schulz und ich in einem Dreiländereck aufgewachsen ist, lernt man früh die Bedeutung von Grenzen kennen. Auch wenn es sich heute wie aus einer längst vergangenen Zeit anfühlen mag, wissen wir noch gut, wie es war, wenn man mit schweren Taschen – weil das Münzgeld in mehreren Währungen darin lastete – an Schlagbäumen warten musste. Wir wissen aber auch, dass es sich immer lohnt, über den eigenen Tellerrand zu blicken. Von Grenzen geht nämlich nicht nur eine teilende, sondern auch eine verbindende Kraft aus.

Wer damit aufwächst, dass die Nachbarn in einem anderen Land leben, entwickelt automatisch einen Sinn dafür, sich der Welt samt anderen Sprachen und Kulturen zuzuwenden und in größeren Zusammenhängen zu denken. Martin Schulz und ich haben uns deswegen nie nur als Würselener oder Luxemburger, als Deutsche oder als Bürger des Großherzogtums begriffen, sondern immer auch als Europäer. Das hat vielleicht damit zu tun, dass wir Grenzbewohner im Vergleich zu vielen Inländern ein besseres Gehör und Gespür für unsere Nachbarn haben. Das hilft auch am europäischen Familientisch, wo es oft vor allem darauf ankommt, die kulturellen und politischen Besonderheiten zu verstehen, um auf dieser Grundlage Kompromisse ausloten zu können, die allen Beteiligten zum Vorteil gereichen.

Das Europäische Parlament und die Europäische Kommission stehen in besonderem Maße für diese Einladung an den Familientisch und damit für die Kraft des Zusammenhaltens. Als echte

Gemeinschaftsinstitutionen müssen wir uns weniger nach Parteipolitik oder nationalen Wahlen richten. Für uns ist ausschließlich das Wohl der 500 Millionen Europäer das Maß der Dinge. Wie es sich für diejenigen gehört, die die Familie auch logistisch zusammenhalten, stehen Martin Schulz und ich deshalb in ständigem Austausch. Nicht selten sind wir dabei unterschiedlicher Meinung, und dann ist es vor allem unserer Gesprächsbereitschaft zu verdanken, dass wir trotzdem den Sprung von einem guten hin zu einem besseren Ergebnis schaffen.

Dass wir auch auf der persönlichen Ebene gut miteinander auskommen – auch wenn wir uns natürlich unserer institutionellen Rollen und Pflichten bewusst sind –, erleichtert sicherlich die ohnehin enge und vertrauensvolle Zusammenarbeit unserer Institutionen. Das ist jetzt entscheidender denn je. Denn wir haben keine Zeit zu verlieren, wenn es darum geht, Ergebnisse zu liefern und Europa spürbar zu machen.

Das gilt umso mehr nach dem Votum im Vereinigten Königreich. Denn auch wenn dieses von der britischen Innenpolitik bestimmt war und wir das Referendum weder einberufen haben noch dafür verantwortlich sind, können und wollen wir daraus Schlüsse ziehen. Schließlich ist Lernfähigkeit unsere Stärke, und nur deshalb konnte Europa aus vorherigen Krisen gestärkt und besser gewappnet für die Zukunft hervorgehen.

Europa ist von Anfang an eine Geschichte der Lernerfolge gewesen. Es war die Generation unserer Mütter und Väter, die aus den Konzentrationslagern, von den Schlacht- und Minenfeldern zurückkehrte und das Grauen, das sie erlebt hatte, ein für alle Mal hinter sich lassen wollte. So wie mein Vater zwangsrekrutiert die Abgründe des Krieges erfahren musste, hat auch die Familie von Martin Schulz unter dem Zweiten Weltkrieg und seinen Folgen gelitten, als unser ganzer Kontinent vor den Trümmern der Gewalt und den Scherben der zu Bruch gegangenen Menschlichkeit stand.

Unsere Eltern wurden Europäer, weil sie den Hass hassen gelernt hatten; weil sie sich nach Freundschaft statt Feindschaft sehnten, und weil sie Gemeinsames gemeinsam aufbauen wollten.

Das Europa unserer Eltern war also entgegen allen Mythen kein Eliten-Projekt. Die Politiker haben damals nichts anderes getan, als das Verlangen der Menschen in ein politisches Friedensprojekt zu gießen. Und auch heute noch ist Europa das Versprechen einer besseren Zukunft, das wir für die Generation nach uns einlösen müssen. Europa ist also das Gegenteil einer Eliten-Veranstaltung, weil es uns allen – und nicht nur ein paar Privilegierten – die Türen öffnet, um über Grenzen hinweg zu reisen, zu lernen, zu arbeiten, zu leben und zu lieben. Wenn wir heute mit EU-Strukturfonds die Infrastruktur ausbauen, grenzüberschreitende Bildungs- und Forschungsprojekte wie Erasmus fördern und hohe europäische Standards einführen, die Umwelt und Verbraucher besser schützen, dann dient das allen.

Genau das ist und bleibt unser Auftrag. Und bei aller Kritik, die Europa gerade erfährt, können wir doch objektiv festhalten, dass Europa all seinen Bürgerinnen und Bürgern jahrzehntelang Frieden und Freiheit, Sicherheit und Wohlstand garantiert hat. Darauf können wir uns nicht ausruhen, aber wir können unsere Zukunft auf diesem sehr soliden Fundament aufbauen.

Deshalb haben Martin Schulz und ich, als wir am Morgen nach dem Referendum in Großbritannien telefonierten, beschlossen, jetzt erst recht die Ärmel für Europa hochzukrempeln – nicht für mehr, sondern für ein besseres Europa. Diesen Kurs habe ich schon zu Beginn meiner Amtszeit als Kommissionspräsident eingeschlagen – mit großer Rückendeckung des Europäischen Parlaments. Wissend, dass weniger manchmal mehr ist, haben wir konsequenterweise die Anzahl der Kommissionsvorschläge von durchschnittlich 130 pro Jahr auf 23 reduziert. Wir verschwenden keine Zeit mehr auf Dinge wie Duschköpfe oder Ölkännchen, die die Mitgliedstaaten viel besser selbst regeln können. Stattdessen haben wir uns auf zehn Prioritäten konzentriert – auf Herausforderungen, die wie Flüchtlingspolitik, Klimawandel und Terror nicht an Grenzen haltmachen und die wir daher besser vereint anpacken.

Wir werden diesen Kurs nun umso konsequenter fortsetzen, und dabei zahlt sich die enge Zusammenarbeit mit Martin Schulz und dem Europäischen Parlament bereits aus. Dank dieser konnten wir einige europäische Geschwindigkeitsrekorde aufstellen. So hat es nur sechs Monate und ein paar Tage gedauert, um die Vorschläge der Kommission für einen europäischen Grenz- und Küstenschutz Wirklichkeit werden zu lassen. Innerhalb von nur zehn Wochen haben wir – mit der Unterstützung des Parlaments – einen Nachtragshaushalt für 2016 verabschiedet, der durch die Umschichtung von Mitteln in unserem EU-Haushalt 10,1 Milliarden Euro zur Bekämpfung der Flüchtlingskrise mobilisiert hat. Außerdem haben wir in Rekordzeit die 315 Milliarden Euro schwere kontinentale Investmentoffensive auf den Weg gebracht, die schon im ersten Jahr in 26 Mitgliedstaaten 107 Milliarden Euro an neuen Investitionen angekurbelt und rund 150.000 Arbeitsplätze geschaffen hat. Davon profitieren Digitalisierungsprojekte, erneuerbare Energien und andere Zukunftstechnologien ebenso wie kleine und mittelständische Unternehmen. Diese Beispiele zeigen nur allzu deutlich, was wir gemeinsam viel schneller erreichen können. Was zuvor unter anderen Vorzeichen Jahre gedauert hätte, ist heute in Rekordgeschwindigkeit möglich, weil Martin Schulz weiß, wie man die notwendigen Mehrheiten im Parlament schnell organisiert. Das macht Europa handlungsfähig.

Martin Schulz und ich haben es zur Priorität der Europäischen Union – und somit von Kommission und Europaparlament – erklärt, Beschäftigung und Wachstum zu schaffen. Obwohl wir beide in verschiedenen Parteien sind, eint uns das Bekenntnis zu einer Politik, die darauf ausgerichtet ist, dass die Wirtschaft den Menschen dient und nicht umgekehrt. Für uns ist Wachstum kein Selbstzweck, sondern nur dann bedeutend, wenn es Beschäftigung hervorbringt. Dieses Bewusstsein hat sicherlich auch etwas mit unserer Herkunft zu tun. Der Großvater von Martin Schulz war Bergarbeiter, mein Vater war Stahlarbeiter. So wie ich in meinem Elternhaus geprägt worden bin, weil die christlichen Gewerkschaftskollegen meines Vaters vorbeikamen, um über Politik zu diskutieren, und die katholische Soziallehre gelebt wurde, ohne dass diese groß benannt worden wäre, wuchs auch Martin Schulz in einem sehr politischen Umfeld auf. Uns verbindet außerdem, dass wir früh eine große Liebe zum geschriebenen Wort und vor allem zu Biografien entwickelt haben. Das hat unser beider politisches Bewusstsein weiterentwickelt, denn wer viel liest, ist stets dazu angehalten, andere Perspektiven zu verstehen und die eigenen Argumente immer wieder aufs Neue zu prüfen.

Der daraus resultierende Sinn für Kompromisse und Solidarität, der uns so gewissermaßen mit der DNA mitgegeben wurde, hat uns auf Anhieb Freunde werden lassen, als wir uns vor vielen Jahren am Rande einer Karlspreis-Verleihung trafen. Damals war Martin Schulz noch ein junger Abgeordneter und ich dachte noch, ich würde meine ganze Kraft für Europa als luxemburgischer Politiker einbringen. Mittlerweile haben wir selbst beide den Karlspreis erhalten und die Europäische Union den Nobelpreis – auch weil uns die Menschen in aller Welt um den Frieden und die soziale Marktwirtschaft beneiden. Wir haben uns an dieses Europa gewöhnt, aber selbstverständlich ist es dafür noch lange nicht. Wir werden unsere Art des Lebens und unsere Werte nur bewahren können, wenn wir zusammenhalten und die Spielregeln in einer globalisierten Welt mitbestimmen.

Welche gewaltige Kraft Europa hat, verdeutlicht ein Blick auf die Wirtschaftszahlen: Selbst mit einer EU der 27 sind wir der zweitgrößte Wirtschaftsraum und der größte Handelsblock der Welt. Wenn wir mit einer Stimme sprechen, haben wir selbstverständlich viel bessere Karten als jedes Land für sich allein, wenn es um die Außenpolitik, Energie-Verhandlungen oder Handelsabkommen geht.

Nur gemeinsam gewinnen wir also echte Souveränität. Darüber sollten vielleicht auch einmal die Europakritiker nachdenken, die so gerne lauthals im Namen der nationalen Souveränität brüllen. Wer wissen will, wie altmodisch der Rückzug ins Nationale ist, muss eigentlich nur Stefan Zweig lesen, der schon 1936 darüber schrieb, wie gefährlich es für die Menschheit ist, sich ausschließlich auf den eigenen Kreis zu beschränken. Wie viel wahrer ist das erst heute – in einer Welt, in der wir mit aufstrebenden und auch demografisch schneller wachsenden Ländern im Wettstreit stehen.

In einer solchen Welt, in der wir viele Herausforderungen, wie etwa die Flüchtlings- oder die Schuldenkrise, nur gemeinsam lösen können, wird es zunehmend wichtig, dass wir Europäer an einem Strang ziehen. Dafür brauchen wir ein gemeinsames Bewusstsein und eine Öffentlichkeit, die nationale Grenzen überwindet. Der vergangene Europa-Wahlkampf hat Entscheidendes dafür geleistet, Europa greifbarer zu machen, weil erstmals Spitzenkandidaten für ganz Europa angetreten sind. Als solche haben Martin Schulz und ich den Wahlkampf in allen Mitgliedstaaten dafür genutzt, nicht nur für ein transparenteres und demokratischeres Europa einzustehen, sondern auch um ein besseres Gespür dafür zu bekommen, was die Menschen sich von Europa wünschen. Es hat Spaß gemacht, miteinander gegeneinander anzutreten: mit unterschiedlichen Meinungen in Sachfragen, aber auf der Grundlage einer gemeinsamen Wertebasis.

Es ist deshalb ganz gut, dass wir in diesem Wahlkampf bei aller Rivalität irgendwie doch als »Team Europa« wahrgenommen wurden – wie eine Anekdote verdeutlicht, mit der ich Martin Schulz immer wieder gerne daran erinnere, dass wir in einer Mannschaft, dem »Team Europa«, spielen. So hörte ich während des Wahlkampfes in einer Fußgängerzone in Deutschland ein Gespräch zwischen zwei älteren Damen mit. Als die eine ihre Freundin fragte, ob sie auch Juncker habe vorbeigehen sehen, und die andere sich meines Namens nicht sicher war, reagierte Erstere entrüstet: »Na, der von Juncker-und-Schulz natürlich!«

Ich bin froh, dass Martin Schulz mein Mitstreiter ist – auch wenn es darum geht, die Menschen für das »Team Europa« zu gewinnen. Ich wünsche mir, dass die Europäer sich ein Herz fassen und sich einmal mehr als Gegenteil derer beweisen, die Aristoteles im Altgriechischen als »Idioten« bezeichnete. Er meinte damit diejenigen, die sich aus öffentlich-politischen Ämtern und Geschicken raushielten. Das können wir uns nicht leisten. Wir können nicht zulassen, dass Europa, das ein Menschenalter gebraucht hat, um zusammenzuwachsen, leichtsinnig zerstört wird. Das Europa der Europäer sollte unser aller Herzensangelegenheit sein.

1994 beginnt die europäische Karriere von Martin Schulz. Er wird
Mitglied des Europäischen Parlaments.

EINLEITUNG

Die Tür fliegt auf, Martin Schulz eilt aus seinem Büro. »Tach«, begrüßt er mich in rheinischem Tonfall. »Sie wollen ein Buch über mich schreiben? Was soll das denn werden? Ein Buch über Monsieur Europe. – Na gut, dann beginnen wir.« Langsamkeit ist seine Sache nicht. Martin Schulz ist immer schnell unterwegs, dynamisch im Denken, rasch beim Antworten und rhetorisch brillant.

Wir nehmen Platz in den bequemen Lederfauteuils, kein außergewöhnliches Design, aber sehr funktional. Als luxuriös kann man das Büro des Präsidenten des Europäischen Parlaments im neunten Stock des Paul-Henri-Spaak-Gebäudes im Brüsseler Europaviertel nicht gerade bezeichnen. Auf dem Beistelltisch stehen Blumen und ein Teller mit bunten Macarons. Zwei abstrakte Kunstwerke der britischen Maler John Hubbard und Peter Doig schmücken den Raum. Prächtige Bildbände über Picasso, Ikonen und die bizarre Bergwelt der Dolomiten stehen in Glasregalen über der Sitzgarnitur. Unübersehbar ist die Bronzestatue von Willy Brandt. Martin Schulz legt los. Der Mann zählt zu den bekanntesten europäischen Politikern. Viele Menschen auf dem Kontinent kennen ihn. Als jüngstes von vier Kindern wächst er in der Kleinstadt Würselen nahe Aachen auf. Die Familie ist sehr politisch, der Vater Sozialdemokrat, die Mutter CDU-Mitglied. Im Hause Schulz wird ununterbrochen diskutiert und gestritten, die Mutter führt Regie. Martin Schulz lernt sehr schnell, sich zu widersetzen, er weiß, wie man argumentiert, sich klar ausdrückt und positioniert. Er verinnerlicht von klein auf einen Widerspruchsgeist und eine Zerrissenheit.

Martin Schulz ist ausgesprochen sprachbegabt, interessiert sich für Geschichte und Philosophie und liest sehr viel. Vor dem Abitur verlässt er das private katholische Gymnasium in seiner Heimatstadt und beginnt eine Lehre als Buchhändler. Dann wird er aus der Bahn geworfen. Mit 24 Jahren, so berichtet Schulz freimütig, sei er »in der Gosse gelandet« – er ist alkoholabhängig, einsam, ohne Wohnung und ohne Job. Aber er rafft sich wieder auf. Sein bester Freund in der SPD, Ralf Großmann, und sein Bruder, der Arzt ist, helfen ihm dabei. Martin Schulz gelingt es, sein Leben neu zu ordnen, er blickt wieder nach vorn und eröffnet eine Buchhandlung im Zentrum seiner Heimatstadt. Gleichzeitig intensiviert er seine politische Tätigkeit in der örtlichen SPD und entwickelt dabei einen großen Ehrgeiz und viel Selbstdisziplin. Er will es der Welt zeigen. Von nun an verläuft seine Karriere stetig nach oben: Als Bürgermeister von Würselen verhilft er der Stadt durch innovative Investitionen und Projekte zu einem neuen wirtschaftlichen und sozialen Aufschwung. 1994 wird er Europa-Abgeordneter, einige Jahre später Vorsitzender der sozialdemokratischen Fraktion und als Höhepunkt seiner bisherigen politischen Karriere erfolgt Anfang 2012 die Wahl zum Präsidenten des Europäischen Parlaments.

Es ist eine Lebensgeschichte, die Brüche aufweist, die er aber gerne erzählt. Ehrlich und unprätentiös steht sie für etwas Größeres: »Seht her, ich habe es geschafft.« Hinter diesen Worten steckt seine wichtigste Botschaft: kein entrückter Eurokrat zu sein, sondern einer von uns, der weiß, wie das Leben läuft. Martin Schulz erreicht all seine Ziele auch ohne Studium an einer Universität. Er bildet sich ständig selbst weiter, ist in seiner Sache kompetent und begabt. »Er beschäftigt sich mit den großen Fragen, das Klein-Klein ist nicht seine Welt. Seine Welt ist, das Politische so zu verändern, dass es wieder zum Menschen kommt«, erzählt ein Wegbegleiter.

Markus Engels[1], der seit vielen Jahren einer seiner engen Mitarbeiter ist, beschreibt ihn so: »Die nachhaltigste Eigenschaft von Martin Schulz ist, dass er das Politische als solches vollkommen verändert.

---

[1] Markus Engels ist Mitarbeiter im Kabinett von Parlamentspräsident Martin Schulz. Das Gespräch findet am 13. Juni 2016 in Berlin statt.

Er ist getrieben von einer Aufrichtigkeit, von dem Verlangen, so zu sprechen, dass die Leute ihn verstehen, er handelt wenig taktisch, ist aber ein feinfühliger Mensch. Es gelingt ihm, auch in Leuten, die sehr politikfern sind, wieder eine Art Urvertrauen in die Politik zu wecken.« Weitere Gesprächspartner, Weggefährten ebenso wie politische Gegner, die bereitwillig und offen in diesem Buch über Martin Schulz Auskunft geben, unterstreichen seine Darstellung. SPD-Chef und Vizekanzler Sigmar Gabriel bezeichnet ihn als »engen Freund« und kann sich Schulz »gut in der deutschen Innenpolitik vorstellen«. Für Achim Post, Abgeordneter im Deutschen Bundestag und Generalsekretär der Europäischen Sozialdemokraten, profitiere die SPD von Martin Schulz. »Er ist einfach glaubwürdig und vermittelt ein Grundvertrauen. Und er kann etwas, was nicht erlernbar ist: Die Leute spüren, dass er mit jeder Faser seines Körpers ein Europäer ist.« Aufgewachsen im Dreiländereck Deutschland, Belgien und Niederlande, erzählt Martin Schulz, wie ihn Europa aufgrund seiner Herkunft sprachlich und kulturell beeinflusst hat. Auch gibt es Faktoren historischer und politischer Natur, die zu seiner Überzeugung als Sozialdemokrat beigetragen haben. Die Geschichte seiner Familie bedingt die entschiedene Ablehnung von Faschismus und Nazi-Diktatur.

Was Martin Schulz in seinem Elternhaus zunächst als spießig empfindet, nämlich die Aussage »Die Kinder sollen es einmal besser haben«, ist heute sein zentrales Motto: »Wie gelingt es Europa, im globalen Wettbewerb Wohlstand und soziale Sicherheit zu erhalten und den Kindern eine Zukunftsperspektive zu geben?« »Wie gelingt es, politische Ergebnisse zu liefern, die den Menschen etwas bringen?« Diese Fragen treiben ihn bis heute an. Es sind gerade seine regionale Herkunft, die Grenzerfahrung und die Geschichte der Familie, die ihn für die Idee der Völkerverständigung und der Demokratie begeistern. Dafür wird er im Mai 2015 mit dem renommierten Karlspreis ausgezeichnet.

Martin Schulz hat viel mit dem traditionellen Anforderungsprofil eines guten Politikers gemein, das der bekannte deutsche Soziologe Max Weber in seinem Aufsatz *Politik als Beruf* formuliert hat: sachliche Leidenschaft, Verantwortungsgefühl und Augenmaß. Die *Süddeutsche Zeitung* schreibt schlicht: »Er ist ein 24-Stunden-Europäer.« Seinen unermüdlichen Einsatz für Europa streichen auch politische Gegner hervor. Mag Martin Schulz für Manfred Weber, Fraktionschef der Europäischen Volkspartei, gelegentlich zu sprunghaft sein oder Rebecca Harms, Ko-Vorsitzende der Grünen im Europäischen Parlament, seine rheinische Art nicht gefallen, in einem sind sich alle einig: Das größte Verdienst von Martin Schulz ist, dass er dafür gesorgt hat, dass das Europäische Parlament wieder wahrgenommen wird. Er hat die Ebenbürtigkeit von Europäischem Parlament, Rat und Kommission, die im Vertrag von Lissabon vorgesehen ist, wiederhergestellt. Die Balance zwischen den drei EU-Institutionen war durch die Finanz- und Schuldenkrise gestört worden, weil die Staats- und Regierungschefs bei ihren Gipfeltreffen alle Entscheidungen an sich gezogen hatten. Die Rolle des Europäischen Parlaments wurde dadurch marginalisiert, Martin Schulz wollte diesen Vorgängen nicht tatenlos zusehen.

Mithilfe einiger weitreichender Maßnahmen stellt er die Statik des Gefüges wieder her: Er lädt unter anderem Staats- und Regierungschefs zu Debatten ins Europäische Parlament nach Straßburg ein und macht das Plenum zu einem Ort der europäischen Demokratie. »Martin Schulz hat dem Parlament wieder seine Würde zurückgegeben«, mit diesen oder ähnlichen Worten drücken es mehrere Europa-Abgeordnete aus, die nicht seiner Fraktion angehören.

Martin Schulz verschafft sich das Rederecht und den Zutritt zu den Gipfeltreffen der EU-Staats- und Regierungschefs. Er organisiert das Nein des Parlaments zum Datenabkommen SWIFT und veranlasst ein Gesetz zur Begrenzung der Banker-Boni. Aus seinem Demokratiebewusstsein heraus erfindet er das System des Spitzenkandidaten für das Amt des Kommissionspräsidenten bei Europawahlen. 2014 tritt er selbst an, verliert aber gegen den Kandidaten der Europäischen Volkspartei, Jean-Claude Juncker. Noch in der Wahlnacht vereinbaren Schulz und Juncker eine institutionelle Zusammenarbeit, die Große Koalition an der EU-Spitze wird geschaffen. Mit dem Modell Spitzenkandidat kämpft Martin Schulz für mehr Demokratie bei der Wahl des EU-Kommissionspräsidenten. Die Parteienfamilien treten bei der Europawahl mit einem Spitzenkandidaten an, jene Partei, die gewinnt, hat den Anspruch, den künftigen Kommissionspräsidenten zu stellen. Auch wenn viele Staats- und Regierungschefs damit nicht glücklich sind, weil sie an Einfluss und Macht verlieren, eines kann man als sicher annehmen: Auch bei der Europawahl 2019 wird es Spitzenkandidaten geben.

Dass Martin Schulz in den vergangenen Jahren ständig für hochrangige Jobs in Deutschland gehandelt wird – vom Bürgermeister von Berlin, Außenminister, Parteivorsitzenden bis hin zum möglichen Spitzenkandidaten der SPD bei der Bundestagswahl 2017 oder gar als Bundespräsident –, zeigt eines: Es gibt in der Öffentlichkeit eine Sehnsucht nach einem Politiker, wie Martin Schulz einer ist.

Er hat etwas, was ihn von anderen Politikern unterscheidet: Er kann eitel wirken, ist es im Grunde aber nicht. Er ist absolut international ausgerichtet, spricht mehrere Sprachen fließend, er hebt nicht ab, sondern bleibt bodenständig, natürlich und authentisch. Von einem Dinner mit Regierungschefs wechselt er problemlos in ein anderes Milieu: Wenn er Zeit hat, macht er am Samstag den Familieneinkauf und steht Schlange an der Kasse des Supermarktes in Würselen.

Er liebt Auftritte und Ansprachen. Seine Reden sind Plädoyers für inhaltliche Anliegen und immer gegen nationalistische Borniertheit und Populismus gerichtet. »Wenn Politik auf den Bauch von Menschen zielt, ist das in Ordnung. Wer in der Politik nicht in der Lage ist, Emotionen zu wecken, der ist am falschen Platz. In meinem

ganzen Leben werde ich aber nicht akzeptieren, wenn Politik systematisch auf die Mobilisierung niederer Instinkte zielt.«[2]

Martin Schulz ist ein freier und kritischer Geist mit starken
politischen Überzeugungen, der sich kaum um Moden und Mainstream schert. Er kümmert sich intensiv um den Dialog mit politisch Andersdenkenden, mit Künstlern und jungen Menschen. Bei
den Christdemokraten hat Martin Schulz einige sehr gute Freunde
gefunden, neben EU-Kommissionspräsident Jean-Claude Juncker
auch den Chef der Europäischen Volkspartei, Joseph Daul.

Sein Jugendtraum, Profi-Fußballer zu werden, geht wegen einer
Knieverletzung nicht in Erfüllung, geblieben sind ihm aber Teamgeist und der Wille, das Spiel zu bestimmen.

Nicht nur Selbstdisziplin, sondern auch Selbstreflexion und
Selbstkritik sind wichtige Eigenschaften, die Martin Schulz aus-
zeichnen. Dabei hilft ihm sein Tagebuch. Seit 1982 macht er sich
täglich Notizen. Auf einer Seite des Kalenders der Sparkasse Aachen
schreibt er in gut lesbarer und gestochener Schrift, was ihn bewegt,
wie er politische Ereignisse einschätzt und was seine persönlichen
Eindrücke sind – Reflexionen, die er spätnachts zu Papier bringt.
Aufbewahrt werden die gesammelten Tagebücher in einem verschlossenen Schrank hinter seinem Schreibtisch. »Ich hole die oft raus«,
sagt er. »An ganz bestimmten Tagen schaue ich nach, was vor zehn
oder fünfzehn Jahren war.« Die Aufzeichnungen sind mehr als Erinnerungen, sie sind gesicherte Fakten und Analysen, die Schulz, wann
immer er sie braucht, sofort zur Hand hat.

Das Zustandekommen dieses Buches ist der Bereitschaft von
Martin Schulz zu verdanken, der mir in zahlreichen Gesprächen
Einblick in sein Leben und sein Verständnis von Europa gegeben hat.
Ein Europa, das sich verändern muss, um das verlorene Vertrauen
der Bürgerinnen und Bürger wiederzugewinnen, in dem es »konkrete

---

2   Süddeutsche Zeitung, 20. Januar 2014, S. 6.

Ergebnisse« braucht, die den Menschen zugutekommen. Der Beitrag von Martin Schulz für eine demokratische europäische Politik ist Ermutigung und Hoffnung zugleich, den europäischen Einigungsprozess fortzuführen. Darin liegt, meine ich, die Intensität seines politischen Wirkens und seiner Überzeugung. Sie werden bleiben.

Brüssel/Wien, Ende Juli 2016

17. Januar 2012: Martin Schulz stellt sich für die Stimmabgabe an. Er wird an diesem Tag in Straßburg zum Präsidenten des Europäischen Parlaments gewählt.

Am 10. Dezember 2012 wird die Europäische Union für sechs Jahrzehnte Frieden in Europa in Oslo mit dem Friedensnobelpreis geehrt. Parlaments-

präsident Martin Schulz bedankt sich für die Auszeichnung. Neben ihm
der damalige EU-Kommissionspräsident José Manuel Barroso.

Martin Schulz wird am 1. Juli 2014 in Straßburg mit überwältigender Mehrheit zum Präsidenten des Europäischen Parlaments gewählt. Seine zweite Amtszeit beginnt.

22. Oktober 2014: Im Europäischen Parlament in Straßburg wird
die EU-Kommission unter der Führung von Jean-Claude Juncker
(re.) mit großer Mehrheit gewählt. Martin Schulz zeigt Juncker das

Abstimmungsergebnis. Juncker verspricht, eine »politische Kommission«
zu führen.

Martin Schulz reist am 3. Oktober 2014 zum ersten Jahrestag der Flüchtlingstragödie vor Lampedusa auf die italienische Insel. Im Jahr

2013 kommen dort 366 Flüchtlinge ums Leben. Schulz ruft die EU-Regierungen zu gemeinsamen Lösungen in der Flüchtlingskrise auf.

5. November 2015: Martin Schulz besucht gemeinsam mit dem griechischen Ministerpräsidenten Alexis Tsipras das Flüchtlingslager »Moria« auf Lesbos. Schulz umarmt den afghanischen Jungen Ahmed.

9. November 2014: Martin Schulz und Bundeskanzlerin Angela Merkel in Berlin nach der Feier zum 25. Jahrestag des Falls der Berliner Mauer.

13. Mai 2015: Am Vorabend der Verleihung des »Internationalen Karlspreises zu Aachen«, Europas höchster Auszeichnung, an Martin

Schulz hält dieser eine Grundsatzrede zum Zustand der EU.

7. Oktober 2015: Bundeskanzlerin Angela Merkel, Frankreichs
Staatspräsident François Hollande und Martin Schulz im Europäischen

Parlament in Straßburg. Merkel und Hollande halten dort Reden und diskutieren mit den Abgeordneten.

27. Mai 2015: Martin Schulz, ist international vernetzt. UN-Generalsekretär Ban Ki-moon trifft er regelmäßig während seiner Amtszeit als Präsident des Europäischen Parlaments..

3. September 2015: Martin Schulz trifft in Brüssel den ungarischen rechtsnationalen Ministerpräsidenten Viktor Orbán. Bei einer gemeinsamen Pressekonferenz lehnt Schulz die ungarische

Flüchtlingspolitik ab. Orbán nennt die Flüchtl ngskrise ein »deutsches Problem«.

Die Spitzen der EU bei einer Podiumsdiskussion über die Zukunft der
EU im Mai 2016 in Rom. Kommissionspräsident Jean-Claude Juncker,

Parlamentspräsident Martin Schulz, Diskussionsleiter, Ratspräsident Donald Tusk (v. r. n. l.).

9. Dezember 2014: Vizekanzler, Wirtschaftsminister und SPD-Vorsitzender
Sigmar Gabriel besucht Martin Schulz in Brüssel.

17. Januar 2012: Sozialdemokraten amüsieren sich: Luxemburgs
Außenminister Jean Asselborn (re.) begrüßt Martin Schulz herzlich.
In der Mitte Generalsekretär der Europäischen Sozialdemokraten,

Bundestagsabgeordneter Achim Post. Links Kabinettschef von Schulz, Markus Winkler.

7. April 2016: Martin Schulz mit der Co-Vorsitzenden der Grünen-Fraktion Rebecca Harms.

31. Mai 2016: Martin Schulz und der Fraktionsvorsitzende der
Europäischen Volkspartei Manfred Weber diskutieren mit Mitgliedern
des Rotary Clubs.

25. November 2014: Papst Franziskus wird im Europäischen Parlament in Straßburg von Martin Schulz begrüßt.

Teil I:
VOM BUCHHÄNDLER ...

Kindheit und Familie, Schule und Lehre, Bürgermeister von Würselen

»Bei uns wurde über nichts anderes geredet als nur über Politik«, erzählt Martin Schulz, der Präsident des Europäischen Parlaments gleich beim ersten Gespräch in Brüssel.[3] An Streit- und Debattenkultur fehlt es in seiner großen Familie nicht. Mit Politik wächst er auf und sie ist bis heute ein fester Bestandteil seines Lebens. »Ich bin in einem total politisierten Haushalt groß geworden, in einer durch und durch politisierten Familie.« Der Einfluss dieses engsten Kreises wird ihn für immer prägen. Seinem politischen Umfeld konnte er sich nicht entziehen – und er wollte es auch nicht.

Politik treibt Martin Schulz an, seit er denken kann: Politik motiviert ihn zu Höchstleistungen und zu sehr viel Menschlichkeit, der Diskurs ist eine seiner wichtigen Energiequellen. »Er ist ein Mann von hohem Ansehen in unserer Region. Er hat für uns sehr viel gemacht«, sagt ein Unternehmer aus Würselen, der Heimatstadt des über Europas Grenzen hinaus bekannten Politikers. Das ist keine Einzelmeinung. Spricht man mit Menschen im Ort, erfährt man viel Positives über Schulz. Einer erinnert sich noch an den jungen Fußballer im ehemals angesehenen Fußballklub »Rhenania Würselen«. Unvergessen für viele ist seine Zeit als Bürgermeister der Stadt und sind seine Verdienste für die wirtschaftliche Entwicklung der gesamten Region. Eine Dame wünscht sich, er möge ganz Europa regieren und auch

---

3   Das erste Gespräch mit Martin Schulz fand am 27. Januar 2016 in seinem Büro im neunten Stock des Paul-Henri-Spaak-Gebäudes im Europäischen Parlament in Brüssel statt. Das Europäische Parlament, das im Brüsseler Volksmund auch »Caprice des Dieux« (»Laune der Götter«) genannt wird, weist in seinem Grundriss tatsächlich eine erstaunliche Ähnlichkeit mit dem gleichnamigen französischen Weichkäse auf.

die Flüchtlingskrise human lösen. Schüler diskutieren über Martin Schulz, junge Menschen kennen ihn selbstverständlich. »Natürlich wissen wir, wer Martin Schulz ist«, sagt eine Abiturientin und will sein Alter wissen. »Der schaut aber viel jünger aus.«

SPD und CDU – ein Polit-Mix im Elternhaus

Die Eltern vertreten unterschiedliche politische Einstellungen, die seit jeher zu Spannungen in der Familie führten. Der Vater, Albert Schulz, steht der Sozialdemokratie nahe. Er wird als elftes Kind in eine Bergarbeiterfamilie hineingeboren und ist Sohn eines Mitbegründers des SPD-Ortsvereins Elversberg. Die Mutter, Clara Schulz, ist eine überzeugte CDU-Politikerin. Die ideologischen Prägungen der Elternteile reichen weit zurück. Sozial- und Christdemokratie haben in den jeweiligen Familien eine lange Tradition. Clara Schulz wächst in einem Milieu mit hohem politischen und sozialen Bewusstsein auf und bekennt sich zum rheinischen Katholizismus. Verwandte, Freunde und Bekannte sind überzeugte wertkonservative Bürger, einer ihrer Vorfahren ist christdemokratischer Bürgermeister von Aachen. Clara Schulz macht sich besonders verdient um die Partei, sie ist von Anfang an dabei und gehört zu den Mitbegründern der CDU-Ortsgruppe in ihrem Heimatort. Der Zweite Weltkrieg führt Albert und Clara zusammen. »Unter republikanischen Bedingungen hätten sich meine Eltern gar nicht kennengelernt, das wäre unmöglich gewesen«, ist Martin Schulz überzeugt.

Der Einfluss der Mutter auf ihren Sohn ist auf eine paradoxe Art und Weise sehr groß. Sie predigt nicht nur, sondern lebt auch die Inhalte der katholischen Soziallehre: Gerechtigkeit und Teilen. Sie lehnt jede Herr-Knecht-Beziehung zutiefst ab und akzeptiert den anderen, wie er ist. Die Tugenden, zu vergeben und friedlich miteinander zu leben, hat sie verinnerlicht und sie sind Teil ihres

Alltags. Diese Eigenschaften lernt Martin Schulz von seiner Mutter. Ein politisches Vorbild ist sie für ihn aber trotzdem nicht, er opponiert gegen sie und entwickelt so sein eigenes Profil. Stärke durch Widerstand lernt er sehr früh. Dieses Prinzip ist ihm geblieben und bestimmt sein Leben.

Der aufgeschlossene und neugierige Sohn behauptet sich, indem er der überaktiven, allwissenden Frau entgegentritt, wann immer er kann. Die Mutter liest die Zeitungen von A bis Z, hört rund um die Uhr Nachrichten, versäumt keine Bundestagsdebatte und kommentiert alles und jeden in der Welt. Das ist anstrengend für ein Kind. »Die Logik dieser Geschichte ist, dass wir alle bei den Sozialdemokraten gelandet sind. Ich behaupte, wir sind wegen meiner Mutter alle in der SPD.« »Wir«, das sind er und seine vier Geschwister, die alle überzeugte Sozialdemokraten sind.

Politik definiert nicht nur das Eltern-Kind-Verhältnis, sondern auch den Umgang der Schulz-Kinder untereinander. »Alle meine älteren Geschwister sind sehr politisch.« Martin Schulz ist der Jüngste und profitiert von seinen Geschwistern. Sein ältester Bruder wird 1944 geboren, der zweite 1947, die älteren Schwestern 1949 und 1951. Martin Schulz kommt am 20. Dezember 1955 zur Welt. Ein ungünstiges Datum – zumindest für Geschenke so kurz vor Weihnachten. »Zum Geburtstag hieß es immer, du kriegst ein bisschen mehr zu Weihnachten. Zu Weihnachten hieß es dann, du bist auch nie zufrieden. Richtig doof«, kommentiert er die zeitliche Nähe von Geburtstag und Weihnachten.

Ausgesprochen zurückhaltend schildert Martin Schulz die Beziehung zu seinem Vater. Bei heftigen Debatten und Auseinandersetzungen hält dieser sich stets zurück und greift nicht ein. Theorie und Praxis, wie die Organisation des Haushalts und die Kindererziehung, überlässt er ganz allein seiner Frau. Der Vater ist Polizeibeamter, der sehr oft in der Nacht Dienst hat, und wenn er müde nach Hause kommt, »hat er keine besondere Lust mehr, sich einzumischen.

Er hat diese fünf Kinder herumlaufen und diese aufgeregte Frau«, erinnert sich Martin Schulz. Wann immer es ihm möglich ist, zieht sich der Vater zurück und spielt Geige, und das, wie es in der Familie heißt, »sogar sehr gut«.

Im Nachhinein beschreibt Martin Schulz seinen Vater einerseits als »unpolitisch«, andererseits als jemanden »mit ausgeprägter Meinung«, die dieser nur selten und wohldosiert von sich gibt. Von Willy Brandt und Oskar Lafontaine ist Albert Schulz begeistert, Herbert Wehner findet er spaßig. Aus Kindertagen kennt er den Kommunisten und ehemaligen DDR-Staatsratsvorsitzenden Erich Honecker, weil sie in Nachbardörfern aufwachsen: Schulz in Spiesen-Elversberg an der Saar, Honecker in Wiebelskirchen, beide Orte liegen im Landkreis Neunkirchen.

Vater Schulz sucht also die Abgeschiedenheit in der Musik, während die Mutter ruhelos tätig ist. Immer wieder fragt sie sich, was sie in der Erziehung falsch gemacht hat, weil alle ihre Kinder Sozialdemokraten sind. Der zweitälteste Bruder von Martin Schulz engagiert sich links von der SPD, »ein richtiger Krawall-68er«, erst später tritt er in die Partei ein und macht Kommunalpolitik in Köln.[4] Jahre später, als Clara Schulz alle Kinder erfolgreich in ihren Berufen erlebt und sieht, wie sie Karriere machen und selbst Familien gründen, ist ihr die politische Orientierung ihrer Töchter und Söhne nicht mehr so wichtig. Sie ist sehr stolz darauf, was aus ihren Kindern geworden ist, erzählen Weggefährten.

Es gibt kein großes Essen und keine Familienfeier im Hause Schulz, bei denen nicht auch prominente Namen fallen. Schon als Siebenjähriger weiß Martin, wer in der Politik etwas zu sagen hat – und das nicht nur in Deutschland, sondern weltweit. John F. Kennedy ist in seinen frühen Jahren die dominierende Gestalt im Leben des Jungen. Er erinnert sich an das Attentat auf den amerikanischen

---

4   Er wurde Ratsherr (entspricht in Österreich einem Stadtrat).

Präsidenten, als wäre die Tat gerade erst geschehen. Knapp acht Jahre ist er alt, als Kennedy am 22. November 1963 in Dallas ermordet wird. Er erfährt im Kinderzimmer seiner älteren Schwester, dass der Präsident der Vereinigten Staaten durch zwei Gewehrschüsse tödlich verletzt wurde. Er rennt vom ersten Stock nach unten ins Wohnzimmer, wo die Mutter vor dem neu erstandenen Fernseher sitzt und weint. Der Sohn weiß genau, wer Kennedy ist, der amerikanische Präsident besuchte vom 23. bis 27. Juni 1963 Deutschland. Der berühmte Satz »Ich bin ein Berliner« in seiner Rede vor dem Schöneberger Rathaus begeistert den Jungen aus Würselen, für den der US-Demokrat »Leuchtgestalt« und »Erinnerungsmarke« ist.

Zu den Großen der damaligen Zeit zählt für den früh schon frankophilen Martin Schulz auch Charles de Gaulle, für die Menschen in der Region des Dreiländerecks Aachen ist der französische Staatspräsident ein Held, die deutsch-französische Freundschaft ist in diesem Teil Europas stark verankert. Symbolhaft stehen dafür de Gaulle und der deutsche Bundeskanzler Konrad Adenauer, als Zeichen der Versöhnung unterzeichnen sie 1963 den Élysée-Vertrag. »Das war schon ein aufwühlendes Jahr«, stellt Martin Schulz rückblickend fest.

»Der Willy«, ein politisches Vorbild

Kennedy, de Gaulle, Adenauer sind große Namen, doch »der Mann, für den ich bereit war, mich in die Schlacht zu werfen, das war der Willy«. Bewegt schildert Martin Schulz in seinem Büro in Brüssel den Kniefall des großen Staatsmannes am Ehrenmal der Helden des Warschauer Gettos. Am 7. Dezember 1970, dem Tag der Unterzeichnung des Warschauer Vertrags zwischen Polen und der Bundesrepublik Deutschland, legt Bundeskanzler Willy Brandt an der Gedenkstätte des Holocausts einen Kranz nieder. Nach dem Ordnen der Kranzschleife bleibt er nicht stehen, sondern sinkt völlig überraschend in die Knie. Dieses Bekenntnis zu einer Schuld, an der Brandt selbst nicht trägt, nötigt dem 15-jährigen Schulsprecher der katholischen Privatschule »Heilig-Geist-Gymnasium der Missionsgesellschaft der Spiritaner« tiefen Respekt ab.[5] »Ich vergesse nie diesen Kniefall«, sagt er. 40 Jahre später wird Martin Schulz gemeinsam mit Sigmar Gabriel an der gleichen Stelle einen Kranz niederlegen. »Für mich war das ein stolzer Moment in meinem Leben.«

Willy Brandt ist für den Jugendlichen das »erste große politische Vorbild«. Neben seinem Kniefall in Warschau, von dem damals nicht alle Deutschen begeistert waren, prägt sich Martin Schulz ein weiteres politisches Ereignis ein: der Misstrauensantrag gegen den Bundeskanzler. Es ist der 27. April 1972, einer der spannendsten Momente in der Geschichte des Deutschen Bundestags. Schulz, gerade einmal 17 Jahre alt, findet das Geschehen rund um das konstruktive Misstrauensvotum aufregend wie einen Krimi. Ursache für den Misstrauensantrag der CDU/CSU-Fraktion ist die von der sozialliberalen Koalition unter Brandt eingeleitete Entspannungspolitik, die in den sogenannten Ostverträgen gipfelt. Die Ostverträge sollten die Grundlage für Zusammenarbeit und Frieden in Europa schaffen, die Entspannung zwischen Ost und West einleiten und vor allem dem Auseinanderleben der beiden deutschen Staaten entgegenwirken. Aber gerade die Ostverträge sind es, die die sozialliberale Koalition im April 1972, etwa ein halbes Jahr, nachdem Bundeskanzler

---

5   Willy Brandt schreibt dazu in seinen 1989 erschienenen Erinnerungen: »Immer wieder bin ich gefragt worden, was es mit dieser Geste auf sich gehabt habe. Ob sie etwa geplant gewesen sei? Nein, das war sie nicht. Meine engen Mitarbeiter waren nicht weniger überrascht als jene Reporter und Fotografen, die neben mir standen, und als jene, die der Szene ferngeblieben waren, weil sie »Neues« nicht erwarteten. (…) Ich hatte nichts geplant, aber Schloss Wilanow, wo ich untergebracht war, mit dem Gefühl verlassen, die Besonderheit des Gedenkens am Ghetto-Monument zum Ausdruck bringen zu müssen. Am Abgrund der deutschen Geschichte und unter der Last der Millionen Ermordeten tat ich, was Menschen tun, wenn die Sprache versagt.«

Willy Brandt mit dem Friedensnobelpreis ausgezeichnet worden war, an den Rand einer Regierungskrise bringen. Die Ostpolitik der SPD sollte der Versuch einer Aussöhnung sein, doch die Oppositionspartei CDU spricht vom »Ausverkauf deutscher Interessen«.

Die Initiative zur Absetzung eines Regierungschefs ist ein Novum in der deutschen Geschichte. Die Spannung und die Nervosität erfassen auch die Lehrer und Schüler des Gymnasiums von Schulz. Am 27. April 1972 ist unterrichtsfrei, alle Anwesenden versammeln sich in der Aula der Schule. Hier läuft ein Fernseher, die Abstimmung im Bundestag wird live übertragen. Die Patres hoffen auf den Sieg von Oppositionsführer Rainer Barzel, der die Regierung mit hauchdünner Mehrheit im Parlament stürzen will. Martin Schulz beobachtet alles sehr genau. Als der Bundestagspräsident Kai-Uwe von Hassel (CDU/CSU) am frühen Nachmittag das Ergebnis des Votums verkündet, herrscht in der Schule »eisige Stille«. Von 260 stimmberechtigten Abgeordneten stimmen 247 für den Antrag, 249 wären notwendig gewesen. Der Misstrauensantrag gegen Willy Brandt scheitert. Zwei sicher geglaubte Stimmen fehlen der Unionsfraktion, um Rainer Barzel zum neuen Regierungschef zu machen. Im konservativen Gymnasium sind Lehrer und Schüler fassungslos. Nur Martin Schulz und sein Klassenkamerad Rainer – »wir beide, die Roten« – springen begeistert auf und klatschen Beifall.

Da die sozialliberale Koalition keine handlungsfähige Mehrheit mehr besitzt, kommt es am 19. November 1972 zur ersten vorgezogenen Bundestagswahl in der Geschichte der Bundesrepublik Deutschland.

1972: Wahlkämpfer für Willy Brandt

Martin Schulz wirft sich in die Wahlschlacht für den beliebten SPD-Politiker, seine Begeisterung für ihn ist ungebrochen, er engagiert sich in der »Wählerinitiative Willy«, ein Zusammenschluss von Intellektuellen um Günter Grass, Heinrich Böll und Siegfried Lenz. Erstmals dürfen auch junge Menschen im Alter von 18 Jahren an der Bundestagswahl teilnehmen.

Der Urnengang im Spätherbst 1972 endet mit dem größten Erfolg der SPD in ihrer Geschichte, die Sozialdemokraten bilden mit 45,8 Prozent der abgegebenen Stimmen erstmals die stärkste Bundestagsfraktion. Beachtlich ist die hohe Wahlbeteiligung von 91,1 Prozent. »Das war der Moment meiner großen Politisierung, Willy Brandt war mein Idol«, schwärmt Martin Schulz. Er blickt dabei auf die Bronzeskulptur des großen deutschen Sozialdemokraten, die auf einem Sockel im großzügigen Büro des Parlamentspräsidenten in Brüssel steht. Die gut einen halben Meter hohe Figur ist so platziert, dass sie Besucher sofort wahrnehmen und die ausgestreckte Hand von Willy Brandt jeden willkommen heißt. Die Skulptur zeigt seine verschiedenen Eigenschaften, die auch Martin Schulz verkörpert: Herzlichkeit, Nachdenklichkeit, die Bereitschaft, auf Menschen zuzugehen und ihnen zuzuhören. Das Modell ist eine kleine Version der übergroßen Bronzestatue, die im Atrium des Willy-Brandt-Hauses in Berlin steht.

Was ist das Faszinierende an Willy Brandt? »Brandt repräsentierte den Wechsel in Deutschland. Es sind die ersten Jahre nach 1968, Willy Brandt steht für diese Zeit nach der legendären Revolte. Das war ja ein Aufstand gegen die Herrschaft der alten Männer, gegen Konrad Adenauer, gegen Ludwig Erhard, gegen Charles de Gaulle, gegen Leute, die eine Kultur des frühen 20. Jahrhunderts pflegten. Diese Leute waren ja deshalb an der Macht, weil die Generation nach ihnen durch den Zweiten Weltkrieg so dezimiert worden war, dass es nach Kriegsende keine jungen Männer gab, die in die Politik gingen.«

Dabei findet Schulz, dass diese alte Garde ihren Job gar nicht so schlecht gemacht hat. Dennoch regt sich bereits in den frühen 1960er-Jahren der Widerstand der »Wilden« in allen Parteien, der

Aufbruch schlägt sich bald in der ganzen Gesellschaft nieder. Der Slogan »Wir wollen mehr Demokratie wagen« markiert diesen Wechsel. Er findet sich in der Regierungserklärung von Willy Brandt 1969 und ist programmatisch für diese Zeit. Viel bedeutungsvoller ist für Martin Schulz allerdings ein anderer Satz der Regierungserklärung, der signifikant den Stimmungswandel in Deutschland charakterisiert: »Die Schule der Nation ist die Schule.« Und nicht, wie es früher hieß, die Bundeswehr, die Armee. Er ist »die programmatische Ansage der Sozialdemokratie an das konservative Deutschland«.

Lieblingsautor John Steinbeck

Nicht nur Politiker wie Willy Brandt oder die alten Herren der Nachkriegszeit beeinflussen Martin Schulz, der damals schon leidenschaftliche Leser findet schnell Autoren, von denen er ebenfalls begeistert ist. Schriftsteller, die seine Fantasie und sein Denken anregen, will er aber nicht unbedingt als Vorbilder bezeichnen – das ist politischen Größen vorbehalten –, aber er zählt einige Autoren auf, die ihn »in besonderer Weise« ansprechen oder für ihn »von entscheidender Bedeutung« sind. Dazu gehört als Favorit der bekannteste und einflussreichste US-amerikanische Schriftsteller des 20. Jahrhunderts, Literaturnobelpreisträger John Steinbeck.[6] Schulz fasst Steinbecks Wirkung auf seine Person in wenigen Worten zusammen: »Er war ein mein Leben beeinflussender Mann.«

---

6   John Steinbeck, geboren am 27. Februar 1902 in Salinas, Kalifornien, gestorben am 20. Dezember 1968 in New York, gehört zu den erfolgreichsten US-amerikanischen Autoren des 20. Jahrhunderts. Er verfasste zahlreiche Romane, Kurzgeschichten und Novellen, verdiente sein Geld zeitweise auch als Journalist und war 1943 als Kriegsberichterstatter tätig. 1940 erhielt er den Pulitzer-Preis für seinen Roman *Früchte des Zorns* und 1962 den Nobelpreis für Literatur.

Als Jugendlicher liest er den Klassiker der Weltliteratur *Früchte des Zorns* und ist von der sozialkritischen Dimension des Romans der 1930er-Jahre beeindruckt. Steinbeck beschreibt darin das Elend der durch die »Große Depression« und die Dürrejahre von den Großgrundbesitzern aus Oklahoma und Arkansas nach Kalifornien vertriebenen Farmer. Statt der versprochenen gut bezahlten Arbeit im goldenen Westen erwarten sie dort eine noch stärkere Ausbeutung, Hunger und Ablehnung.

Diese besondere Tragik findet Martin Schulz auch in *Jenseits von Eden*, einem Roman über das Schicksal zweier Familien, der in Salinas, Kalifornien, Mitte des 19. Jahrhunderts spielt. Beide Bücher beeindrucken Martin Schulz so, dass er sie 2015 erneut liest und selbst seine engsten Mitarbeiter zur Lektüre anregt, um mit ihnen darüber zu diskutieren.

Am tiefsten berührt aber hat ihn als junger Mann das ebenfalls von Steinbeck stammende sozialkritische Werk *Von Mäusen und Menschen*. Es erzählt die Geschichte zweier Wanderarbeiter in Kalifornien, die auf ein besseres Leben hoffen, den sogenannten American Dream. Es ist für ihn ein »wunderbares, aufwühlendes Buch über Größe und Freundschaft, aber auch tiefe Niedertracht. Steinbeck hat wie kaum ein anderer Schriftsteller menschliche Größe und Leidenschaft in beide Richtungen in höchster Güte und in den tiefsten Abgründen dargestellt.« Was Schulz bewegt, sind die Inhalte, die der amerikanische Schriftsteller wählt. »Steinbeck fasziniert nicht durch Rieseninszenierungen im Sinne von Shakespeare oder Goethe, sondern durch die Alltagsgeschichten, die er erzählt.«

Auch ein europäischer Vertreter der Kriminalliteratur fesselt Martin Schulz. Es ist der belgische Schriftsteller Georges Simenon[7],

---

[7] Georges Simenon, geboren am 12. Februar 1903 in Liège, gestorben am 4. September 1989 in Lausanne, ist ein belgischer Journalist und Schriftsteller, der vor allem als Autor von Dutzenden Kriminalromanen um die zentrale Figur des Kommissars Maigret bekannt wurde.

der es versteht, Psychogramme in seinen Romanen zu entwerfen, die sich im belgischen Alltagsleben widerspiegeln. Viele Jahre später fragt sich Schulz, was ihn als jungen Leser an Georges Simenon so interessiert hat. »Was Biografen über Simenon schreiben, dass er eigentlich ein Psychologe sei, ist mir erst später aufgefallen. Simenon ist in der Lage, in wenigen Sätzen Leute zu charakterisieren. Kommissar Maigret ist eine Figur, die als Aufklärer von Verbrechen einen untrüglichen Blick für das Wesentliche in den Personen hat, die ihm begegnen.«

Das »Wesentliche« in den Personen zu erkennen, die einen umgeben und mit denen man ständig in Kontakt ist, dazu wird Martin Schulz durch die Kriminalgeschichten von Simenon angeregt. Sie sensibilisieren ihn, und später wird er daraus einen Grundsatz für sich ableiten: »Was Maigret so gut beherrscht, ist auch wichtig für einen Politiker: Man lernt, sein Gegenüber zu identifizieren.«

Noch ein großes Vorbild

Die Augen von Martin Schulz blitzen kurz auf und plötzlich fällt ihm doch noch ein »großes Vorbild« ein: »Mein Ausbilder in der Buchhandlung.« Was ihm dieser am Ende seiner Lehrzeit 1977 als Buchhändler mit auf den Weg gibt, versteht er damals nicht. Es sind die einfachen Worte: »Es kann sein, dass du eine große Bildung hast, aber die nützt dir gar nichts, wenn du keine Herzensbildung hast.« Für Martin Schulz ist das »Alt-Opa-Gerede«. Erst im Laufe seines politischen Lebens erschließen sich ihm Sinn und Inhalt der Aussage seines Lehrherrn.

Heute hat Martin Schulz diesen Satz verinnerlicht. Bildung ohne Herzensbildung ist wertlos, das macht er sich zum Leitprinzip in seinem beruflichen Alltag. »Heute weiß ich, was mir dieser Mann vermitteln wollte: Alles Wissen dieser Erde nützt dir nichts, wenn du nicht weißt, damit umzugehen. Und zwar so, dass das, was du dir als Bildung erwirbst, auch hilft, ein anständiger Mensch zu sein. Das ist ja in der Politik ein wichtiges Element.« Die oft pathetisch gestellte Frage »Kann ich am Morgen noch in den Spiegel schauen?«, die von vielen Politikern als rhetorische Floskel verwendet wird, lässt Martin Schulz nicht in Ruhe – spontan sagt er dazu: »Ich habe viele kennengelernt, die können sehr wohl am Morgen in den Spiegel schauen und finden sich immer toll, obwohl sie richtig fiese Typen sind. Das ist eine Frage der Selbstwahrnehmung.«

Der »anständige Mensch« in der Politik

Man merkt – und Martin Schulz kann es auch gar nicht verbergen –, dass die Frage, ob und wie man in der Politik ein anständiger Mensch sein und auch bleiben kann, ihn ungemein beschäftigt. Selbstzweifel kommen auf. »Um in der Politik überleben zu können, muss man mit vielen Wassern gewaschen sein.« An diese flapsige Bemerkung schließt er die hinterlistige Frage an, ob man »in der Politik mit allen Wassern gewaschen sein muss. Im Klartext heißt der Satz ja nichts anderes, als dass man zu allem fähig ist.« Für Martin Schulz ist das undenkbar, er findet für sich persönlich eine akzeptable Formel: »Ich habe es immer bevorzugt, zu sagen, man muss mit vielen Wassern gewaschen sein, aber möglichst nicht mit den trüben.« Wenn man Letzteres vermeidet, nämlich die »trüben Wasser«, und »man in der Politik nicht versucht, am Ende ein Ferkel zu werden, das um des eigenen Vorteils willen oder des politischen Vorteils willen jedes und alles in Kauf nimmt, dann berücksichtigt man das, was Herzensbildung heißt«.

Martin Schulz liebt es, rastlos durch die Themen zu springen, immer auf der Suche nach einem Statement. Wenn es um Anstand in der Politik geht, spricht er leise. Er denkt während des Redens nach, stellt sich überzeugend selbst in Frage und dringt dann doch zum Kern des Problems und zur Antwort vor, die für ihn gilt und mit der er zufrieden ist: »Du musst am Ende mit dem Herzen spüren, ob das, was du tust, mit deinen eigenen Grundprinzipien noch vereinbar ist, oder ob du bereit bist, sie über Bord zu werfen. Und das, glaube ich zumindest für mich selbst, habe ich in meinem Leben nicht getan.«

Noch einmal kommt Martin Schulz auf seinen Ausbildner in der Buchhandlung zurück. »Herzensbildung heißt übersetzt, eine moralische und ethische Basis für das eigene Verhalten zu haben. Das hat er mir auf jeden Fall vermittelt.« Und selbstkritisch fügt er hinzu: »Ich war ja ein ganz schwieriger junger Mann, ein bisschen aus der Bahn geworfen.«

»Fußball war mein Ein und Alles«

Obwohl Martin Schulz zunächst ein guter und relativ unauffälliger Schüler ist, interessieren ihn letztendlich der Unterricht, die Lehrer und das gesamte Bildungssystem nicht. Sein Fokus liegt anderswo: Er ist vernarrt in Fußball. Das Elternhaus steht gleich neben dem Fußballplatz von Würselen. Der begeisterte Fußballer braucht nur aus der Haustür zu fallen und ist schon auf dem Spielfeld des traditionsreichen Fußballklubs Rhenania Würselen. Klub und Fußballplatz gibt es heute noch, sie liegen mitten in einer ruhigen, idyllischen Siedlung von Reihenhäusern und Villen, hier lebt jetzt die gehobene Mittelschicht. Das Fußballfeld ist wie eine grüne Oase im feinen Wohngebiet, von den Terrassen und Balkonen aus kann man jedes Match unmittelbar verfolgen. Die Anlage ist zehn Gehminuten vom Würselener Zentrum entfernt.

Mit acht, neun Jahren beginnt Martin Schulz bei dem damals über Deutschlands Grenzen hinaus bekannten Fußballklub zu trainieren. Er kennt die ganze Historie des Vereins und erzählt sie ausführlich und gerne.

Von 1948 bis 1958 spielt Rhenania Würselen im Profi-Fußball, zuerst in der Oberliga, was der heutigen Ersten Liga entspricht, dann in der Zweiten Liga. Wenn er die prominenten Kicker von Würselen aufzählt, leuchten die Augen von Martin Schulz wie die eines kleinen Jungen, er kennt alle Namen und die dazugehörenden Geschichten. »Der berühmteste Fußballer von Würselen ist Jupp Derwall, 1980 wird er als Trainer mit Deutschland Europameister.« Ein anderer, nicht weniger angesehener Fußballer aus Schulz' Heimatgemeinde ist Peter Queck. Er spielt als Soldat in den frühen 1940er-Jahren im faschistischen Hitler-Regime mit Rapid in Wien und wird gesamtdeutscher Meister. Queck ist ein guter Bekannter von Ernst Ocwirk, der später als Österreicher den 1. FC Köln trainiert, den Lieblingsverein von Martin Schulz in der Bundesliga. Der Präsident des Europäischen Parlaments entpuppt sich auch als versierter Kenner der österreichischen Fußball-Geschichte: »Österreich hatte einmal eine ganz berühmte Läuferreihe in seiner Nationalmannschaft: Karl Stotz, Ernst Fiala, Ernst Ocwirk.«

So wie Martin Schulz beim Erzählen aufblüht, lässt er keinen Zweifel daran: »Fußball war mein Ein und Alles. Im Fußballklub Rhenania Würselen bin ich groß geworden.« Die Mannschaft eilt von Sieg zu Sieg, 1972 schaffen sie den Titel des westdeutschen Vize-Jugendmeisters, Martin Schulz ist Spielführer der Mannschaft. Der Erfolg, die Spiele, der Teamgeist und der Nervenkitzel wirken auf den Jungen verführerisch. Er hat den unbändigen Wunsch, Fußballprofi zu werden. Schule und Familie sind nebensächlich – nichts interessiert ihn mehr als Fußball. Viele Jahre später gesteht er: »Es hätte aber nicht gereicht, Fußballprofi zu werden.« Alles im jungen Leben von Martin Schulz dreht sich um das runde Leder. Er vernachlässigt die Schule, »mir war alles egal«. Selbst wenn seine Mutter händeringend vor ihm steht und sagt, »Du bringst mich um den Verstand«, berührt ihn das nicht im Geringsten. Lass sie reden, ich gehe Fußball spielen, denkt sich der Sohn still und heimlich und lässt sie stehen. Nicht die Eltern, sondern »meine Mannschaftskameraden waren die wichtigsten Menschen in meinem Leben. Am liebsten wäre ich mit dem Fußball schlafen gegangen.«

Sich neben dem Sport für Partys und Mädchen zu interessieren – so wie das andere Jugendliche seines Alters tun –, ist für Martin Schulz undenkbar. »Ich wusste gar nicht, dass es zweierlei Sorten Menschen gibt.«

Aus der Traum vom Fußballstar

Mit 19 Jahren zieht sich der junge Mann, der Fußballprofi werden will, eine schwere Knieverletzung zu, der Meniskus reißt bei einem entscheidenden Spiel. Der Schmerz wirkt nach, bis heute. Sechs Monate muss er pausieren, dann wird er wieder eingesetzt, nach wenigen Minuten spürt er erneut einen Stich im Knie, das Band reißt zum zweiten Mal und bleibt definitiv kaputt. Kaputt ist auch die Karriere als großer Fußballer, und zwar für immer.

Martin Schulz wird »sportinvalidisiert«, wie das in Deutschland heißt, wegen der Knieverletzung muss er auch nicht zur Bundeswehr einrücken, das Militär mustert ihn aus. »Dann habe ich angefangen zu trinken, weil ich nicht mehr Fußball spielen konnte. Offen redet Martin Schulz über den Beginn seiner Alkoholsucht, von der er, um es vorwegzunehmen, aus eigenen Kräften loskommt. Nicht mehr Fußball spielen zu können ist für ihn ein tiefer, seelischer Schmerz, der seinen Alltag bestimmt. Nichts will ihm mehr gelingen: »Die Schule ist kaputt, der Fußball ist kaputt.«

Auch in der Familie fehlt der entscheidende Halt. »Meine Eltern waren viel zu alt für mich, sie waren ein bisschen erschöpft.« Die älteren Geschwister sind mit ihrer Karriere und ihren eigenen

Familien beschäftigt, für den jüngsten Bruder Martin bleibt kaum Zeit. »Zwischen meinem 19., 20. und 24. Lebensjahr bin ich völlig aus der Bahn geraten. Ich habe noch dank meines Chefs die Ausbildung als Buchhändler zu Ende gemacht.«

1975–1977: Die Buchhändlerlehre

Mit dem Ende der Laufbahn als Fußballer kommt auch das Aus für den Gymnasiasten Martin Schulz. Im Wiederholungsjahr fällt er durch die Nachprüfung. Dabei ist er kein schlechter Schüler: »Ich war ja nicht gerade dumm, allerdings katastrophal in den naturwissenschaftlichen Fächern Rechnen, Physik und Chemie; Biologie ging noch. Überall, wo man konkret werden musste, war ich schlecht.« Dafür läuft es ausgezeichnet in den Sprachen, in Philosophie und Geschichte.

Über viele Jahre – selbst dann noch, als Martin Schulz schon längst Bürgermeister von Würselen ist (1987–1998) – gibt sein ehemaliger Mathematiklehrer Degenhardt, der im selben Fußballklub wie Schulz spielte, gerne eine Episode zum Besten. Es ist Anfang 1974, eine mehrstündige Schularbeit steht an, Martin Schulz bekommt die Aufgabenblätter, schaut verwundert auf die Fragen und kommt zu dem Schluss: »Da mach ich nicht mit.« Er schreibt mit ruhiger Hand in das Klassenheft: »Sehr geehrter Herr Degenhardt, in Anbetracht von Form, Umfang und Schwierigkeitsgrad der mir gestellten Aufgaben sehe ich mich außerstande, an der Mathematik-Arbeit teilzunehmen. Martin Schulz.« Der Professor antwortet seinerseits kurz und knapp: »Ungenügend. Degenhardt.« Das Klassenheft wird heute noch in der Schule aufbewahrt. Anstatt die schriftliche Matheprüfung abzulegen, vertieft sich Martin Schulz in ein Buch. Es ist die Hitler-Biografie von Joachim Fest, die er zu Weihnachten von seinem Bruder, der in Köln Medizin studiert, nach langem familiären Hin und Her, geschenkt bekommen hat. Schulz interessiert sich schon sehr früh für die Geschichte des Dritten Reichs und die faschistische Führerfigur Adolf Hitler. Er wünscht sich das Buch zu Weihnachten, die Eltern aber wollen es ihm nicht schenken, der Wälzer kostet nämlich 38 DM, für damalige Verhältnisse eine Menge Geld. »Dafür kriegst du ein paar neue Socken«, sagt die Mutter ganz pragmatisch. Socken, findet sie, sind ein nützliches Geschenk und eine gute Kompensation für den Bücherwunsch des Sohnes.

Die letzten Monate des Schuljahres ist Martin Schulz nicht mehr bei der Sache, er unternimmt auch keine Versuche, die Klasse erfolgreich abzuschließen. »Die Lehrer waren mir alle egal, die konnten mir erzählen, was sie wollten.« Bei der Mathematik-Nachprüfung scheitert er, mit 18 Jahren verlässt er das Gymnasium, die Mittlere Reife wird ihm anerkannt. Der Direktor der Schule, der zugleich Superior des Klosters ist, steht Martin Schulz bei: »Du bist ja nicht blöd, hat er gesagt, und mir eine Ausbildungsstelle als Buchhändler bei jener Buchhandlung besorgt, die die Schule mit Büchern beliefert.« Es ist eine bekannte Buchhandlung in Aachen mit Verlagsauslieferung und internationalem Pressebetrieb. Heute gibt es die Buchhandlung nicht mehr.

Mit 19 Jahren, am 1. Februar 1975, beginnt Martin Schulz seine Lehre als Buchhändler, zweieinhalb Jahre später, im September 1977, schließt er sie ab. Für ihn ist es eine schwierige, sehr belastende Zeit. »Während der Lehre habe ich schon kräftig getrunken.« Die Ausbildung ist anstrengend und fordernd, ein Studium generale wird den Lehrlingen in der Buchhandlung abverlangt. »Das kann man sich heute gar nicht mehr vorstellen. Heute hat man den Computer, damals musste man bibliografieren, wenn man wissenschaftlich arbeitete. Wir mussten die Bibliotheksstrukturen erfassen, die Wissenschaftsterminologie beherrschen, ein Grundverständnis des universitären Ausbildungssystems haben und nicht zuletzt die europäische und deutschsprachige Literatur und Literaturgeschichte kennen.« Martin

Schulz kniet sich richtig rein, vertieft sein Wissen und verschlingt Berge von Büchern. Zum Beispiel frühe Texte der deutschen Literatur, nicht Walther von der Vogelweide. Er ackert sich durch die *Merseburger Zaubersprüche* und die *Straßburger Eide* von 842, einer zweisprachigen Urkunde in Althochdeutsch und Altfranzösisch. »Ich habe ganze Bibliotheken leer gelesen. Viele meiner Kollegen haben aufgegeben, weil ihnen alles zu viel war.« Eine Bibliothek ist für Martin Schulz bis heute Rückzugsgebiet, ein Refugium zur mentalen Erholung und intellektuellen Bereicherung und Vertiefung.

Die alten Schriften hat er mittlerweile zur Seite gelegt, er zieht moderne, zeitgenössische Literatur und politische Analysen vor. Nie zu müde, greift er selbst tief in der Nacht noch zu einem Werk. »Ich habe diese Fähigkeit, in ein Buch einzudringen, ich bin dann in der Welt dieses Buches – und wenn ich zurückkomme, war ich in einer anderen Welt.« Auch wenn die Reise in diese andere Welt nur eine halbe Stunde dauert: Martin Schulz unternimmt sie, mag der Tag noch so erschöpfend und lang gewesen sein.

Nach Abschluss der Buchhändlerlehre geht Martin Schulz ein Jahr nach Bonn, wo es ihm aber nicht gefällt. Zurück in seiner Heimatstadt Würselen, bekommt er eine Beschäftigung in einem Kunstbuch-Verlag, verliert sie aber bald, weil er oft nicht zur Arbeit erscheint. Es folgt eine Tätigkeit in der Medienabteilung einer Werbeagentur. Auch das funktioniert nicht. »Durch die Trinkerei habe ich den Job verloren. Dann war ich arbeitslos und habe den Faden völlig verloren.« Martin Schulz kommt nicht los vom Alkohol, ist einsam und mehr und mehr von seinem Freundeskreis isoliert. Ihm fehlt die Orientierung. Sein Bruder Erwin, der Arzt in Würselen ist, setzt die Eltern unter Druck, ihren jüngsten Sohn nicht weiter zu bedauern und ihm kein Geld mehr zu geben. Er drängt ihn, sich eine Arbeit zu suchen und sich zusammenzureißen.

26. Juni 1980: Ein entscheidender Tag

Es ist ein Glück, dass der Faden zur Partei nie gerissen ist, auch in den dunkelsten Tagen seiner Alkoholsucht nicht. Seit 1972 engagiert sich Martin Schulz in der SPD, zunächst als Schulsprecher in einer Schülergruppe der Jusos, dann als Wahlhelfer für Willy Brandt und zu Beginn seiner Ausbildung als Buchhändler wird er in den Vorstand der Würselener Jungsozialisten gewählt. An seinem 19. Geburtstag am 20. Dezember 1974 wird er offiziell als Mitglied in die SPD aufgenommen.

Auch wenn sich in der Zeit seiner Alkoholkrankheit viele Freunde von ihm abwenden, einige wenige in der SPD stehen weiterhin zu ihm. Sein bester Freund Achim Großmann[8], von Beruf Diplom-Psychologe und Leiter einer Erziehungsberatungsstelle, leitet die SPD-Jusos. Er skizziert Martin Schulz die Alternativen, die er als Alkoholsüchtiger hat, und spricht ohne Umschweife die Wahrheit aus: »Entweder du hörst zu trinken auf, oder du gehst zugrunde.« Martin Schulz versteht die Botschaft. Dank seines Freundes und ein paar anderer aus der SPD begreift er, dass er ohne Abkehr vom Alkohol mit 24 Jahren keine Chance mehr hätte, weder in der Partei noch beruflich, und völlig vereinsamen würde. Am 26. Juni 1980 – »das war vielleicht der entscheidendste Tag meines Lebens« – sitzt Martin Schulz nach einer durchzechten Nacht allein in seiner Wohnung, gibt sich einen Ruck und sagt zu sich selbst: »Du musst dich jetzt entscheiden: Entweder du gehst zugrunde oder du hörst auf zu trinken.« Bis heute hat Martin Schulz keinen Alkohol mehr angerührt. »Das Interessante war, dass ich von dieser Sekunde an,

---

8   Achim Großmann ist ein deutscher SPD-Politiker. Er ist von 1987 bis 2009 Abgeordneter des Bundestags, von 1998 bis 2009 gehört er der Bundesregierung an, als Parlamentarischer Staatssekretär beim Bundesminister für Verkehr, Bau- und Wohnungswesen, ab 2005 beim Bundesminister für Verkehr, Bau und Stadtentwicklung.

wo ich mich entschieden habe, nie wieder zu trinken, auch nie mehr das Bedürfnis hatte, Alkohol zu mir zu nehmen. Ich brauchte keinen großen Entzug zu machen.« So ist es ihm auch mit dem Rauchen gegangen. »Ich hatte ein ganz großes Problem aufzuhören. Aber als ich mich dann definitiv dazu entschieden habe, war das Problem weg.«

Ein neues Leben beginnt

Was nun?, denkt sich Martin Schulz im Sommer 1981. Er nimmt einen Job in einer Werbeagentur an, weil er weiterhin Kontakte zu seinem Beruf und zum Verlagswesen haben möchte, doch befriedigt dieser ihn nicht. Er überlegt, das Abitur auf dem zweiten Bildungsweg zu machen oder, wie damals in Nordrhein-Westfalen möglich, mittels Sonderbegabtenprüfung den Schulabschluss nachzuholen. Diese Pläne verwirft er bald wieder, weil sich plötzlich eine völlig neue Möglichkeit auftut.

Achim Großmann baut in der Kaiserstraße 78, im Zentrum von Würselen, sein Wohnhaus um. Es ist ein zweistöckiges, traditionelles Klinkergebäude, wie sie in der Gegend üblich sind. Im Erdgeschoss lässt er ein kleines Geschäftslokal errichten. 1982 wird Großmann Vorsitzender der regionalen SPD. Dann kommt Martin Schulz, der sein Leben gerade neu entwirft, die zündende Idee: »Mensch, wenn der ein Ladenlokal baut und es mir zu einem vernünftigen Preis vermietet, dann mache ich mich als Buchhändler selbständig.« Achim Großmann gefällt der Plan, eine Buchhandlung wertet seine Immobilie auf. Der Mietpreis unter Freunden ist anständig, Martin Schulz beginnt mit voller Energie an seinem Projekt zu arbeiten. Weil er kein Geld für die Finanzierung besitzt, handelt er mit der Bank einen Kredit aus. Schwager und Bruder, auch der erste Arzt in Würselen mit eigener Praxis, übernehmen zu je 20.000 DM eine Bürgschaft für ein Existenzgründungsdarlehen. Dazu kommt ein zinsloser Kredit aus dem ERB-Fonds mit zwei Jahren Rückzahlungsfreistellung von 40.000 DM. Mit insgesamt 80.000 DM macht sich Martin Schulz also selbständig, richtet den Laden ein und bestellt die ersten Bücher, hauptsächlich politische Literatur.

Im hinteren Teil der Buchhandlung befindet sich ein kleines Büro, eine Küche sowie Toilette und Dusche. Im ersten Stock, der über eine Wendeltreppe erreichbar ist, liegen der Schlafraum und ein kleines Wohnzimmer. Martin Schulz zieht ein, das Buchgeschäft geht blendend, der Unternehmer führt ein flottes Junggesellenleben. Großmann, Hausbesitzer und Spross einer großbürgerlichen Familie, wohnt ebenfalls in dem Haus. Auch er krempelt gerade sein Leben um und lässt sich scheiden. »Da wohnten nun zwei Jusos und zwei Junggesellen, das war ein romantisches Leben«, erinnert sich Schulz mit etwas Wehmut. Im Séparée der Buchhandlung, also hinten im Büro, treffen sich regelmäßig die Genossen: Großmann, Wolfgang Peltzer, der SPD-Klubchef im Stadtrat von Würselen, und einige andere. Pläne für weitere politische Karrieren werden geschmiedet, Strategien für die Sozialdemokratie erdacht, der Umgang mit politischen Gegnern beratschlagt. »Alle Jusos, alle Linken kamen in die Buchhandlung und nach Feierabend in mein Büro im Hinterzimmer.« Der Freundeskreis nennt sich selbst »Küchenkabinett« in der Würselener Hochburg der SPD.

Vorbei sind für Martin Schulz die Jahre des absoluten Tiefs, der Frustration, der Einsamkeit und der Enttäuschungen. Er startet neu durch – nicht nur mit der Eröffnung seiner Buchhandlung am 4. Dezember 1982, mitten im Weihnachtsgeschäft, auch in der Politik geht es steil nach oben.

1984: Einzug in den Stadtrat von Würselen

Martin Schulz wird Juso-Vorsitzender seiner Heimatstadt, im Jahr 1984 kandidiert er für das Stadtparlament. Er wird jüngster Stadtverordneter, wie es offiziell heißt. Sofort übernimmt er den Vorsitz eines Ausschusses, der sich mit Volksschulen und der Weiterbildung befasst. Im Handumdrehen entwickelt er ein revolutionäres Projekt, um die in der Region steigende Arbeitslosigkeit vor allem unter Jugendlichen zu bekämpfen. Es nennt sich »Arbeiten und Lernen im Umweltschutz«. Martin Schulz spricht noch immer begeistert davon, dass arbeitslose und/oder unterqualifizierte junge Leute, die keinen Hauptschulabschluss haben, diesen dabei nachholen können und gleichzeitig beschäftigt sind. Auf die einfache Formel gebracht: vier Stunden Schule, vier Stunden Arbeit. »Wir haben ein Konzept entwickelt, das ich bis heute mit größtem Stolz und größter Beglückung betrachte.«

Martin Schulz entwirft das Projekt gemeinsam mit einem Parteikollegen der Nachbarstadt Alsdorf, der Leiter der Volkshochschule und Mitglied des Personalrats der Stadtverwaltung ist. Mit der Realisierung werden gleichzeitig mehrere Probleme auf einen Schlag gelöst: Ausbildung, Arbeit und Umweltschutz. Junge Menschen bekommen eine berufliche Perspektive und engagieren sich für die Umwelt. In der Umgebung von Würselen gibt es riesige Kohlehalden, die rekultiviert werden müssen, Landschaftspflege wird gebraucht. »Viele hatten keine Lust, in die Schule zu gehen, sie wollten lieber arbeiten. Wir boten ihnen beides.« Bis zu 150 Jugendliche nehmen phasenweise an dem Projekt teil.

Für die Rekultivierung sucht Projektleiter Schulz Fachpersonal. Er findet eine junge Garten- und Landschaftsarchitektin und stellt sie ein. Umsichtig leitet sie die Arbeiten in der Natur. »Dann habe ich diese junge Frau kennengelernt, seit 30 Jahren bin ich mit ihr verheiratet«, erzählt er und schiebt beiläufig die Bemerkung nach, die im Nachhinein einen doppelten Sinn ergibt: »Wir starteten ein erfolgreiches Projekt. Zukunftsweisend.« Martin Schulz gründet mit seiner Frau Inge eine Familie, Sohn und Tochter sind inzwischen längst erwachsen.

Anleihen für »Arbeiten und Lernen im Umweltschutz« macht Schulz beim sogenannten Bergkamener-Modell. Die Stadt Bergkamen im Ruhrgebiet startete als Erste, in Zusammenarbeit mit der Ruhrkohle AG, ein Ausbildungsprojekt für Jugendliche, die in den Ruhrkohle-Werkstätten arbeiteten und an der Volkshochschule den Schulabschluss nachholten.

In Würselen wird das Projekt weiterentwickelt und perfektioniert. Daraus entsteht ein Verein für allgemeine und berufliche Weiterbildung, den es bis heute gibt und der in ganz Nordrhein-Westfalen als vorbildlich gilt für die Wiedereingliederung von Arbeitslosen ins Erwerbsleben. Als Ideengeber stehen Martin Schulz und Klaus Spille dahinter. Mithilfe des Vereins soll gerade auch den vielen arbeitslosen Bergleuten eine Umschulung angeboten und der Einstieg in einen neuen Beruf erleichtert werden. Schulz betont, dass die Bergleute hochqualifiziert seien. »Ein Untertage-Bergbau ist ja eine unterirdische Fabrik. Elektroingenieure, Belüftungsingenieure, Maschinenbauer, Anlagen-Elektroniker oder Lokführer arbeiten in so einer Kohlengrube.« So sollen die arbeitslosen Bergknappen in Aachen an der größten Technischen Universität Europas weiter ausgebildet werden und vorab die Chance bekommen, über den zweiten Bildungsweg das Abitur zu machen. Dafür wird das heute noch in Würselen aktive »Euregio-Kolleg« gegründet, das grenzüberschreitend einen ausgezeichneten Ruf hat. Schulz wird der erste Vorsitzende des Trägervereins. Anfang der 1990er-Jahre steht dieser jedoch vor der Pleite. Wieder ist es Schulz, der anpackt und den Verein mit einem Kredit in Höhe von einer Million DM rettet und erneut vergrößert.

Jahrzehnte später ist er darauf »wirklich stolz«. Er spricht über eine »unheimlich dynamische Zeit, von der die gesamte Region noch heute profitiert«. An seiner Seite arbeitet ein junges Team, alle ziehen an einem Strang – ein weiteres »Küchenkabinett« entsteht. Einer von ihnen ist Herbert Hansen. Er leitet das Büro von Schulz im Rathaus von Würselen, macht viele Jahre die sozialpädagogische Begleitung der Projekte und wird Schulz bis an die Spitze des Europäischen Parlaments folgen. Die ganze Aus- und Fortbildungsinitiative, die Schulz als Stadtrat auf die Beine gestellt hat, bringt den jungen Sozialdemokraten sehr große Bekanntheit in der gesamten Region und schärft sein Profil als junger, engagierter Politiker.

Eines Tages kommt der amtierende Bürgermeister von Würselen auf Schulz zu und teilt ihm mit, das Amt nicht länger ausführen zu können. Ihm wurde von der Stadt Aachen ein führender Job in der Stadtverwaltung angeboten. »Ich trete zurück und hätte gerne, dass du Bürgermeister wirst. Du bist so ein Typ, der die Leute überzeugen kann, deswegen bist du der Richtige«, sagt der Bürgermeister zu Schulz. Schulz fühlt sich geehrt, lehnt aber zunächst ab, weil er Bedenken hat, dass ein Buchhändler und Juso-Vorsitzender von der Bevölkerung nicht ernst genommen wird. »Ich bin nach Hause gegangen, meine Frau war gerade mit unserem Sohn schwanger. Ich habe ihr gesagt, ich kann hier Bürgermeister werden.« Seine Frau schweigt dazu. Langsam werden Schulz die neue Aufgabe und die Herausforderung bewusst. Würselen ist mit seinen rund 40.000 Einwohnern ja nicht irgendeine Stadt, sondern eine der ältesten des Rheinlandes, 870 n. Chr. von den Karolingern gegründet. Der Name kommt aus dem Mittelhochdeutschen und bezeichnet saalartige Bauernhöfe, wo Menschen und Tiere unter einem Dach lebten und für die Kaiserpfalz in Aachen arbeiteten. Die Ortschaft war daher direkt mit der kaiserlichen Burg in Aachen verbunden.

Schulz ist 31 Jahre alt, als er Bürgermeister von Würselen werden soll, er wäre der jüngste Bürgermeister überhaupt in Nordrhein-Westfalen. Er überzeugt schließlich seine Frau, die seiner Karriere unter der Bedingung zustimmt: »Dann hat meine Frau gesagt: ›Ja, dann werde Bürgermeister. Aber eines musst du wissen: Du wirst Bürgermeister, nicht ich. Das musst du selbst machen.‹ Die Rolle der Dame an meiner Seite, die repräsentiert und auf Festen tanzt, das wollte meine Frau nicht. Und das ist die Vereinbarung zwischen uns beiden.« Das Abkommen zwischen den Eheleuten gilt bis heute und wird strikt eingehalten. Der europäische Spitzenpolitiker und seine Frau legen größten Wert darauf, zwischen Familienleben und Politik zu trennen. Privates ist und bleibt ein Tabu.

1987:
Martin Schulz wird Bürgermeister von Würselen

Bernd Thielen tritt als Bürgermeister von Würselen zurück, Martin Schulz nimmt im Sessel des Statthalters Platz. Symbolisch gemeint, denn der Mann kann keine Minute still sitzen, er ist ruhelos, voller Energie und plant die nächsten Schritte: Schulz will auf die Bedürfnisse und Sorgen der Bürger eingehen, junge Familien und Kinder sind ihm ein besonderes Anliegen. »Das erste Projekt, das ich angepackt habe, waren Kindergartenplätze.« In den nächsten Jahren wird er fünf neue Einrichtungen mit mehreren Hundert Plätzen bauen. Er setzt sich gegen das bestehende Kindergartengesetz durch, das eine Bedarfsdeckung von 75 Prozent ab dem dritten Lebensjahr vorsieht. Für eine sich wandelnde Gesellschaft, in der immer mehr Frauen berufstätig sind und das traditionelle Familienbild sich ändert, ist das Gesetz nicht akzeptabel. »Weil wir junge Familien und Alleinerziehende fördern wollten, stockten wir unsere Bedarfsdeckungsquote freiwillig auf 90 Prozent auf, damit wir 90 Prozent eines Jahrgangs abdecken können«, erklärt Schulz seine prioritäre Initiative als Bürgermeister und junger Familienvater. 15 Prozent mehr Kindergartenplätze aus eigener Kraft und ohne Landesfinanzierung zu schaffen, das war eine politische und finanzielle Höchstleistung.

»Die Stadt kostete der Ausbau der Kindergärten Millionen DM und er war hochumstritten, vor allem auch in meiner eigenen Fraktion. Die Leute sagten, wir sind dazu nicht verpflichtet, das brauchen wir nicht.«

Martin Schulz jedoch überzeugt die Skeptiker sowohl mit politischen Argumenten als auch mit seiner eigenen familiären Erfahrung. »Schaut euch die familiäre Situation an«, beruhigt der junge Bürgermeister, der inzwischen einen kleinen Sohn hat und dessen Ehefrau selbständig ist. »Ich habe natürlich einen ganz anderen Zugang gehabt als vielleicht ein Großvater, der die Kinder am Nachmittag zu Hause beaufsichtigen kann.« Den Ausbau der Kindergärten für künftige Anforderungen bezeichnet Schulz als seine »größte sozialpolitische Leistung« seiner ersten Amtszeit als Bürgermeister. Insgesamt steht er drei Funktionsperioden an der Spitze der Würselener Kommunalpolitik: von 1987 bis 1989, von 1989 bis 1994 und von 1994 bis 1998, während dieser Amtszeit ist er auch Abgeordneter des Europäischen Parlaments.

In die ersten Jahre als Bürgermeister fällt auch der Ausbau des Alten Rathauses. 1986 bezieht die Stadtregierung ein neues, modernes Amtshaus am Morlaixplatz, das alte, ehrwürdige Gebäude wird zu einem von der Bevölkerung gerne genutzten Kultur- und Bildungszentrum umgebaut und mit einer Stadtbibliothek und einem Stadtarchiv ausgestattet. 1989 sind die Arbeiten abgeschlossen, das Alte Rathaus wird seiner neuen Bestimmung übergeben.

1988/89: Flüchtlingsansturm auf Würselen

Von Mitte 1988 bis Mitte 1989 brechen für Martin Schulz ungewohnt harte Zeiten an, das Regieren wird für ihn immer schwieriger – Würselen ist Ziel zahlreicher Flüchtlinge aus Afrika. »Plötzlich wuchs die Anzahl von Asylsuchenden bei mir in der Stadt dramatisch an. Es kamen überwiegend Schwarzafrikaner aus dem Kongo, aus Burundi und Ruanda. Der Genozid in Ruanda hatte zwar noch nicht begonnen, aber die Situation in diesen Ländern war extrem instabil«, erzählt Schulz. Flüchtlinge, die sich als Asylsuchende melden, müssen in der Stadt untergebracht werden, schreibt das damalige Flüchtlingsaufnahmegesetz vor. Würselen versorgt daraufhin weit mehr als tausend Migranten mit Unterkünften und Sozialhilfeleistungen. Viele von ihnen werden vom Brüsseler Flughafen Zaventem direkt Richtung Osten geschickt. »Dann hatten wir alle an der belgisch-deutschen Grenze stehen«, erinnert er sich weiter. Es folgen zähe Diskussionen mit den Bürgermeister-Kollegen der Städte rund um Würselen, da auch dort viele Asylbewerber eintreffen. Eine Bürgermeister- und Stadtdirektoren-Konferenz soll Lösungen für die Aufnahme und Verteilung von Flüchtlingen bringen, doch dazu kommt es nicht. »Dann hieß es, ›Nee, das geht nicht, es sind viel zu viele Flüchtlinge hier.‹ Ich musste schon eine Turnhalle beschlagnahmen, um die Asylbewerber unterzubringen. Das war wie heute«, sagt Martin Schulz.

Gegenüber seinen abweisenden Bürgermeister-Kollegen riskiert er, wie es seine Art ist, ein »dicke Lippe«: »Moment mal, Kollegen, ich rede jetzt Klartext. Solange ich Bürgermeister meiner Stadt bin, wird das Grundgesetz der Bundesrepublik Deutschland angewendet, nicht nach dem Motto, wir haben hier zu viele Flüchtlinge. Dann haben die Kollegen gesagt, wenn der Schulz die haben will, dann schicken wir die Flüchtlinge zu ihm. Dann hatte ich plötzlich mehr als tausend schwarzafrikanische Asylbewerber. Und das sind Leute, die siehst du: viele junge Männer zwischen 18 und 30.« Schulz lässt die Aula des städtischen Gymnasiums okkupieren, stellt dort Tische geordnet nach Alphabet auf, um die Sozialhilfe an die Asylbewerber auszuzahlen. »Da standen sie nun in Schlangen, und die Bevölkerung sah zu, wie sie ihr Geld und ihre Bezugsgutscheine bekamen.« Um die Flüchtlinge in Würselen unterzubringen, lässt

Schulz nicht nur Turnhallen, sondern auch leer stehende Häuser und ein ehemaliges Verwaltungsgebäude einer Fabrik beschlagnahmen. Seine Willkommenspolitik gegenüber Flüchtlingen bleibt nicht folgenlos. »Es gibt Morddrohungen gegen mich, in der Stadt kommt es zu einem Aufstand, das kann man sich nicht vorstellen«, betont Schulz.

Die Lage ist ernst: Es ist Frühjahr 1989, im Oktober finden Kommunalwahlen statt und Martin Schulz ist als amtierender Bürgermeister Spitzenkandidat der SPD. Der Widerstand der Bevölkerung gegen seine Flüchtlingspolitik nimmt täglich zu, er fürchtet, von den Wählern abgestraft zu werden. »Ich bin zum ersten Mal in meinem Leben vor dieser Herausforderung gestanden. Bis dahin wurde ich als junger Bürgermeister unangefochten von der breiten Bevölkerung unterstützt. Ich hatte das Image eines dynamischen Mannes, der die Stadt auf den Kopf stellt.« Und jetzt die Flüchtlingskrise. »Die Atmosphäre wurde immer angespannter. Es war wie heute. Es gab einen Teil der Bevölkerung, der sich engagierte und den Flüchtlingen half.« Schulz erfährt hautnah und unmittelbar aber auch eine andere Realität: »Es gab auch dieses Phänomen, dass wir richtig abgezockt wurden. Jemand, der sechs Monate Sozialhilfe bekam, das Geld sparte und dann zurück in die Heimat ging, der hatte richtig viel Geld.« Nur ein Teil der Asylbewerber war politisch verfolgt. »Das haben wir am Beispiel von drei Brüdern festgestellt, die einer nach dem anderen kamen. Am Flughafen in Dakar standen Leute und verteilten Zettel, da stand ›Würselen und Schulz‹. Das hatte sich unter Schleppern und Schleusern herumgesprochen.«

Die Ausgangsposition für Martin Schulz bei der bevorstehenden Kommunalwahl ist denkbar ungünstig. Er sucht Rat bei Herbert Schnoor, dem damaligen Innenminister von Nordrhein-Westfalen. »Ich habe dem Herbert gesagt, ›du musst mir helfen, ich bin völlig überlastet, ich schaffe das nicht mehr. Ich weiß mir keinen Rat mehr, wenn alle Flüchtlinge kommen und sich vor das Rathaus hinstellen und sagen, wir sind politisch verfolgt. Dann bin ich gezwungen, sie bei mir unterzubringen.«

Schulz ist nicht allein mit seiner bejahenden Haltung. Die katholischen und protestantischen Pfarrer der Region sind auf seiner Seite. »Die haben gesagt, unser Bürgermeister macht das richtig, das ist eine Riesenherausforderung. Wir können die Leute jetzt aber nicht wegschicken.« In jeder Stadtratssitzung und bei jeder Bürgerversammlung versucht Schulz die Leute zu beruhigen und den Konflikt rund um die Flüchtlinge zu deeskalieren. Er verspricht: »Leute, gebt mir die Gelegenheit, ich regle das, beruhigt euch, ich weiß, das ist eine große Herausforderung. Und ich verstehe jeden, dem das große Sorgen bereitet.«

Ende August, Anfang September 1989 kann Martin Schulz endlich aufatmen. Die Situation entspannt sich merklich, seine Intervention bei Innenminister Schnoor war erfolgreich. 800 Flüchtlinge werden Würselen abgenommen und in ganz Deutschland verteilt. Die Zahl der Asylbewerber reduziert sich schlagartig. »Da war ich dann plötzlich ein Held.«

Als Protest gegen die Flüchtlingspolitik kandidieren daraufhin bei der Kommunalwahl in Würselen und in der Nachbarstadt Alsdorf die rechtsextremen Republikaner. »Ich habe richtig dagegengehalten, gegen den Rassismus und auch gegen die persönlichen Attacken gegen mich und meine Frau, die zu dieser Zeit gerade hochschwanger mit unserer Tochter Lina war, die im Dezember 1989 geboren wurde. Das waren wirklich schwierige Zeiten. Ich hatte meinen kleinen Sohn. Es gab Sonntage, da habe ich mich gar nicht auf die Straße gewagt«, gibt Schulz Einblick in die Lage und in seine Gefühlswelt mitten im entscheidenden Bürgermeister-Wahlkampf.

Dann wird gewählt. Das Ergebnis überrascht selbst Martin Schulz und wird zu einem Triumph für ihn. »Da habe ich 50,5 Prozent geholt, die absolute Mehrheit der Stimmen und Sitze, das höchste Wahlergebnis, das wir je hatten. Mit einer klaren Haltung und ein bisschen Glück bekamen wir 25 der 45 Sitze, die CDU erhielt 18 Sitze, die Grünen zwei. Die Republikaner sind mit 4,7 Prozent der abgegebenen Stimmen gescheitert (Fünf-Prozent-Hürde). In der Nachbarstadt haben sie 7,8 Prozent erreicht, möglicherweise weil der Bürgermeister sich nicht gegen sie gestellt hat.«

Der Wahlausgang führt dazu, dass Martin Schulz nach eigenen Worten in den Jahren von 1989 bis 1994 »wirklich uneingeschränkt regieren konnte«. Sein Sieg strahlt auf die gesamte Region ab, stärkt und bestätigt seine Fähigkeiten als durchsetzungsfähiger und entscheidungsfreudiger Politiker und bildet so die Grundlage dafür, fünf Jahre später als Europa-Abgeordneter zu kandidieren.

1989–1994: Die zweite Amtszeit als Bürgermeister

Kindergarteninitiative, Lösungen in der Flüchtlingskrise sind Vergangenheit – nach dem Wahlsieg startet Martin Schulz mit einem ganz großen Projekt durch, der Entwicklung eines Industrie- und Gewerbegebiets zwischen Würselen und Aachen. In den Jahren zwischen 1989 und 1994 entsteht das »Aachener Kreuz«, das bald ein attraktives Wirtschaftszentrum für innovative Unternehmen der IT-Branche und des Chemiesektors wird.

In Aachen bekleidet seit 1984 zum ersten Mal in seiner Nachkriegsgeschichte mit Jürgen Linden ein Sozialdemokrat das Bürgermeisteramt. Heute ist er Vorsitzender des Karlspreis-Direktoriums. Mit Linden macht Schulz gemeinsame Sache, es ist ein Geben und Nehmen zwischen den beiden SPD-Politikern und letztendlich ein ökonomischer und politischer Coup für beide Seiten. Aachen hat einen weltweiten Namen, einen internationalen Ruf, auch wegen der renommierten Rheinisch-Westfälischen Technischen Hochschule. Was Aachen aber fehlt, ist Land, Grund und Boden. Die Stadt liegt in einem Talkessel und kann sich nicht weiter ausdehnen. Würselen hingegen hat viel Land, aber keinen Namen. Dazu kommt, dass das bestehende Gewerbe- und Industriegebiet der Stadt den nicht sehr schmeichelhaften Namen »Am Kaninsberg« trägt. »Ein Industriegebiet am Kaninchenstall, da kommt kein Mensch hin. Das ist so«, bestätigt Schulz.

Dann setzt er sich mit seinem Aachener Amtskollegen Jürgen Linden zusammen. »Ihr habt so viel Land und ich habe jeden Tag ein anderes Unternehmen, das ich hier ansiedeln könnte. Ich weiß nicht, wo ich mit denen hinsoll«, schildert dieser sein Problem. »Dann sind wir auf die Idee gekommen, dieses Riesengelände, eine grüne Wiese zwischen Aachen und Würselen, ›Aachener Kreuz‹ zu nennen.« Die beiden Bürgermeister schließen ein Abkommen, holen das Bistum Aachen mit ins Boot und bewerben gemeinsam das Gewerbe- und Industriegebiet EU-weit und international. Binnen fünf Jahren entstehen 4000 neue Arbeitsplätze. Das IT-Unternehmen Vobis investiert hier und lässt seine Computer in Würselen herstellen. Vorteilhaft für die Ansiedlung moderner Betriebe ist auch der gigantische Know-how-Ausstoß im Hightechbereich verschiedener Institute der Rheinisch-Westfälischen Technischen Hochschule. Viele ehemalige Bergarbeiter finden ebenfalls nach einer adäquaten Umschulung dort eine Stelle. »Wir konnten den entlassenen Arbeitern der Kohlengruben wieder eine Berufsperspektive in der Region bieten, indem wir deren technologische Fähigkeiten mit den Neuerungen der Rheinisch-Westfälischen Technischen Hochschule in Aachen zusammenbrachten«, erzählt Schulz. Er ist heute noch stolz auf seine Initiative und nennt ein Beispiel: »Die Tortechnologie, die die FIFA und die UEFA für die Europameisterschaft verwenden, wird in Würselen produziert. Es handelt sich dabei um eine Elektronik, mit der überprüft werden kann, ob ein Ball die Torlinie überschritten hat oder nicht.«

Maßgeblich für die Entwicklung des »Aachener Kreuzes« zu einem modernen Wirtschaftszentrum der Region ist die enge

Kooperation mit dem Bistum Aachen. Die katholische Kirche besitzt hier sehr viel Land. Nach einer Predigt des damaligen Aachener Bischofs Klaus Hemmerle, die Schulz begeistert hört, bittet er um ein Gespräch mit dem Kirchenmann. »Hemmerle«, berichtet Schulz, »war der engste persönliche Freund von Kardinal Karl Lehmann«, den der Parlamentspräsident im Mai 2016 mit einer Ansprache verabschiedet hat.

Mitte der 1980er-Jahre wird in der Grenzregion um Aachen ein Bergwerk nach dem anderen stillgelegt, das trifft auch die Bergbauzulieferer. »Wir waren in einer Situation wie die Midlands in Großbritannien, wie die Kohlenreviere an der Ruhr oder im Saarland. Das Zentrum Aachen war reich und mondän und rundherum gab es Stahl, Kohle und Chemie. Wir waren in einer Umbruchsituation, das war eine Riesenherausforderung für uns. Und der Bischof sagte, ›die katholische Kirche muss sich an diesem Umbruch beteiligen. Wir haben auch eine soziale Verantwortung.‹«

Schulz bekommt eine Audienz beim Bischof. Dieser empfängt ihn gemeinsam mit dem Generalvikar. Der Bischof, in Unkenntnis über den Besitz und die Ländereien des Bistums, hört Schulz geduldig zu. Der Generalvikar sitzt daneben mit dem Taschenrechner in der Hand, er weiß Bescheid, kalkuliert und tippt Zahlen ein. Das erste Angebot lehnt er ab. Schulz überlegt kurz, Matthäus 21, 12–13 zu zitieren, die Stelle aus dem Evangelium, wo Jesus die Geldherren aus dem Tempel vertreibt.[9] Er unterlässt es. »Wir sind uns dann aber einig geworden, der Bischof hat am Ende mit dazu beigetragen, dass wir dieses Land der Kirche kaufen konnten. Und zwar so, dass die Bauern, die das Land gepachtet hatten, im Tausch Land bekamen, das die Kirche anderswo hatte. Die Bauern wurden nicht um ihr

---

9   »Und Jesus ging zum Tempel Gottes hinein und trieb heraus alle Verkäufer und Käufer im Tempel und stieß um der Wechsler Tische und die Stühle der Taubenkrämer und sprach zu ihnen. Es steht geschrieben: ›Mein Haus soll ein Bethaus heißen‹; ihr aber habt eine Mördergrube daraus gemacht.«

Land und um ihre Pacht gebracht.« Würselen schließlich verkauft die erworbenen Grundstücke der Kirche mit etwas Gewinn an die Betriebe weiter. »Das waren die Sachen, wo ich als Bürgermeister viel bewegt habe«, resümiert Schulz seine Aktivitäten.

1994: Countdown für die Europawahl läuft

Anfang 1994 bereitet sich Martin Schulz auf seine Kandidatur für die Wahlen zum Europäischen Parlament vor. Er verkauft seine Buchhandlung, die er als junger Mann aufgebaut hat, an seine Mitarbeiterin Martina Schillings-Dumke. Sie führt den Laden heute noch erfolgreich, allerdings mit einem anderen Sortiment. Im Schaufenster des Geschäfts in der belebten Fußgängerzone von Würselen überwiegen nicht mehr politische und historische Werke, brisante Neuerscheinungen und bedeutende Biografien, sondern Kinderbücher, Prinzessin Lillifee und viel Klimbim. »Schillings« steht senkrecht neben der Eingangstür. Der Schwerpunkt liegt auf Kinder- und Jugendliteratur.

Dennoch: Martin Schulz ist für die Menschen präsent. Eine Verkäuferin spricht respektvoll vom »Herrn Präsidenten«. Der Mann aus Brüssel wird in der Buchhandlung – aber nicht nur hier – verehrt. Sein Buch *Der gefesselte Riese. Europas letzte Chance* steht griffbereit gleich neben der Kasse. Auch der Band, der Martin Schulz als Träger des Internationalen Karlspreises zu Aachen zeigt, liegt deutlich sichtbar im Regal. Gelegentlich schaut auch »der Präsident« noch in seinem alten Laden vorbei, gerne dann, wenn er Besuch hat.

Doch zurück in das turbulente Jahr 1994. In Deutschland wird an der Bundesliste für die Europawahl im Juni 1994 getüftelt. Martin Schulz strebt die Nominierung in der Region Mittelrhein an, dazu gehören die großen Städte Aachen, Köln, Leverkusen und Bonn. Rund drei Millionen Einwohner zählt das Gebiet und es ist stark von der SPD dominiert. Die Bundesliste basiert auf Vorschlägen einzelner Regionen des Bundeslandes. Jedes Bundesland, zum Beispiel Nordrhein-Westfalen, fasst die regionalen Vorschläge zu einer Liste zusammen und gibt sie an den Bund weiter.

Für Martin Schulz ist das Nominierungsprozedere nicht gerade ein Spaziergang. Es gibt für ihn eine Hürde zu überwinden – und diese Hürde hat einen Namen: Dieter Schinzel. Er war Bundestagsabgeordneter, Vorsitzender der SPD in der Stadt Aachen und ist seit 1979 Mitglied des Europäischen Parlaments. »Ein führender Kopf in der Region, ein hochbegabter Politiker und begnadeter Redner, ein Linker in der SPD«, beschreibt Schulz seinen Kontrahenten für die EU-Wahl. Aber: »Schinzel hat sich in seinem Leben auf allen Ebenen in Schwierigkeiten verstrickt«, fügt er hinzu.

Er war schon 1984 und 1989 der sogenannte Koppelkandidat von Schinzel. Die Europa-Abgeordneten haben in Deutschland einen Running Mate, das heißt, wenn der Abgeordnete aus irgendeinem Grund ausscheidet, rückt der Stellvertreter nach. Bei der Aufstellung der Kandidaten für die Europawahl 1994 setzt sich Martin Schulz mit der klaren Mehrheit der Stimmen durch. »Seit 1992 war bekannt, dass sich Dieter Schinzel immer weiter in Problemen verstrickte, die nicht mehr geheim bleiben konnten. Irgendwann habe ich ihm gesagt: ›Dieter, so geht das nicht. Du reißt uns alle in den Abgrund.‹ Dann habe ich ihm irgendwann erklärt, ›ich kandidiere gegen dich für das Europaparlament, weil das so nicht geht‹. Dann habe ich gegen Schinzel kandidiert, und ich habe klar gewonnen. Das war ein Mandat, das ich mir hart erkämpft habe.«

Die Nominierungsabstimmung ist am 10. September 1993. Dieses Datum ist bei Martin Schulz ins Bewusstsein eingraviert. »Die Abstimmung unter den SPD-Delegierten war dramatisch. Auch für mich persönlich. Meine Frau wollte das nicht. Ihre Begründung war: ›Europa-Abgeordnete hat die SPD genug, aber meine Kinder haben nur einen Vater, und du bist sowieso nie zu Hause, und wenn du Europa-Abgeordneter bist, dann bist du überhaupt nicht mehr da‹.«

Trotz der plausiblen Argumente seiner Frau Inge zieht es Martin Schulz unbändig ins Europäische Parlament nach Straßburg und Brüssel. »Dann habe ich ihr gesagt: Ich bitte dich darum. Ich habe dann mit dem Segen meiner Frau kandidiert, und ich habe dann auch gewonnen.«

Der Wahlkampf für den Urnengang am 12. Juni 1994 beginnt einige Wochen zuvor. Genossen in Aachen sind nicht gut auf Schulz zu sprechen, die Freunde von Dieter Schinzel empfinden seine Kandidatur als unfair. Dann kommt es zum Knalleffekt im Aachener Politkrimi: Es ist ein Samstagmorgen, wenige Wochen vor der Europawahl, Martin Schulz sitzt in seinem Wagen und ist auf dem Weg zu einer Veranstaltung als Bürgermeister, als das Autotelefon läutet: Es meldet sich der Leiter der Politischen Polizei: »Damit du Bescheid weißt … das geht nachher über den Ticker. Wir haben heute Nacht deinen Freund Dieter Schinzel auf dem Autobahnparkplatz in Aschaffenburg verhaftet wegen des Versuchs, Falschgeld in Umlauf zu bringen.« Martin Schulz wird diesen Moment sein »ganzes Leben nicht vergessen. Ab dann war natürlich klar, dass alle heilfroh waren, dass ich Dieter Schinzel geschlagen habe. Das waren dramatische Umstände, wie ich im Juni 1994 als Abgeordneter ins Europäische Parlament gewählt worden bin.«

1994–1998:
EU-Abgeordneter und Bürgermeister im Doppelpack

Das Ergebnis der Europawahl am 12. Juni 1994 ist für Martin Schulz eine große Sensation: Während die SPD bundesweit auf 32 Prozent der abgegebenen Stimmen kommt, erreicht Schulz 42 Prozentpunkte. Auch die Kommunalwahl, die am selben Tag stattfindet, ist durchaus ein Erfolg für den amtierenden Bürgermeister. Die SPD in Würselen erzielt 49,9 Prozent, das sind nur 0,6 Prozentpunkte weniger als im Jahr 1989. Schulz fehlen 36 Stimmen für die absolute Mehrheit.

Ausgestattet mit diesem Votum bei der Europawahl, schafft Martin Schulz den Sprung von Würselen nach Brüssel problemlos. Dort angekommen, macht er im Europäischen Parlament innerhalb kürzester Zeit Karriere. Er wird bereits in der zweiten Sitzungswoche im September 1994 zum Koordinator der Sozialdemokraten in den Unterausschuss für Menschenrechte gewählt. In diesem Ausschuss tummeln sich zahlreiche prominente Abgeordnete, umso bedeutsamer ist die neue Aufgabe, die Schulz übertragen wird. Er ist zugleich auch Mitglied im Innenausschuss, der in dieser Wahlperiode eine außergewöhnlich wichtige Rolle spielt. Der Vorsitzende des Ausschusses ist der ehemalige portugiesische Verfassungsrichter António Vitorino, Koordinator der Europäischen Volkspartei ist Hartmut Nassauer, der Ex-Innenminister Hessens, die Liberalen entsenden Graham Watson und die Grünen Claudia Roth. Martin Schulz wird im Frühjahr 1996 Koordinator der Sozialdemokraten im Innenausschuss. Er bekommt diese Funktion nicht zuletzt deswegen, weil er sich im Untersuchungsausschuss für Menschenrechte einen sehr guten Namen gemacht hat.

»Civil Liberties« heißt der Ausschuss im Parlamentsjargon und er ist innerhalb der Ausschüsse im Parlament von besonderer Bedeutung. Gerade wird die Europol-Konvention auf den Weg gebracht, das Schengen-System installiert und damit der europäische Raum der Freiheit und der Sicherheit geschaffen. Dazu müssen die europäischen Volksvertreter ihre Zustimmung geben, ohne die geht gar nichts.

Für Martin Schulz sind das gleich zu Beginn seiner Zeit als Europa-Abgeordneter enorme Herausforderungen. »Das führte dazu, dass ich immer mehr im Europäischen Parlament zu tun hatte und immer mehr unter Druck in meinem Rathaus geriet. Es war der größte Fehler meines politischen Lebens, dass ich von 1994 bis 1998 Bürgermeister und Europa-Abgeordneter zugleich war«, gesteht er viele Jahre später.

Im Nachhinein bedauert Martin Schulz ausdrücklich, dass er 1996/97 als Bürgermeister von Würselen nicht zurückgetreten ist. »Nach zehn Jahren im Amt wäre das wunderbar gewesen. Aber dann hatte ich das folgende Problem: Nordrhein-Westfalen führte eine neue Kommunalverfassung ein. Die sah vor, dass Bürgermeister hauptamtliche Bürgermeister wurden. Der Posten des Stadtdirektors und das Amt des Bürgermeisters wurden zusammengelegt. Der Bürgermeister wurde demnach direkt von der Bevölkerung gewählt und nicht mehr vom Stadtrat. Und der Bürgermeister war zugleich Verwaltungschef. Es gab keine Trennung mehr, die beiden Funktionen wurden vereinheitlicht, weil die Bürgermeister ohnedies die Bosse in der Gemeinde waren.«

Bereits 1996 informiert Schulz seine Parteikollegen an der kommunalen Spitze, dass er die Doppelbelastung Bürgermeister und Europa-Parlamentarier nicht mehr schafft. Doch davon wollen die Würselener Genossen nichts wissen, die Worte von Schulz finden keine Beachtung. Im Gegenteil: Sie überreden Schulz zu bleiben, bis sein Nachfolger direkt gewählt werden kann, also bis 1998.

»Na gut«, antwortet Schulz und fügt sich dem Willen der Kommunalpolitiker. Im Sommer 1997 versucht er noch einmal, das Bürgermeisteramt aufzugeben. »Ich habe gesagt, ich kann nicht mehr, ich schaffe das nicht mehr: Ich habe zwei kleine Kinder, meine Frau ist selbständig, ich bin Bürgermeister, ich bin ein engagierter Europa-Abgeordneter, das geht nicht, das ist zu viel.« Wieder lassen die SPD-Leute ihn nicht ziehen. »Der Kollege Wolfgang Peltzer, der dann erster hauptamtlicher Bürgermeister der Stadt wird, war der Hauptdränger, der ständig betonte, ›du musst noch bleiben, um mir eine Brücke zu bauen‹.« Schulz gibt erneut nach. »Weil sie immer loyal zu mir waren, immer. Ich hatte umgekehrt das Gefühl, jetzt musst du genauso loyal ihnen gegenüber sein.«

Schulz ist im Europäischen Parlament voll im Einsatz und ständig aufs Neue gefordert: Er pendelt zwischen Würselen, Brüssel und Straßburg hin und her und hat für sein Amt als Bürgermeister kaum noch Zeit. Er ist nur mehr halbherzig Kommunalpolitiker, im Laufe der Zeit verliert er auch den Überblick über die neuesten brisanten Entwicklungen. »Wir hatten eine große Debatte über die Schließung eines Freibades und die Errichtung eines Spaßbades. Dagegen gab es enormen Widerstand in der Bevölkerung, der Protest war auch irrationaler Art. Eine Bürgerbewegung arbeitete dagegen, mit zum Teil sehr fragwürdigen Mitteln. Es gab auch sehr persönliche Angriffe gegen mich.« Schulz gesteht freimütig, auch gegen das Spaßbad gewesen zu sein.

Das Freibad muss aus Kostengründen geschlossen werden, das Erlebnisbad wird gebaut und ist heute eine der begehrtesten Freizeiteinrichtungen mit Hunderttausenden Besuchern in der ganzen Region. Den »Kardinalfehler« sieht Schulz nicht im Bau dieses Bades, sondern darin, dass er seine fehlende Präsenz in der Stadt völlig unterschätzt hat. »Ich war nicht mehr in der Stadt anwesend und ich hatte nicht mehr genügend Gespür für das Geschehen und die Menschen.«

Schulz führt den Fehler aber nicht auf seinen Unwillen zurück. Er hat in der eigenen Fraktion keine Mehrheit für seinen skeptischen Standpunkt gegenüber dem Projekt Erlebnisbad, seine Fraktionskollegen sind dafür. Wäre es im Stadtrat bei 23 SPD-Sitzen, 19 CDU-Sitzen und drei der Grünen zu einer Abstimmung gekommen und Schulz hätte als Bürgermeister dagegen gestimmt, wäre es ein Votum gegen seine eigene Partei gewesen. »Das habe ich nie gemacht, und ich bin glücklicherweise nie in die Situation gekommen, eine Gewissensentscheidung treffen zu müssen. Für mich gilt ein Grundprinzip: In der innerparteilichen Demokratie kämpfe ich bis zum Letzten, aber wenn sich meine Gruppe entschieden hat, bin ich loyal zu meiner Gruppe.«

Die Bürger von Würselen wollen einen basisdemokratischen Entscheid und organisieren eine Abstimmung, sie sammeln genügend Unterschriften, ihnen passiert aber ein Formfehler. Das Anliegen wird deswegen zurückgewiesen. »Das haben die Leute als einen Akt der Willkür gegen ihren Willen interpretiert. Ich hätte diese Volksabstimmung zulassen müssen. Ich hätte ihnen sagen sollen, korrigiert euren Formfehler, dann lassen wir die Volksabstimmung zu. Das nicht getan zu haben, war einer der größten Fehler meines politischen Lebens. Das haben mir auch viele Menschen lange Zeit nicht verziehen, was ich verstehen kann.«

Aus dieser Erfahrung zieht Martin Schulz für sich eine Lehre: »Ich habe für den Rest meines Lebens eine Lektion gelernt: Du darfst dem Volk ein Wahlrecht nicht vorenthalten, wenn es das haben will.«

Diese Einsicht führt zu der Frage, wie Martin Schulz generell zu Referenden steht. »Ich glaube, dass sie an der kommunalen Basis gut sind, ich glaube aber nicht, dass man völkerrechtliche Verträge unter eine Volksabstimmung stellen darf.«

Und wie will er im Besonderen mit einem möglichen Beitritt der Türkei zur Europäischen Union umgehen, der in vielen europäischen Mitgliedsländern sehr umstritten ist? »Der Beitritt zur EU ist ein völkerrechtlich bindender Vertrag, den kann man nicht unter den Genehmigungsvorbehalt eines Referendums stellen.«

Schulz bringt ein ganz praktisches Beispiel: Was wäre gewesen, wenn Deutschland über die Osterweiterung der EU abgestimmt hätte? Was wäre passiert, wenn Polen keine Mehrheit bekommen hätte, ein anderes Land aber schon? »Es kann ja keine Abstimmung über die Hierarchie in der Beliebtheit geben. Das geht nicht«, auch wenn Martin Schulz glaubt, dass es eines Tages Referenden über neue Mitglieder geben werde. So haben Frankreich und Österreich schon vor Jahren angekündigt, den Beitritt der Türkei einer Volksabstimmung zu unterziehen.

Bei einer Fortentwicklung der Europäischen Union ist es für Martin Schulz aber vorstellbar, das »Schweizer Modell« (Mehrheit der Kantone und Mehrheit der Bürger) einzuführen und anzuwenden. Um beispielsweise einen neuen EU-Vertrag anzunehmen, würde es einer doppelten Mehrheit bedürfen: die Mehrheit der Mitgliedstaaten und die Mehrheit der Bevölkerung. »Darüber kann man nachdenken. Das steigert die demokratische Legitimität.«

Martin Schulz macht einen Blick zurück: Über den gescheiterten EU-Verfassungsvertrag gab es vier Volksabstimmungen: in Frankreich, in den Niederlanden sowie in Spanien und Luxemburg. Die Ja-Stimmen in den vier Referenden überwogen insgesamt bei Weitem, Luxemburg und Spanien stimmten mit klarer Mehrheit für eine Europäische Verfassung, Frankreich und die Niederlande knapp dagegen. »Doch kein Mensch hat über Spanien und Luxemburg geredet, wo es breite Mehrheiten dafür gab«, mokiert sich Schulz noch heute.

1994–1999:
Martin Schulz klettert die Karriereleiter hoch

Martin Schulz spricht von einem »großen Glück«, gleich zu Beginn seiner Wahlperiode im Dezember 1995 Berichterstatter für das Zollunionsabkommen mit der Türkei geworden und dadurch mächtig aufgefallen zu sein. »Ich habe gegen das Zollunionsabkommen gestimmt, als Minderheit in meiner Fraktion«, sagt Schulz. »Ich habe die Frage aufgeworfen, ob dieses Abkommen der letzte Schritt vor der Vollmitgliedschaft der Türkei ist oder einer der vielen Schritte zu diesem Ziel. Mit der Türkei ein Zollunionsabkommen zu schließen macht ja nur Sinn, wenn der nächste Schritt die Mitgliedschaft im Binnenmarkt ist. Ich fand es nicht fair, wenn die Türkei ihre Märkte öffnet, ihre Wirtschaft unseren Regeln unterwirft, aber nichts zu sagen hat. Für die EU macht das Abkommen ja Sinn, aber nicht für die Türkei.« Das ist eine starke Ansage. Mit dieser Frage zielt Schulz aber nicht nur auf die eigenen Parteikollegen ab, sondern vor allem auf das konservative Lager, das auf ein Zollunionsabkommen drängt.

Auf die bohrende Frage nach der Vollmitgliedschaft der Türkei gibt es aber von keiner Seite eine befriedigende Antwort. Wenn das Zollunionsabkommen der letzte Schritt vor der Vollmitgliedschaft wäre, hätte Schulz kein Problem, dafür zu stimmen. Doch keiner kann oder will ihm sagen oder gar dafür garantieren, dass es der letzte Schritt ist. Schulz verweigert seine Zustimmung und handelt sich dadurch großen Ärger mit den Türken ein.

Die türkische Ministerpräsidentin Tansu Çiller reagiert stinksauer auf Schulz. Sie lobbyierte zuvor monatelang in Straßburg und Brüssel und drohte schlussendlich: »Wenn ihr uns das Zollunionsabkommen nicht gebt, treibt ihr die Türkei in die Arme der Islamisten.« Die Islamisten werden in der Türkei durch die Gerechtigkeitspartei von Necmettin Erbakan vertreten. Viele Parlamentskollegen von Schulz lassen sich von diesem Argument Çillers beeinflussen: »Viele, auch Skeptiker, die auf meiner Linie waren, haben für das Abkommen gestimmt, weil sie nicht wollten, dass die Türkei in die Hände von radikalen Islamisten fällt.«

Ein halbes Jahr später gilt für Çiller ihre eigene Drohung längst nicht mehr. Sie verhilft Erbakan in das Amt des Regierungschefs, um selbst einem Korruptionsskandal zu entgehen. Erbakan wird erster islamistischer Ministerpräsident des Landes. »Das war ein echter Islamist im Gegensatz zu Erdoğan«, bemerkt Schulz. Er kennt Erbakan, weil er in Aachen studierte und nach Studienabschluss oft in die Stadt kam.

Für Schulz ist die Haltung von Tansu Çiller schlichtweg unhaltbar. »Für meine Begriffe ist das ein Vorgang der internationalen Politik, der einem den Atem verschlägt. Da argumentiert eine Regierungschefin und sagt, ›du musst mir das geben, sonst kommen die Islamisten an die Macht‹. Ein halbes Jahr später macht sie als Außenministerin mit Erbakan eine Koalition.« Schulz ist fassungslos.

Bekanntheit verschafft dem EU-Abgeordneten auch ein zweiter großer Bericht im Innenausschuss, genauer gesagt, ein Initiativbericht über »Nuklearschmuggel in der EU«. Ende August 1994 fliegt am Münchener Flughafen eine Agentengruppe auf, die einen Koffer mit Plutonium mit sich führt. Später stellt sich heraus, dass es der Bundesnachrichtendienst selbst war, der die Sache initiierte und Undercover-Leute einschleuste mit der Begründung, er habe erkunden wollen, wie die Szene funktioniert. Die Agentenaffäre von München liefert die Grundlagen für den Schulz-Bericht über den Handel mit nuklearem Material. Schulz stellt danach erfreut fest: »Mit diesem Bericht habe ich mir hier im Haus einen guten Namen gemacht.«

Der Innenausschuss weist Schulz auch noch andere delikate und politisch hochbrisante Berichte zu. Den Ausschlag für seine nächsten Erkundungen gibt die Dutroux-Affäre in Belgien und der damit verbundene Justiz-Skandal um einen mehrfachen belgischen Mörder und Sexualstraftäter.[10] Schulz vertieft sich in einen Bericht über »Gemeinsame Maßnahmen zur Bekämpfung von Kindesmissbrauch und Sextourismus« und studiert dafür intensiv die Hintergründe des Falles Dutroux. »Ich habe in diesem Zusammenhang die Eltern der ermordeten Kinder Julie und Mélissa getroffen. Es war die

---

10 Marc Dutroux hat ab Mitte der 1980er-Jahre mehrere Kinder und Jugendliche im Alter von acht bis 19 Jahren entführt und sexuell missbraucht und zwei Frauen im Alter von 17 und 19 Jahren ermordet. Die Ende 1995 entführten achtjährigen Mädchen Mélissa Russo und Julie Lejeune verhungerten eingesperrt in einem Kellerverlies, während Dutroux im Gefängnis saß.

bewegendste Begegnung, die ich je in meinem Leben gehabt habe.« Anhand seiner Erkenntnisse und Schlussfolgerungen aus diesem Treffen, die die Abgeordneten wachrütteln sollen, vertieft Schulz seine Kompetenz im Umgang mit sozial- und gesellschaftspolitisch heiklen Themen.

Die menschliche Seite seiner politischen Arbeit als Koordinator des Innenausschusses ist das Entstehen »großer Freundschaften«, für die er dankbar ist. Der Portugiese António Vitorino, damals Ausschuss-Vorsitzender und später EU-Kommissar, gehört ebenso dazu wie die Grünen-Politikerin Claudia Roth, mit der ihn bis heute eine enge Freundschaft verbindet. Auch mit dem langjährigen CDU-Abgeordneten Hartmut Nassauer, der Vorsitzender der CDU-CSU-Gruppe war, freundet sich Schulz an. »Er vertritt ein ganz anderes Weltbild als ich, aber er ist eine bemerkenswerte Persönlichkeit.« Zu seinen Freunden gehörte damals auch Otto von Habsburg (CSU), mit dem Schulz unzählige Gespräche im Unterausschuss »Menschenrechte« führte. »Otto von Habsburg war wie ich der letzte Mohikaner, wenn es freitagmorgens im Plenum in Straßburg eine Menschenrechtsdebatte gab. Mit Habsburg und auch mit Bernd Posselt (CSU) habe ich extrem viel geredet, mit Otto von Habsburg bin ich eine wirklich enge, sehr freundschaftliche Verbindung eingegangen. Wir hatten auch einen sehr intensiven Briefwechsel, nachdem er aus dem Parlament ausgeschieden ist.«[11] Eine Episode ist Schulz noch gut in Erinnerung: Zum 90. Geburtstag von Otto von Habsburg bekommt er eine Einladung auf Schloss Nymphenburg. Als Schulz aber die Einladungsliste sieht, überlegt er kurz und beschließt: »Da kann ich nicht kommen, ich bin der einzige Sozi.«

Im Innenausschuss und bei seiner Tätigkeit im Menschenrechtsbereich lernt Schulz jedoch eine Reihe konservativer Politiker

---

11 Otto von Habsburg gehört als Abgeordneter von 1979 bis 1999 dem Europäischen Parlament an.

näher kennen, die ihn Folgendes gelehrt haben: »Mit Pauschalisierungen und Vorurteilen politischen Gegnern gegenüber muss man sehr vorsichtig sein. Es gibt in den eigenen Reihen nicht immer nur astreine Personen und auf der anderen Seite nicht immer nur schlechte.«

1998: Vorbereitungen für den SPD-Europa-Wahlkampf

1997 wird Schulz in den Vorstand der SPD-Delegation gewählt. Ein Jahr später übernimmt er die Koordinierung des Wahlkampfes der SPD-Europa-Abgeordneten, was dazu führt, dass er 1999 faktisch der Leiter des gesamten SPD-Wahlkampfes auf Bundesebene wird. Das Hauptquartier wird in Bonn aufgeschlagen. Der plötzliche Rücktritt des Parteivorsitzenden und Finanzministers Oskar Lafontaine wegen seiner Differenzen mit Bundeskanzler Gerhard Schröder am 11. März 1999, drei Monate vor der Europawahl, ist für Schulz ein »unvergessliches Datum« und ein politisches Desaster. Schröder übernimmt gegen seinen Willen das Amt des Parteivorsitzenden. Wegen einschneidender Reformen und des NATO-Militäreinsatzes im Kosovo ist Schröder wenige Monate nach Antritt als Regierungschef in der totalen Defensive. Ottmar Schreiner, ein enger Verbündeter von Lafontaine, der dem linken SPD-Parteiflügel angehört, wird Bundesgeschäftsführer der Partei. Martin Schulz, ein Schröder-Mann, ist inhaltlich und räumlich hin- und hergerissen: Er sitzt in seinem Wahlkampf-Hauptquartier in Bonn zwischen dem Bundeskanzleramt und dem Erich-Ollenhauer-Haus, der Bundesparteizentrale, die 1999 praktisch schon leer ist, weil alle nach Berlin umgezogen sind.

Schulz hat jedoch einen treuen Mitarbeiter an der Seite, Markus Winkler, der später sein Kabinettschef als Parlamentspräsident wird. Hätte es Winkler nicht gegeben, wäre Schulz geneigt gewesen, das ganze Wahlkampfmanagement aufzugeben. »Ich war so verzweifelt als Vertreter der Abgeordneten, die kandidieren. Für die Europawahl interessierte sich außerdem kein Mensch. Alle hatten die Wahl abgeschrieben nach dem Motto, die werden wir ohnehin verlieren.« Und dann kommt plötzlich noch der Parteichef abhanden, mit dem am ehesten ein Wahlkampf möglich gewesen wäre. Damals war Lafontaine noch »glühender Europäer«, berichtet Schulz. Die ganze Situation war »grausam«. »Wenn Markus Winkler nicht gewesen wäre, hätte ich den Brocken hingeschmissen«, wiederholt er.

Der Wahlausgang am 13. Juni 1999 ist für die SPD deutschlandweit schließlich kein Anlass zu großer Freude[12]: Auf die Sozialdemokraten entfallen 30,7 Prozent der abgegebenen Stimmen, sie verlieren 1,5 Prozent im Vergleich zu 1994. Die CDU kommt auf 48,7 Prozent. Im Jahr 2014, als Martin Schulz europäischer Spitzenkandidat ist, kommt die SPD in die Nähe des Ergebnisses von 1999. Die SPD erhält 27,8 Prozent der abgegebenen Stimmen.

1999–2004:
Berlusconi-Affäre macht Schulz international bekannt

Nach der Europawahl geht es für Martin Schulz parteiintern steil nach oben: Eine politische Funktion folgt auf die andere. Im Jahr 2000 übernimmt er den Vorsitz der SPD-Delegation mit 33 Abgeordneten von Willi Görlach. 2002 wird er Erster stellvertretender Vorsitzender der gesamten sozialdemokratischen Fraktion, SPE genannt. Klaus Hänsch gibt diesen Posten auf, als er zum Vizepräsidenten des Konvents zur Erarbeitung eines Verfassungsvertrags nominiert wird. »Diese Aufgaben waren der Grund, warum ich bei

---

12 Bei der Bundestagswahl im Herbst 1998 entfielen auf die SPD 40,9 Prozent der abgegebenen Stimmen.

der Berlusconi-Debatte 2003 so eine herausragende Rolle hatte«, lenkt Schulz auf einen Eklat im Europäischen Parlament, der bis heute einzigartig ist und noch immer Erwähnung findet.

Was ist damals passiert? Italien übernimmt Anfang Juli 2003 die rotierende EU-Ratspräsidentschaft. Wie üblich stellt der Regierungschef des EU-Vorsitzlandes das Programm im Plenum des Europäischen Parlaments vor, danach findet eine mehr oder weniger heftige Debatte statt.

Am Vormittag des 2. Juli 2003 hat also Italiens Ministerpräsident Silvio Berlusconi in Straßburg seinen Auftritt. Alles beginnt harmlos, Berlusconi marschiert ins Plenum, schüttelt freundlich Hände und tut so, als würde er das Schild von Grünen-Abgeordneten mit der Aufschrift »Vor dem Gesetz sind alle gleich« nicht sehen. Rund eine Stunde referiert er ausgiebig über die Pflicht, »Europa zu gestalten, das imstande ist, sein Gewicht in die Waagschale zu werfen«. Er spricht von der Bedeutung der transatlantischen Beziehungen, die eine neue Dynamik brauchen, und davon, dass die EU »tagtäglich auf die legitimen Erwartungen der Bürger reagieren müsse«.[13]

Die Antrittsrede des ehemaligen Entertainers auf Ausflugsschiffen wird von den konservativen Abgeordneten durchaus wohlwollend aufgenommen. Vereinzelte unter ihnen erwähnen Berlusconis abstruse Forderungen der vergangenen Wochen, wonach Israel und Russland EU-Mitglied werden sollen. Sozialdemokraten, Grüne und Linke hingegen äußern zahlreiche Zweifel an dem Demokratie-, Rechts- und Staatsverständnis des Mailänder Milliardärs. Schulz ergreift das Wort und spricht von einem »Virus der Interessenskonflikte«. Er kritisiert auch den an der Regierung beteiligten Lega-Nord-Chef, den Minister für Einwanderungspolitik Umberto Bossi, der gesagt hat, man solle mit Kanonen auf Flüchtlingsboote schießen.

---

13 Mitschrift der Berlusconi-Rede am 2. Juli 2003 im Europäischen Parlament in Straßburg durch die Autorin.

Und Schulz weiter: »Sie (Berlusconi) sind nicht verantwortlich für den Intelligenzquotienten Ihrer Minister, aber verantwortlich für das, was die sagen, sind Sie schon.« Die Äußerung von Bossi ist »in keinster Weise vereinbar mit der Grundrechte-Charta der Europäischen Union. Sie sind als Ratspräsident aufgefordert, diese Werte zu verteidigen. Dann verteidigen Sie diese Werte gegen Ihren eigenen Minister.«[14]

Da platzt Berlusconi der Kragen: Der Ministerpräsident reagiert ungemein ausfällig – und mit einem Nazi-Vergleich. »In Italien wird gerade ein Film über die Nazi-Konzentrationslager gedreht, ich schlage Sie für die Rolle des Kapos[15] vor«, sagt er mit Blick auf Schulz.

Der stellvertretende Fraktionsvorsitzende der Europäischen Sozialdemokraten bleibt überraschend ruhig. Sein Respekt vor den Opfern des Faschismus verbiete es ihm, dazu Stellung zu nehmen. Es sei allerdings problematisch, dass ein EU-Ratspräsident, wenn er mit der geringsten Debatte konfrontiert werde, »seine Contenance auf diese Art und Weise verliert«.

Die meisten Abgeordneten stellen sich mit minutenlangem Applaus hinter Schulz. Der italienische Premier, dem die größte italienische Mediengruppe gehört, entschuldigt sich trotz mehrfacher Aufforderung nicht. Seine Bemerkung sei ironisch gemeint, erwidert

---

14   Die Zitate aus der Rede des stellvertretenden Fraktionsvorsitzenden der Sozialdemokraten Martin Schulz an die Adresse des italienischen Ministerpräsidenten Silvio Berlusconi sind der Abschrift des Europäischen Parlaments entnommen.

15   Als »Kapos« wurden in den Konzentrations- und Vernichtungslagern der Nazis Häftlinge bezeichnet, die die SS zu Aufsehern über ihre Mitgefangenen bestimmte. Nicht selten waren Kapos Kriminelle, die die Aufgabe hatten, für Ruhe und Ordnung im Lager zu sorgen. Sie wurden von ihren Mithäftlingen meist verachtet. Es gab Kapos, die von den KZ-Gefangenen als besonders grausam empfunden wurden.

er, und Schulz verstehe eben keine Ironie. Er selbst sei zuvor ebenfalls beleidigt worden, nämlich von Martin Schulz, betont Berlusconi.

Mehrere Abgeordnete, vor allem der Linken, bemängeln insbesondere ein kürzlich in Italien erlassenes Gesetz, das den Regierungschef Berlusconi trotz eines bereits laufenden Verfahrens vor weiterer Strafverfolgung schützt (»Lex Berlusconi«).

Nach der Aussprache donnert Berlusconi den Abgeordneten entgegen, sie hätten keine Ahnung von Italien, er beschimpft die Parlamentarier als »Demokratie-Touristen«, die nicht wüssten, dass Fernsehkanäle und Zeitungen, die zu seiner Firmengruppe gehörten, seine größten Kritiker seien. Seine Feinde tröstet er am Ende mit der Bemerkung: »Machen Sie keine Tragödie aus unserem Ratsvorsitz, sechs Monate gehen doch schnell vorbei.«

»Ist der Mann eigentlich noch bei Trost? Und bei Sinnen?«, fragen ausländische Medien. Und die Londoner *Financial Times* bemerkt, dass es für Berlusconi offensichtlich sein müsse, dass »der Vergleich eines deutschen Politikers mit einem KZ-Aufseher alle Grenzen des Anstands überschreitet«.[16] Der Schweizer *Tages-Anzeiger* fragt, warum es gegen Berlusconi keine Sanktionen gebe wie im Fall der konservativen Regierungskoalition mit FPÖ-Chef Jörg Haider Anfang 2000 in Österreich.[17]

Proteste gegen den Angriff Berlusconis auf Schulz kommen auch aus verschiedenen Staatskanzleien. Der deutsche Bundeskanzler Gerhard Schröder kritisiert die Nazi-Anspielung scharf: »Diese Äußerung ist in Inhalt und Form eine Entgleisung und völlig inakzeptabel.« Schröder verlangt eine Entschuldigung. In einem Telefonat mit Schröder bedauert Berlusconi seine umstrittenen Äußerungen gegenüber Schulz. Damit kommt der italienische Premier einer

---

16 Financial Times, 3. Juli 2003.

17 Tages-Anzeiger, 3. Juli 2003.

ausdrücklichen Aufforderung des Kanzlers nach, wie Schröder mitteilt. [18]

»Schockiert« über seinen Amtskollegen aus Rom zeigt sich ebenfalls Luxemburgs Ministerpräsident Jean-Claude Juncker. »Solche Äußerungen sind inakzeptabel unter Demokraten und verraten einen Mangel an Verständnis für die Befindlichkeiten der Parlamentarier in Europa.« [19]

Der Eklat hat auch im Europäischen Parlament ein Nachspiel und entzweit die beiden großen Fraktionen der Sozialdemokraten und Christdemokraten. Die SPE fordert eine »klare Entschuldigung« Berlusconis bei Schulz und ortet eine »Krise zwischen den Institutionen«, zwischen Rat und Parlament. Ein starkes politisches Signal, nämlich Berlusconi als EU-Ratsvorsitzendem das Misstrauen wegen grober Verletzung seiner Pflichten auszusprechen, verlangt der Vize-Vorsitzende der SPE, der österreichische SPÖ-Abgeordnete Hannes Swoboda. [20]

Demgegenüber lehnen »das Präsidium und die Fraktion der Europäischen Volkspartei den Versuch der Sozialdemokraten vehement ab, aus dem bedauernswerten Zwischenfall von Ministerpräsident Berlusconi und Martin Schulz einen interinstitutionellen Konflikt zwischen Europaparlament und Rat zu konstruieren«, heißt es in der Aussendung des österreichischen ÖVP-Abgeordneten Othmar Karas. [21] »Wir werden diesen Versuch, politisches Kleingeld zu lukrieren und die notwendige Sacharbeit zu behindern, nicht zulassen«, schreibt dieser weiter.

Die Europäische Volkspartei versteigt sich sogar zu der Behauptung, Schulz habe mit seinen Bemerkungen Silvio Berlusconi und

---

18   dpa, 3. Juli 2003.

19   AP, 3. Juli 2003.

20   APA, 3. Juli 2003.

21   Ebd.

das italienische Volk »in unannehmbarer Weise angegriffen«, und verlangt in einer Presseaussendung eine Entschuldigung von ihm.[22] Die Beleidigung von Berlusconi lässt Martin Schulz nicht gelten. »Die Äußerung des Italieners hat mich getroffen«, sagt er einen Tag nach dem Vorfall, auch weil er sein ganzes Leben lang »gegen Rassismus, Fremdenfeindlichkeit, Antisemitismus und menschenverachtende Brutalität« gekämpft habe.

Er zeigt sich »erschüttert« über das Verhalten der EVP, insbesondere über deren Vorsitzenden Hans-Gert Pöttering, der ihm in den Rücken gefallen sei und ihn aufgefordert habe, sich bei Berlusconi für seine Kritik zu entschuldigen. Noch am Vortag sei Pöttering zu ihm gekommen und habe ihm seine Solidarität bekundet. »Dass er nun so reagiert, schockiert mich,« räumt Schulz ein.[23]

Schulz ist im Europäischen Parlament dafür bekannt, dass er kein Blatt vor den Mund nimmt. Dass er aber so scharf auf Berlusconi reagiert, kommt daher, dass er sich seit Längerem schon mit dem Italiener beschäftigt. Seit seiner Wahl ins Europäische Parlament befasst er sich mit Problemen der inneren Sicherheit, vor allem der mangelnden Kooperation zwischen Justiz und Polizei beim Kampf gegen das organisierte Verbrechen. Er kritisiert auch mehrfach die Art und Weise, in der manche Abgeordnete, unter ihnen Berlusconis Freund Marcello Dell'Ultri von der rechtslastigen Forza Italia, ihre parlamentarische Immunität gezielt nutzten, um sich vor Ermittlungen der Justiz aufgrund zwielichtiger Geschäfte zu schützen. Schulz findet Silvio Berlusconi an der Spitze der EU aus vielerlei Gründen problematisch: wegen seiner Verwicklung in Finanzaffären, seiner Vermischung von Politik und Business sowie seiner bremsenden Haltung bei den Bemühungen der EU um eine engere Zusammenarbeit von Justiz und Polizei.

---

22 APA, 3. Juli 2003.

23 AFP, 3. Juli 2003.

Schulz vergisst aber auch nichts. Es geht um eine Affäre im Frühjahr 2001, die ihn schon damals auf den Plan ruft: Ein Immunitätsantrag der spanischen Justiz, die gegen den damaligen Europa-Abgeordneten Berlusconi[24] wegen undurchsichtiger Vorgänge beim Kauf eines Privatsenders ermittelt, scheitert an dem geschickten Manöver der früheren Parlamentspräsidentin Nicole Fontaine. Das stört Schulz ungemein, er greift die konservative Französin im Plenum des Parlaments hart an und wirft ihr vor, Berlusconi bewusst vor den Ermittlungen geschützt zu haben – unter Verletzung der Geschäftsordnung des Parlaments. Die Präsidentin habe dem Parlament »eindeutig nicht die Wahrheit« gesagt, betont Schulz und zieht sich die nachhaltige Ablehnung Fontaines zu.

Schulz ist als Politprofi nicht nachtragend, aber seine Erfahrungen mit der französischen Parlamentspräsidentin und der Berlusconi-Affäre sind gut in seiner Erinnerung gespeichert.

In seine zweite Funktionsperiode fällt ebenfalls der Beginn des Konvents für die Ausarbeitung des Verfassungsvertrags. »Der Vertrag von Nizza[25] funktionierte ja nicht«, sagt Schulz und ist damit im Einklang mit vielen anderen EU-Granden.

Dem Abschluss des Nizza-Vertrags im Dezember 2000 geht eine schwierige Debatte über Österreich voraus. Der Grund ist die Regierungskoalition zwischen der ÖVP und der FPÖ unter der Führung von Jörg Haider. Es folgen das erste Mal in der Geschichte der Europäischen Union Maßnahmen der EU-14 gegen die Regierung in Wien, die vom damaligen Bundeskanzler Wolfgang Schüssel alsbald als »Sanktionen gegen Österreich« bezeichnet werden.

---

24 Silvio Berlusconi ist von 1999 bis 2001 Abgeordneter des Europäischen Parlaments.

25 Der Vertrag von Nizza wird von den Staats- und Regierungschefs der EU beim Europäischen Rat in Nizza am 11. Dezember 2000 beschlossen. Er tritt nach der Unterzeichnung am 26. Februar 2001 am 1. Februar 2003 in Kraft.

Kurzum: Der Nizza-Vertrag, den die 15 Staats- und Regierungs-chefs an der Côte d'Azur vereinbaren, ist unzureichend für die Her-ausforderungen, mit denen sich die EU in Zukunft konfrontiert sieht. »Das Jahr 2001 nach Nizza ist ganz stark überlagert durch die Debatte in Österreich und die Frage über den inneren Zustand der EU und die Zukunft des europäischen Projekts. Dann kommt der 11. September 2001 in den USA mit all den damit verbundenen weltpolitischen Turbulenzen. Der Krieg in Afghanistan und der Irak-Konflikt mit Saddam Hussein zeichnen sich ab. EU-intern laufen die Vorbereitungen für die Erweiterung um ost- und südosteuropäische Länder«, skizziert Schulz in dramatischer Tonlage die europäische und internationale Gemengelage.

2004–2009: Die dritte Funktionsperiode

Nach der Europawahl im Juni 2004 übernimmt Martin Schulz den Vorsitz der Fraktion der Europäischen Sozialdemokraten, allerdings erst nach der Überwindung einiger Probleme und Hürden. Sein Par-teikollege Willi Piecyk kandidiert gegen Schulz, verliert aber. Auch die französische Delegation, die größte in der sozialdemokratischen Fraktion, macht Ärger. Zunächst opponiert die Genossin Pervenche Berès gegen Schulz als Fraktionschef und will die Amtsübernahme verhindern. »Dazu war ich zu stark, das ist ihr nicht gelungen«, so Schulz rückblickend. Daraufhin wollen die Franzosen Fundamental-Opposition im Parlament betreiben, weil Europas Sozialdemokra-ten ja die Wahl zum Europäischen Parlament im Jahr 2004 verloren haben, besonders stark in den großen Mitgliedsländern Deutsch-land, Frankreich und dem Vereinigten Königreich. Mit viel Über-zeugungskraft versucht Schulz die französischen Kollegen von ihrem Plan abzubringen. »Wir sind nicht Opposition, wir sind zweitstärkste Gruppe, ohne uns läuft hier gar nichts. Die EVP hat keine Mehrheit, auch nicht mit den Liberalen. Die brauchen uns in der Gesetzgebung«, erklärt Schulz. Hätte es die Probleme mit den Franzosen nicht gegeben, wäre der ehemalige französische Ministerpräsident Michel Rocard Parlamentspräsident geworden. »Rocard hielt sich an den Parteibeschluss.« Das Rennen um den Parlamentspräsidenten macht dann der neu ins Parlament gewählte spanische Sozialist Josep Borrell, ein absoluter Neuling.

Mit seiner Begabung, Auseinandersetzungen und Machtspiele für sich zu entscheiden, wischt Schulz die Probleme vom Tisch und bringt sich als Chef der zweitgrößten Fraktion erst so richtig in Stellung. Jetzt kann er die Linie vorgeben, ist Mitglied der Konferenz der Präsidenten, dem höchsten Gremium in der Parlamentsstruktur, und spielt ganz oben mit. Schulz entgeht dadurch gar nichts. »Ich habe ja alles von innen her mitbekommen. Ich bin eine Art Fossil«, sagt er Jahre später.

Vor der großen Erweiterungsrunde Mitte des Jahres 2004 geht es um die Frage »Big Bang«, die EU-Aufnahme aller zwölf Beitrittskandidaten auf einen Schlag, oder in Stufen. Der ehemalige deutsche EU-Kommissar für Erweiterung und Kommissions-Vize, Günter Verheugen (SPD), ist für den »Big Bang« – unter dem Druck der deutschen Bundesregierung. Bundeskanzler Gerhard Schröder vertritt die Meinung, dass eine Erweiterungsrunde ohne das deutsche Nachbarland Polen gar nicht gehe. Dann kommt der »Big Bang«. Im Jahr 2004 werden zehn neue Mitglieder aufgenommen. Bulgarien und Rumänien folgen im Jahr 2007 und Kroatien tritt 2013 als 28. Mitglied der EU bei.[26]

»Vor dem Big Bang hieß es dann, zuerst vertiefen, dann erweitern. Das war die Grundvoraussetzung. Wir brauchen erst ein neues Vertragswerk, weil Nizza nicht funktioniert, nicht einmal für 15,

---

26 EU-Erweiterung zum 1. Mai 2004: Estland, Lettland, Litauen, Malta, Polen, Slowakei, Slowenien, Tschechien, Ungarn und Zypern.

geschweige denn für 25 Mitglieder. Darüber waren sich alle einig. Deutschland hat den Konvent befeuert. Außenminister Joschka Fischer war sehr stark für die Konventsidee[27]«, betont Martin Schulz.

Als der »Big Bang« kommt, liegt der neue Verfassungsvertrag erst als Entwurf vor, er ist nicht ratifiziert und noch lange nicht in Kraft. »Dann hieß es, wir können die Erweiterung nicht aufschieben. Dann hieß es, erweitern und vertiefen, das solle parallel laufen. Dann wurde erweitert, aber nicht vertieft, weil der Verfassungsvertrag scheiterte.«[28] Frankreich und die Niederlande lehnen den EU-Vertrag per Referendum ab, es »glauben deshalb viele Leute, dass die Erweiterung ein Fehler war«. Doch für Schulz war der Prozess der Erweiterung »unvermeidlich. Der Fehler war, dass die vertragsrechtliche Grundlage fehlte, weil der Vertrag an Frankreich und den Niederlanden scheiterte.« Der Sozialdemokrat bedauert, dass heute nicht mehr erwähnt werde, dass der Vertrag in Spanien und Luxemburg eine breite Zustimmung fand. »Es gab eine historische Mehrheit für die Verfassung. Das wird völlig ignoriert.«

Schulz analysiert die Entwicklung ab 2005 als den »großen Bruch in der europäischen Entwicklung: Dass wir erweiterten, ohne zu vertiefen, das war der Punkt für den Bruch. Das ist aber nicht die Schuld

---

27   Als Europäischer Konvent werden der »Grundrechtekonvent« (1999/2000) und der »Verfassungskonvent« (2002/03) bezeichnet. Der erste Europäische Konvent, der »Grundrechtekonvent« unter Leitung von Roman Herzog, erarbeitet zwischen Dezember 1999 und Oktober 2000 die Charta der Grundrechte der Europäischen Union. Der »Verfassungskonvent« erarbeitet unter Leitung des ehemaligen französischen Staatspräsidenten Valéry Giscard d'Estaing zwischen dem 28. Februar 2002 und dem 20. Juli 2003 den Vertragsentwurf über eine Verfassung.

28   Die Spanier haben als erste EU-Bürger in einer Volksabstimmung die Europäische Verfassung angenommen. Knapp 77 Prozent votieren für den Verfassungsvertrag, die Wahlbeteiligung liegt bei 42,3 Prozent. Ende Mai 2005 stimmen 55 Prozent der Franzosen gegen die Verfassung; Anfang Juni lehnen die Niederländer sie mit 61,6 Prozent ab. Im Juli 2005 stimmen 56,5 Prozent der Luxemburger für die EU-Verfassung.

der osteuropäischen Länder, sondern der westeuropäischen Staaten. Das war die erste große wirkliche Schieflage in der EU, die wir erlebt haben.«

Dass Kernelemente des Verfassungsvertrags in den aktuell gültigen Vertrag von Lissabon hinübergerettet werden können, ist für Schulz dennoch »ein großer Erfolg«, dazu trägt auch die deutsche EU-Ratspräsidentschaft in der ersten Hälfte 2007 bei. Bei einem informellen Gipfel der Staats- und Regierungschefs am 25. März 2005 wird die »Berliner Erklärung« anlässlich des 50. Jahrestages des Abschlusses der Römischen Verträge verabschiedet. Das Dokument soll einen Ausweg aus der Verfassungskrise bringen, die EU hat sich nach dem Nein der Franzosen und Niederländer zum Verfassungsvertrag eine »Nachdenkpause« verordnet. Essenziell ist für Schulz der erste Satz der Erklärung: »Wir Bürgerinnen und Bürger der Europäischen Union sind zu unserem Glück vereint.«[29] Und der letzte Satz: »Denn wir wissen: Europa ist unsere gemeinsame Zukunft.« Das sind Bekenntnisse, mit denen sich Martin Schulz identifiziert. Sie sind eine Art Glaubensbekenntnis, Handlungsanleitung und letztendlich auch Lebenselixier.

Nach dem Scheitern des Verfassungsvertrags, »dem Bruch in der Geschichte des europäischen Projekts«, wie Schulz es formuliert, wird ab 2007 an einer Lösung der Verfassungskrise gearbeitet. Alle sind auf den neuen Vertrag fokussiert, Schulz hat »daran maßgeblich mitgearbeitet«. Er verfügt über die entsprechenden Kenntnisse und Erfahrungen, bereits in der Wahlperiode 1999–2004 ist er Mitglied des Grundrechtekonvents, als sozialdemokratischer Fraktionschef ist er später am Verfassungskonvent beteiligt und ab 2007 an dem neuen gesetzlichen Rahmenwerk der EU, dem Vertrag von Lissabon.

---

29 Erklärung anlässlich des 50. Jahrestages der Unterzeichnung der Römischen Verträge.

2009–2014: Die vierte Legislaturperiode

Nach der Europawahl im Juni 2009 kommt es zur großen Konfrontation zwischen dem sozialdemokratischen Fraktionsvorsitzenden und dem konservativen EU-Kommissionspräsidenten José Manuel Barroso. Europas Sozialdemokraten erleiden EU-weit eine veritable Niederlage, in Deutschland kommt die SPD auf 20,8 Prozent der abgegebenen Stimmen, die Unionsparteien auf 37,9 Prozent. Schulz spricht am 7. Juni 2009 nach Vorliegen der vorläufigen Wahlergebnisse von einem »sehr traurigen Abend für die Sozialdemokratie Europas«.

Trotz der Verluste gibt Schulz nicht auf, im Gegenteil: Er pokert hoch – sowohl bei den Verhandlungen mit den Wahlgewinnern EVP um den Job des Parlamentspräsidenten, als auch was die Zustimmung des Europäischen Parlaments zu einer zweiten Amtszeit von Barroso angeht. Schulz hat außerdem noch eine Rechnung offen mit dem amtierenden Parlamentspräsidenten Hans-Gert Pöttering, der in der Wahlperiode von 1999 bis 2004 immer wieder sehr geschickt die Sozialdemokraten von einer Kooperation zugunsten einer Koalition mit den Liberalen ausmanövriert hatte. Entsprechend dieser Strategie wird mithilfe der EVP der irische Liberale Pat Cox von 2002 bis 2004 nach der französischen Konservativen Nicole Fontaine Präsident des Europäischen Parlaments.

Auch 2004 läuft es nicht glatt für die Sozialdemokraten, der spanische Newcomer Josep Borrell i Fontelles erklimmt den Präsidentenposten, eine politische Panne. Da im Parlament seit jeher der Parlamentspräsident nach zweieinhalb Jahren wechselt, setzt sich Martin Schulz für den EVP-Fraktionschef Hans-Gert Pöttering als Chef des Hohen Hauses ab Anfang 2007 ein.

Doch dann, nach der EU-Wahl 2009, als es um die Zustimmung des Europäischen Parlaments zu Barroso geht, überrascht Pöttering seinen politischen Gegner Schulz. Pöttering sagt laut Schulz, »wir haben die Vereinbarung Borrell-Barroso«. Das heißt, die sozialdemokratischen Abgeordneten seien verpflichtet für Barroso zu stimmen. Dabei wollen die Sozialdemokraten und auch Schulz den Liberalen und ehemaligen belgischen Premier Guy Verhofstadt an die Spitze der Kommission hieven. Heftige Wochen kommen auf Schulz zu, in mehreren Interviews spricht er sich gegen die Wiederwahl Barrosos aus, weil dieser für eine Politik stehe, »gegen die wir in den Wahlkampf gezogen sind«. Schulz verlangt für eine Zustimmung von Barroso und seinem Team »mehr Zugeständnisse in der Sozialpolitik«. Es sei an der Zeit, »Europa ein Stück nach links zu rücken«, kündigt er Monate vor der Barroso-Wahl an. [30]

Schulz ist empört über die Ansätze der Kommission zur Lösung der Finanzkrise nach 2008. »Der Reichtum in Europa ist falsch verteilt. Unfähige Bankmanager kämen ungeschoren davon, während Kinder einkommensschwacher Familien schlechtere Bildungschancen hätten.« [31]

Die Truppe um Schulz – mit Unterstützung der Liberalen und der Grünen – erreicht, dass die Wahl Barrosos nicht im Juli 2009 stattfindet, sondern auf September verschoben wird. Eine institutionelle Konfrontation zwischen Parlament und Europäischem Rat, dem Gremium der Staats- und Regierungschefs, bahnt sich an, weil dieser Barroso schnell durchboxen will. »Es gibt im Parlament keine Mehrheit für Barroso«, richtet Schulz den EU-Granden aus. Für die Amtseinführung braucht der Kommissionspräsident die Zustimmung des Europäischen Parlaments. Außerdem müssen die Europa-Abgeordneten auch alle designierten Kommissare anhören und anschließend der gesamten Mannschaft grünes Licht geben. Barrosos Mandat endet am 31. Oktober 2009.

---

30 Die Welt, 13. Februar 2009.

31 Ebd.

Schulz taktiert wochenlang und sehr geschickt. Barroso hält er für »ungeeignet«, den Staats- und Regierungschefs wirft er »unanständige Hast« vor und betont, dass sich Europas Sozialdemokraten nicht unter Druck setzen lassen. Indessen wird der Konservative und polnische Ex-Premier Jerzy Buzek gemäß einer Vereinbarung zwischen EVP und SPE zum Parlamentspräsidenten gewählt. Die groß-koalitionäre Abmachung beinhaltet, dass Martin Schulz das Amt 2012 antritt.

Noch immer ist unklar, ob Barroso die Zustimmung des Parlaments bekommt. Sozialdemokraten, Grüne und Linke lehnen den Portugiesen weiterhin ab. Am 16. September 2009 findet die geheime Abstimmung im Europäischen Parlament schließlich statt. Barroso erhält die absolute Mehrheit von 382 Stimmen der insgesamt 736 Abgeordneten, davon stammen zahlreiche aus dem rechten, europaskeptischen Eck. Schulz missfällt das. Es sei »ein Armutszeugnis«, dass der Kommissionspräsident auch auf der Basis der Stimmen von Europaskeptikern gewählt wurde. »Ich erwarte nichts von ihm«, fügt er noch hinzu. Dennoch muss er einräumen, dass auch portugiesische, spanische und britische Sozialdemokraten für Barroso gestimmt haben. »Ja, ich habe die Erfahrung gemacht, dass man als Fraktionschef einen Leidensweg gehen muss.«

Schulz hegt für Barroso schlicht keine Sympathien. Er assoziiert mit ihm den sogenannten Azoren-Gipfel, den Barroso als damaliger Ministerpräsident von Portugal mit dem US-amerikanischen Präsidenten George W. Bush, dem britischen Premier Tony Blair und Spaniens konservativem Ministerpräsidenten José Mariá Aznar Mitte März 2003 organisiert hat. Bei dem Treffen auf der Atlantikinsel wird Kriegsrat gehalten über einen Angriff auf den irakischen Herrscher Saddam Hussein.

»Der Azoren-Gipfel hat später noch eine große Rolle gespielt. Dann kommt Barroso, der Veranstalter des Azoren-Gipfels, als Kommissionspräsident. Ich war ein Schröder-Mann. Keiner kann von mir verlangen, dass ich den, der den Irakkrieg befürwortet hat, als

Kommissionspräsident wähle«, erklärt Schulz seine Ablehnung von Barroso. Im Laufe der Jahre nähern sich die beiden unterschiedlichen Politiker an – und können dann zumindest wieder miteinander reden.

Im Sommer 2009 erlebt Schulz ein weiteres Azoren-Déjà-vu. Der Lissabon-Vertrag, der Anfang Dezember 2009 in Kraft treten wird, sieht ein neues Amt vor: den EU-Ratspräsidenten. Die britische Regierung will den ehemaligen Premier und Labour-Mann Tony Blair als ersten permanenten Ratspräsidenten vorschlagen. Für Martin Schulz, den ehemaligen Aktivisten der Friedensbewegung, wäre der Irakkrieg-Befürworter Blair an der Spitze des Rates und Barroso in der EU-Kommission nur sehr schwer zu verkraften. »Blair ist mir dann doch erspart geblieben«, resümiert Schulz erleichtert. Schließlich wird der belgische Politiker der flämischen christdemokratischen Partei (CD&V) und Kurzzeit-Ministerpräsident (Ende 2008 bis November 2009) Herman Van Rompuy erster EU-Ratspräsident und hat das Amt zwei Perioden bis November 2014 inne.

Im Europäischen Parlament arbeitet Martin Schulz nach der Europawahl 2009 eng mit Joseph Daul, Fraktionsvorsitzender der Europäischen Volkspartei, zusammen.[32] Inmitten der Finanz- und Wirtschaftskrise entsteht eine Art Große Koalition, die sich bei der Lösung der Krise und der Verabschiedung wichtiger Gesetzesvorhaben als nützlich und effizient erweist. Martin Schulz lobt Joseph Daul in den höchsten Tönen: »Er gehört zu den großen Persönlichkeiten, die ich sehr schätze. Die Zusammenarbeit mit ihm ist ganz sicher einer der Höhepunkte meines politischen Lebens.«

In diesem Augenblick läutet das Handy von Martin Schulz, ein modernes Smartphone. Er hält es in die Höhe, das Display zeigt

---

32 Der französische Politiker der konservativen UMP Joseph Daul wird 1999 ins Europäische Parlament gewählt. Er ist von Anfang an Mitglied des Agrarausschusses und von 2007 bis 2014 Fraktionschef der Europäischen Volkspartei im Europäischen Parlament. Seit 2013 ist er auch ihr Vorsitzender.

Joseph Daul. »Joseph Daul ruft an, das kann doch nicht sein, gerade jetzt, wo ich über ihn spreche.« Was Schulz an seinem konservativen Kollegen so fasziniert, ist sein Humor, seine ursprüngliche elsässische Haltung zwischen deutscher und französischer Kultur und sein christkatholisches Verständnis als Sozialpolitiker. »Joseph Daul ist tief geprägt von seinem Vater und von dem furchtbaren Schicksal, das das Elsass als Zankapfel zwischen Deutschland und Frankreich erlitten hatte. Aber gerade das macht ihn zu einem überzeugten und glühenden Europäer.«

Die beiden Politiker haben sich im Laufe der Jahre angefreundet. Immer wenn Daul als Vorsitzender des französischen Bauernverbandes in der Bretagne unterwegs ist, schaut er bei der Familie Schulz vorbei. »Ich bin ein Fan der Bretagne und habe dort viele Jahre ein Ferienhaus gehabt. Joseph Daul hat mich oft besucht und scherzend zu mir gesagt: ›Entre vous en Bretagne et nous en Alsace, il y a la France qui nous sépare‹ (zwischen Ihnen in der Bretagne und uns im Elsass liegt Frankreich, das uns trennt). Er war ein enger Freund von Jacques Chirac, ein typischer Repräsentant der ›France profonde‹, ein Republikaner, wie er im Buche steht, mit den besten Werten der französischen Republik.«

Politisch gibt es naturgemäß Unterschiede zwischen den beiden. »Daul ist ein Konservativer, was die Wirtschaft angeht. Aber: Was die Gesellschaftspolitik betrifft, ist er ein erstaunlich progressiver Mann. Er hat sich schon vor Jahren ganz stark in der Flüchtlingspolitik engagiert und sich um syrische Christen gekümmert.« Die Zusammenarbeit im Parlament basiert aber grundsätzlich auf gegenseitigem Vertrauen und Respekt. »Wann immer ich etwas mit ihm vereinbart habe, hat er sein Wort gehalten, wann immer ich ihm mein Wort gegeben habe, habe ich mein Wort gehalten. Wenn es nicht möglich gewesen wäre, unser Wort zu halten, haben wir es vorher gesagt.« Schulz und Daul konnten sich aufeinander verlassen.

Zufrieden ist Martin Schulz mit der politischen Bilanz der Parlamentsarbeit in der Phase von 2009 bis 2012. Die Ablehnung des SWIFT-Abkommens zwischen der EU und den Vereinigten Staaten über die Weitergabe von Bankdaten durch das Europäische Parlament bezeichnet Schulz als »gemeinsamen Akt der Selbstemanzipation des Europäischen Parlaments«. Die Europa-Abgeordneten sind mehrheitlich dagegen, weil es schwere Bedenken gegenüber dem mangelnden Datenschutz für europäische Bürger gibt. Auch das ACTA-Abkommen (Anti-Counterfeiting Trade Agreement) zur Bekämpfung von Produkt- und Markenpiraterie wird von den Abgeordneten gestoppt.[33] Es wird daraufhin in der Europäischen Union nicht umgesetzt.

In der sozialdemokratischen Fraktion baut sich Martin Schulz nach der Parlamentswahl 2009 ein Team auf, das ihm den Rücken stärkt und den Weg frei macht, sich mit dem künftigen Amt als Präsident des Europäischen Parlaments zu beschäftigen. Viel Arbeit nimmt ihm dabei sein Stellvertreter an der Fraktionsspitze, der österreichische Abgeordnete Hannes Swoboda, ab.[34] »Er hat die parlamentarischen Abläufe perfekt beherrscht und sehr hart gearbeitet«,

---

33   Mit großer Mehrheit lehnen die EU-Abgeordneten am 11. Februar 2010 das umstrittene SWIFT-Abkommen über die Weitergabe von Bankdaten ab. Hinter dem Kürzel steckt ein belgischer Finanzdienstleister, der neun von zehn Auslandsüberweisungen der EU-Bürger abwickelt. Die USA holten sich hier jahrelang sensible Daten wie Name, Empfänger und Höhe der Überweisungen. Trotz des massiven diplomatischen Drucks aus den USA lenkt das Europäische Parlament nicht ein.
Das internationale Handelsabkommen zur Bekämpfung von Produkt- und Markenpiraterie ACTA wird am 4. Juli 2012 mit großer Mehrheit im Europäischen Parlament abgelehnt. Die Gegner befürchten, dass mit ACTA die zivilen und digitalen Grundrechte von Bürgern einem strengeren Schutz der Urheberrechte zum Opfer fallen und Internetanbieter zur Überwachung ihres Netzwerkes gedrängt werden könnten.

34   Hannes Swoboda (SPÖ) gehört von 1996 bis 2014 dem Europäischen Parlament an. Von 2012 bis 2014 ist er Vorsitzender der Fraktion der Progressiven Allianz der Sozialdemokraten im Europäischen Parlament.

erinnert sich Schulz. Ein enger Kreis, der sich regelmäßig mit ihm trifft, wird »Goethe-Klub« genannt, weil alle Deutsch sprechen. Zu ihm gehören neben Fraktionschef Schulz sein Vize Hannes Swoboda, die Generalsekretärin der Fraktion, Anna Colombo, ein niederländischer Abgeordneter sowie eine spanische Abgeordnete.

In die letzte Phase der Funktionsperiode von Martin Schulz fallen aber auch herbe Enttäuschungen hinsichtlich Parteifreundschaften. Diese Erfahrung hat einen Namen: Adrian Severin. Zunächst vereitelt der rumänische Abgeordnete ein Abkommen zwischen dem damaligen albanischen Premier Sali Berisha und dem ehemaligen sozialdemokratischen Oppositionschef Edi Rama. Der Streit zwischen Berisha und Rama über die Rechtmäßigkeit der Parlamentswahl von 2009 führt kurz nach der Wahl zu einem fast permanenten Boykott des Parlaments durch die Oppositionspartei von Edi Rama und schweren Korruptionsvorwürfen gegen die Regierungspartei von Berisha. In Albanien, das sich um den Status eines EU-Beitrittskandidaten bemüht, herrscht Chaos. Martin Schulz und Joseph Daul wollen vermitteln, im Europäischen Parlament gibt es einen sogenannten Gemischten Ausschuss von albanischen Abgeordneten und Europa-Abgeordneten. Schulz und Daul laden die beiden albanischen Politiker zu einem Abendessen in das bekannte Straßburger Restaurant »Au Crocodile« ein. Stundenlang, bis tief in die Nacht, verhandeln die vier Männer, bis Berisha und Rama bereit sind, am nächsten Tag ein Dokument der Zusammenarbeit zu unterschreiben. Doch dazu kommt es nicht. Adrian Severin intrigiert hinter dem Rücken von Martin Schulz und Joseph Daul und gibt falsche Informationen an Berisha und Rama weiter. Schulz erfährt davon und stellt Severin zur Rede, der rumänische »Parteifreund« streitet alles ab. »Solche Erfahrungen sind bitter. Man lernt, mit Feinden zu leben. In der eigenen Partei gibt es nicht nur Freunde«, erzählt Martin Schulz mit schmerzlichem Unterton.

Aber die Story mit Adrian Severin ist noch nicht vorbei: Im März 2011 veröffentlicht die britische *Sunday Times* Artikel zur Cash-for-Laws-Affäre. Als Lobbyisten getarnte Journalisten der Zeitung hatten mehreren EU-Abgeordneten hohe Geldbeträge geboten, wenn sie in ihrem Sinne auf die Gesetzgebung im Europäischen Parlament Einfluss nehmen. Drei Abgeordnete lassen sich bestechen: Adrian Severin, der slowenische Abgeordnete Zoran Thaler und der Öster-reicher Ernst Strasser.

Fraktionschef Martin Schulz ist fassungslos. Wieder ruft er Adrian Severin zu sich ins Büro und konfrontiert den rumänischen Abgeordneten mit den Videoaufnahmen und dem Beweismaterial. Schließlich wird er laut und weist Severin wütend aus seinem Büro. Umgehend beruft er eine Sondersitzung des Fraktionsvorstandes ein, Adrian Severin wird aus der sozialdemokratischen Fraktion ausge-schlossen, bleibt aber bis Mitte Juni 2014 fraktionsloser Abgeordneter. Im Februar 2016 wird er in Rumänien wegen Korruptionstatbestän-den zu drei Jahren und drei Monaten Haft verurteilt.

Diskrete Vorbereitungen für das System des Spitzenkandidaten

Zur Halbzeit der Legislaturperiode wird Martin Schulz im Januar 2012 mit großer Mehrheit zum Präsidenten des Europäischen Parla-ments gewählt. Kurz danach beginnen interne, geheime Beratungen über das System des Spitzenkandidaten für die Europawahl 2014. »Ich bin – und das will ich hier verraten – mit Joseph Daul und Jean-Claude Juncker schon 2012 zusammengesessen. Nach meiner Wahl zum Parlamentspräsidenten haben wir sehr intensiv über die Frage diskutiert, wie wir mit dem Spitzenkandidaten-Prozess umgehen und auf welche Widerstände wir Rücksicht zu nehmen haben. Die Vorbe-reitungen für den späteren Spitzenkandidaten-Prozess haben in dieser

Zeit begonnen. Joseph Daul, Jean-Claude Juncker und ich waren diejenigen, die diesen Prozess maßgeblich vorangetrieben haben.«

Ganz zentral für den Prozess des Spitzenkandidaten ist die Interpretation des Artikels 17, Absatz 3 des EU-Vertrages von Lissabon: Der Rat schlägt mit qualifizierter Mehrheit dem Parlament einen Kandidaten oder eine Kandidatin für das Amt des Kommissionspräsidenten nach Anhörung und im Lichte der Ergebnisse der letzten Europawahl vor. »Nach Anhörung heißt, dass der Rat das Parlament fragt, wer der Kandidat ist. Für mich ist der Schlüsselbegriff ›nach Anhörung‹ unter Würdigung der Ergebnisse der Europawahl, d. h. der Zusammensetzung des Parlaments. Das war meine Interpretation.«

Der Rat sieht die Sache anders. »EU-Ratspräsident Herman Van Rompuy sagte mir in vielen Gesprächen, dass der Rat sich die Fraktionsvorsitzenden und deren Vorstellungen anhören will. Danach macht der Rat einen Vorschlag. Meine Interpretation war, das Parlament sagt dem Rat, wer der Kandidat ist.« Der Kandidat für den Posten des Kommissionspräsidenten braucht für seine Wahl die Zustimmung im Europäischen Parlament, das sieht der Vertrag von Lissabon vor.

Über das von Schulz, Daul und Juncker erarbeitete Spitzenkandidaten-System fassen die Europa-Abgeordneten vor der Wahl 2014 einen Beschluss, der mit einer Mehrheit von 500 Stimmen verabschiedet wird. »Diesen Beschluss hat das Parlament auch nach der Wahl durchgesetzt. Vielleicht war das eine Art Vertragsänderung ohne eine wirkliche Vertragsänderung gewesen zu sein. Der Rat hat das unterschätzt«, freut sich Martin Schulz über diesen politischen Erfolg. Er geht davon aus, dass das System Spitzenkandidat auch bei der Europawahl 2019 angewandt werden wird. »Wenn sich ein Parlament einmal festgelegt und etwas erkämpft hat, ist es schwierig, dies noch einmal zu ändern.« Damit steht wohl fest: Ein Zurück ins Hinterzimmer der Macht, wo die Staats- und Regierungschefs, den Kommissionspräsidenten bestimmt haben, wird es nicht mehr geben. Die Abschaffung des Spitzenkandidaten-Systems, das sich manche von ihnen wünschen, wird das Europäische Parlament nicht mehr zulassen.

Wenn Martin Schulz nach seinen Erfolgen und Misserfolgen als Präsident des Europäischen Parlaments gefragt wird, hält er die Durchsetzung des Spitzenkandidaten-Systems für einen »der ganz großen Erfolge« seiner ersten Amtszeit. Es gibt aber noch andere weitreichende Ergebnisse, die auf das Konto von Martin Schulz gehen. »Einer der anderen großen Erfolge ist, dass das Europäische Parlament im Verhältnis zu anderen europäischen Institutionen nicht mehr als ein Annex gesehen wird. Früher war es ja so, dass zunächst der Rat wahrgenommen wurde, dann die Kommission und ihre Beamten und danach erst das Parlament. Auf diese Idee käme heute niemand mehr. Ich hatte den Anspruch, das Parlament sichtbarer und hörbarer zu machen«, sagt Schulz und fügt schmunzelnd hinzu: »Das fällt mir ja nicht schwer.«

Ein starker, aber unbequemer Präsident

»Ich bin ein unbequemer Präsident in jeder Hinsicht, sowohl nach innen als auch nach außen. Das bin ich und das merke ich auch an den vielen Reaktionen. Wenn man unbequem ist, bekommt man auch viel Widerstand zu spüren. Das muss ich ganz klar zugeben.« Martin Schulz ist unbequem, weil er sagt, was er denkt, urteilsstark ist und seine politische Position verteidigt, immer konzentriert ist auf den Gegenstand und einen respektvollen Umgang mit Andersdenkenden pflegt.

Nüchtern analysiert er, dass es zwei Möglichkeiten gibt, das Amt zu verstehen und auszuführen: »Man kann es formell so interpretieren, dass es ein Repräsentationsjob ist. Dann hat man auch eine Art politische Schutzzone um sich herum. Oder man interpretiert das Amt politisch, nämlich so, dass man davon ausgeht, dass die

EU kein Bundesstaat ist, sondern ein Staatenverbund, der auf drei institutionellen Säulen ruht – Rat, Kommission und Parlament –, und die Präsidenten dieser Institutionen gleichberechtigt diese drei Säulen repräsentieren. Dann ist man mitten in der Politik und hat dann auch keine Schutzzone mehr um sich herum. Keine Schutzzone mehr zu haben, muss ich als Preis zahlen. Das unterscheidet mich auch im Verhältnis zu meinen Vorgängern.«

Martin Schulz weiß um die Neuinterpretation des Amtes und seine Wirkung in der Öffentlichkeit, in den internationalen Medien und im Entscheidungsgefüge der europäischen Institutionen. Er setzt sein Amtsverständnis auch ganz bewusst ein. »Natürlich bin ich viel politischer als meine Vorgänger, entsprechend werde ich auch kritisiert. Das ist aber ganz normal.« Unter seiner Führung sind die Abläufe im Parlament schneller, transparenter und effizienter geworden. Als Martin Schulz Anfang 2012 Parlamentspräsident wird, steckt Europa tief in der Finanz- und Wirtschaftskrise, Griechenland ist vom Staatsbankrott bedroht, da zeigt das Europäische Parlament, was es kann: Im Eilverfahren werden Regelungen für eine Bankenunion und eine Bankenregulierung verabschiedet. »Das waren Höhepunkte der Gesetzgebung«, weist Schulz mit Stolz auf das Handeln des Parlaments hin.

Schonungslos und selbstkritisch gesteht er sich aber auch Misserfolge in seiner ersten Amtszeit als Parlamentspräsident ein und nennt als drastisches Beispiel den mehrjährigen Finanzplan der EU für die Jahre 2014–2019. »Das war eine Niederlage.« Unter dem Spardruck des ehemaligen britischen Premiers David Cameron und der deutschen Bundeskanzlerin Angela Merkel – beide verlangen eine rigorose Kürzung des Ausgabenrahmens – ist eine Verteilung der Gelder, die modernen Herausforderungen entspricht, nicht mehr möglich. Frankreich lässt keine Änderungen in der Landwirtschaftspolitik zu und die Kohäsionsländer klammern sich an die Strukturfondsmittel. »Aber wenn sich in den zwei Hauptausgabenblöcken

Landwirtschaft sowie Struktur- und Regionalpolitik nichts ändert, gleichzeitig der Gesamthaushalt kleiner wird, dann musste man bei anderen Ausgabenposten streichen. Entwicklungszusammenarbeit, digitale Wirtschaft und Forschung sind reduziert worden.« Eine zukunftsweisende Haushaltspolitik ist das nicht, Martin Schulz zeigt unverhohlen seine Enttäuschung.

»Hochgefährliches« Krisenmanagement der EU-Regierungschefs

In der Finanz-, aber auch in der Flüchtlingskrise ist etwas sichtbar geworden, was Martin Schulz als »hochgefährlich für die EU« beschreibt, nämlich das Agieren der EU-Staats- und Regierungschefs. »Es gibt keine präzise Beschreibung, was die EU eigentlich ist«, sagt Schulz. »Die Europäische Union ist kein Staat, auch wenn sie manchmal so handelt. Sie ist ein Verbund von souveränen Ländern, in der diejenigen, die diese Union bilden, am Ende nur partiell in der Lage sind, für diese Union auch Verantwortung zu übernehmen.« Der bekannte deutsche Philosoph und Soziologe Jürgen Habermas, den Martin Schulz gerne zitiert und mit dem er sich immer wieder zu einem Gedankenaustausch trifft, nennt das Vorgehen der Staats- und Regierungschefs in der Finanzkrise eine undemokratische »Selbstermächtigung des Europäischen Rates«.[35] »Der Europäische Rat ist ein Organ, das nach dem Vertrag von Lissabon generelle Leitlinien bestimmen soll. In der Finanzkrise hat der Rat alles auf seine Ebene gezogen, auch Entscheidungen getroffen, die beispielsweise der

---

35 Martin Schulz greift diese Aussage von Jürgen Habermas immer wieder in Interviews und Reden auf und vergleicht die »Selbstermächtigung des Europäischen Rates« mit dem Wiener Kongress 1814/15. Damals lautete die Devise: Nationale Interessen durchdrücken, und das ohne demokratische Kontrolle. Vgl. dazu die Rede »Rückkehr zur Langfristigkeit«, die Martin Schulz am 9. November 2012 in Berlin gehalten hat.

Ecofin, der Rat der Finanzminister, hätte treffen können. Genau das heißt Selbstermächtigung, die Staats- und Regierungschefs ziehen die Dinge auf ihre Ebene.«

Martin Schulz beklagt, dass dieses Agieren der EU-Granden zu einem System geworden ist. »Die Regierungschefs haben das immer öfter getan. Immer häufiger werden Europäische Räte auch Entscheidungsräte. Die Schlussfolgerungen sind nicht Leitlinien, sondern konkrete Handlungsanweisungen zur Umsetzung. Damit ist für die breite Öffentlichkeit sichtbar, dass die Regierungschefs der Nationalstaaten entscheiden.« Sichtlich aufgebracht fragt er: »Ist das die EU?« – und gibt sich gleich selbst die Antwort: »Das ist auch die EU. Aber in den Augen der meisten Menschen sind die Europäische Kommission und das Europäische Parlament die EU.«

Martin Schulz irritiert nicht nur die Tatsache, dass die EU-Staats- und Regierungschefs im Rahmen des Europäischen Rates entscheiden. »Am Ende sorgen sie dafür, dass die Entscheidung, die sie getroffen haben, als Entscheidung ihrer nationalen Regierung und nicht als Entscheidung eines europäischen Organs wahrgenommen wird. Der Ort, wo die Hauptentscheidungen getroffen werden, bleibt unkenntlich, unkonkret, irgendwie schwammig. Das führt dazu, dass die Staats- und Regierungschefs, die am Ende die Verantwortung für ihre Entscheidungen haben, die Verantwortung nur zu Hause vor ihren jeweiligen nationalen Parlamenten übernehmen.« Empört ist er über diese Entwicklung der Entscheidungsfindung im Europäischen Rat. »Die Machtstelle ist nicht ausreichend erkennbar für die Bürgerinnen und Bürger. Das ist ein gefährlicher Prozess, der weiter dazu beiträgt, diese Sichtweise zu verstärken: Gut ist national, schlecht ist europäisch.«

Die klare Regelung und Transparenz der Entscheidungsfindung ist nach Ansicht von Martin Schulz nicht geklärt. »Der Vertrag von Lissabon hat das nicht geschafft, im Gegenteil: Der Vertrag hat aus dem Europäischen Rat ein Organ mit einem eigenen Vorsitzenden gemacht. Dabei hat der EU-Ratspräsident im Europäischen Rat kein Stimmrecht. Er bereitet die Treffen der Staats- und Regierungschefs vor, aber er führt sie nicht.« Es handelt sich bei diesem Vorgehen um »eine ganz unkonkrete Struktur, die eigentlich nach einer Vertragsreform ruft, selbige bekommen wir aber nicht«, ergänzt er unzufrieden. Er nennt das vertragliche Stückwerk, das nach dem gescheiterten Verfassungsvertrag übrig geblieben ist und mit dem die EU weiterleben muss, »Torso-Struktur«. Der Vertrag von Lissabon ist zwar besser als der vorhergehende Vertrag von Nizza, »aber der Lissabon-Vertrag reicht nicht für eine Union der 28 oder 27 Mitgliedsländer. Resümierend und gleichzeitig resignierend sagt Martin Schulz: »Die Vertragsreformen, die notwendig wären, bekommen wir nicht. Das wiederum hebt die Defizite nicht auf, und dieser Umstand verstärkt wiederum das Misstrauen der Bürger. Solange wir diese Missstände haben, werden keine identifizierbaren Ergebnisse geliefert. Oder wenn Ergebnisse geliefert werden, die identifizierbar sind, werden sie mit den falschen Stellen in Verbindung gebracht. Auch das ist ein Stück der Delegitimation Europas. Dieser Prozess empfinde ich als eine Abwärtsspirale gefährlichster Art.«

Wie geht es weiter in Europa: Ein Ausblick

Wie sich die Europäische Union in den nächsten Jahren weiterentwickelt, hängt von einer neuen Zielbestimmung Europas ab. Als Martin Schulz danach gefragt wird, holt er tief Luft, richtet sich in seinem schwarzen Lederfauteuil auf und blickt ernst in den Raum. »Ich glaube, dass wir eine breit angelegte Debatte darüber entfachen müssen, wohin wir gehen wollen. Das Europa, das Viktor Orbán oder Jarosław Kaczyński wollen, der lockere Verbund von souveränen Staaten in einem gemeinsamen Markt, in dem sie sich noch Konkurrenz machen bei Steuern und Niedriglöhnen, wird nicht funktionieren. Dieses Modell wird dazu führen, dass andere Märkte dieser Welt stärker werden als wir.«

Klarheit braucht die EU auch in der Außenhandelspolitik, verlangt Martin Schulz. »Wir haben die Anti-Protektionisten, die Freihändler, die den Binnenmarkt für jeden auf der Welt öffnen wollen. In der EU-Kommission gibt es ja viele, die überzeugt sind, dass China den Marktwirtschaftsstatus bekommen soll und damit den freien und ungehinderten Zugang zu unserem Markt. Die Wettbewerbsverzerrungen werde unser Markt schon ausbalancieren.«

Mit dieser Sichtweise ist Martin Schulz nicht einverstanden, denn zum fairen Wettbewerb gehört nun einmal auch Gegenseitigkeit. »China kann nur einen freien Zugang zu unserem Markt bekommen, wenn es den Europäern einen ungehinderten Zugang zu seinem Markt gibt. In China kann aber keine europäische Firma einen vollen Anteil am Joint Venture erwerben, immer sind es 51 Prozent für China. Man bekommt dort nicht die Erlaubnis, eine Firma allein zu führen. Reziprozität heißt uneingeschränkter Zugang zum chinesischen Markt, heißt aber auch für chinesische Firmen, dass sie europäische Standards respektieren müssen, wenn sie auf den europäischen Markt kommen.«

Martin Schulz skizziert dieses Beispiel, um zu zeigen, dass die Europäische Union zum Spielball der ökonomischen und in der Folge auch der politischen Interessen Chinas, der USA und Südostasiens werden könnte, wenn sie nach den Vorstellungen Viktor Orbáns, Jarosław Kaczyńskis oder nach den Ideen anderer neoliberaler Politiker handelt. ›Europa wird nur dann ökonomisch im globalen Wettbewerb bestehen, wenn es seine ökonomische Macht – die EU ist der reichste Binnenmarkt der Welt, auf den jeder seinen Zugang haben will – nutzt, um sein Gesellschaftsmodell zu verteidigen«, sagt Martin Schulz. Textilien in armen Ländern durch Kinderarbeit zu produzieren und hier in Europa in Billigketten zu verkaufen, ist nicht das europäische Gesellschaftsmodell. »Unser

Modell muss sein, dass jeder, der auf unseren Markt will, unsere ökologischen, sozialen und Menschenrechtsstandards respektiert. Das einzuhalten wäre die enorme Stärke Europas bei der Verteidigung seiner sozialen Grundrechte, seiner individuellen Grundrechte und seines Demokratiemodells.«

Diese Bedingungen müssten natürlich auch für das transatlantische Freihandelsabkommen TTIP (Transatlantic Trade and Investment Partnership) zwischen der EU und den USA gelten. Das umfassende Wirtschafts- und Handelsabkommen der EU mit Kanada (CETA – Comprehensive Economic and Trade Agreement) verteidigt Martin Schulz. Die zuletzt geführte Diskussion über CETA in verschiedenen EU-Staaten ist für den Sozialdemokraten »eine ideologisch aufgeladene Debatte. Die Kanadier haben im Verlauf der CETA-Verhandlungen alle Kernarbeitsnormen der ILO, der Internationalen Arbeitsorganisation, anerkannt, die es vorher in ihrem Land nicht gab. Die kanadischen Gewerkschaften jubeln darüber, sie haben für diese Standards ein Leben lang gekämpft und sie nicht bekommen. Jetzt haben sie durch CETA diese Normen, und die Europäer lehnen es ab. Europäische Gewerkschaften fallen ihren kanadischen Freunden in den Rücken « Martin Schulz versteht das nicht: Warum handeln die Europäer so? »Es ist die Globalisierungsangst«, sagt er.

Für ihn gibt es noch einen anderen Grund, warum CETA für beide Seiten von Vorteil wäre. Kanada will dieses Abkommen mit der EU, weil die kanadische Regierung davon ausgeht, dass die Vereinigten Staaten sich dauerhaft pazifisch ausrichten werden. Kanada hingegen strebt die transatlantische Orientierung an, da es für das Land auch um die Frage des Gesellschaftsmodells geht, analysiert Schulz. »Die Regierung von Ministerpräsident Justin Trudeau will ein europäisches Gesellschaftsmodell. Und die Europäer – nicht alle, vor allem aber die Linken –, erkennen das nicht. Das ist tragisch.«

Martin Schulz zweifelt keine Sekunde daran, dass der Austritt des Vereinigten Königreichs aus der Europäischen Union kommen werde. Das Ergebnis des Brexit-Referendums zeige bereits dort, aber auch in Ländern der EU seine Auswirkungen. »Es gibt eine zunehmende Anzahl von Menschen, die sehen, wie unvernünftig die Entscheidung für den Brexit ist.«

In diesem Zusammenhang fällt Schulz ein Ausspruch des ehemaligen Kommissionspräsidenten Jacques Delors ein: »Delors hat einmal gesagt, man liebt keinen Binnenmarkt. Das stimmt. Aber man liebt auch nicht den Zerfall des Binnenmarktes. Das stimmt auch, weil es die soziale Grundlage für Millionen Menschen zerstören würde. Deshalb erstaunt es mich nicht, dass in Deutschland die Zustimmungsrate zur EU nach der Brexit-Abstimmung sehr hoch ist. Kein Land profitiert mehr als die Bundesrepublik vom Binnenmarkt.«

Auch in anderen Ländern hat der Brexit ein neues Bewusstsein und eine neue Nachdenklichkeit geschaffen. In Dänemark etwa lehnen mehr als zwei Drittel der Befragten ein Austrittsreferendum ab. Das Gefühl der jungen Briten nach der Abstimmung, diesen Schock am Tag danach, weil viele von ihnen auch nicht zur Wahl gegangen sind, diesen Schock teilen viele junge Menschen auch außerhalb Großbritanniens. »Dieses Gefühl ist heilsam, das motiviert viele junge Menschen in anderen Ländern, sich zur EU zu bekennen«, glaubt Martin Schulz. Tatsache ist aber auch, dass der Brexit »uns alle schwächt, aber noch mehr Großbritannien, das ja ein G7-Staat ist, eine Vetomacht im UN-Sicherheitsrat und darüber hinaus über Atomwaffen verfügt. Großbritannien profitiert als zweitgrößte Volkswirtschaft in Europa und viertgrößte der Welt vom uneingeschränkten Zugang zum Binnenmarkt, den sie jetzt abschneiden. Das britische Pfund verfällt, es gibt eine Abwanderungstendenz von Unternehmen aus Großbritannien.« Martin Schulz sieht die Zukunft für Großbritannien nach der Brexit-Abstimmung nicht rosig. »Großbritannien wird möglicherweise einen hohen Preis dafür bezahlen.«

Die Gefahr, dass sich Nationalismus und Rechtspopulismus weiter wie eine Seuche in der EU ausbreiten, sieht Martin Schulz dann gebannt, wenn die Politik bestimmte Maßnahmen setzt und Entscheidungen schneller fallen.

»Was wollen die Menschen von Politikern, national und in Europa? – Diese Frage stelle ich mir immer wieder als Sozialdemokrat.« Martin Schulz warnt vor jenen Politikern, die Probleme vereinfachen und die Realität vernebeln. »In einer immer komplizierter werdenden Welt haben die großen Vereinfacher immer die schnelleren Antworten als wir, die aber keines der Probleme lösen, sondern alles nur noch schlimmer machen. Deshalb haben wir uns folgende Frage zu stellen: Müssen wir auch vereinfachen, um uns mit den Vereinfachern einen Wettbewerb zu liefern? Das würde bedeuten, wir müssten populistischer werden als die Populisten, um die Menschen vom Populismus fernzuhalten. Das geht nicht.«

Die Antwort lautet für Martin Schulz: »Ergebnisse liefern«, um den Menschen keinen Anlass mehr zu bieten, den Populisten anzuhängen, weil sie verzweifelt sind, sich bedroht fühlen und Abstiegsängste haben. »Wir müssen konkrete Resultate liefern«, ist der wiederholte Kernsatz von Martin Schulz in diesem Zusammenhang.

Was er unter »konkreten Resultaten« versteht, erklärt er mit anschaulichen Beispielen, die sich wie ein Puzzle zu einem einzigen großen Bild zusammenfügen: »Was wollen die Menschen von uns? Dass sie von der Arbeit, die sie machen, ein Einkommen erzielen, von dem man in Würde leben kann. Was heißt in Würde leben? Ein Dach über dem Kopf zu haben, unter dem es sich leben lässt, sich Kleidung kaufen zu können, die einen kleidet, sich ernähren zu können, um gesund zu bleiben, sich ein kleines Auto zu leisten und einmal im Jahr in den Urlaub zu fahren. Und vor allem den Kindern eine Ausbildung zu ermöglichen, eine Schule und Qualifizierung, damit sie eines Tages einen Job bekommen, aus dem sie ein Einkommen erzielen, von dem man in Würde leben kann. Mit einem Partner zusammenziehen, eine Familie gründen, den Kindern eine Ausbildung ermöglichen, damit sie eines Tages einen Job bekommen, aus dem sie ein Einkommen erzielen und so weiter.«

»Resultate liefern« heißt für Martin Schulz auch, auf Gerechtigkeit zu achten. »Die Menschen erwarten von uns als Politiker nicht, dass wir sie zu Millionären machen, aber dass der Staat, in dem sie leben, der Kontinent, auf dem sie leben, seinen Reichtum so verteilt, dass gerade dieser kleine Anspruch, den ich gerade beschrieben habe, verwirklicht wird. Das muss unser Maßstab sein.«

»Resultate liefern« ist auch die Voraussetzung dafür, das Vertrauen der Menschen zurückzugewinnen. »Wir reden nur in Milliarden, 100 Milliarden für die Banken da, Milliarden für die Landwirtschaft dort. Für 99 Prozent aller Menschen sind 1000 Euro das Geld, das sie brauchen, um zu überleben. Wenn wir anfangen, in 1000 Euro zu reden und zu denken, dann bekommen wir als Politiker am Ende auch das Vertrauen, das wir brauchen, um die Milliarden zu verteilen. Wir müssen vom Ende her denken lernen. Es gibt viel zu wenige, die in der Kategorie von 1000 Euro denken. Dahin müssen wir wieder zurückkehren.«

Die Kraftquellen von Martin Schulz

Knapp 40 Jahre ist Martin Schulz in der Politik tätig, in den vergangenen Jahren an der Spitze der Europäischen Union. Jeder Tag ist bei ihm durchgeplant, der Terminkalender randvoll. Er redet und verhandelt in mehreren Sprachen und trifft Entscheidungen, in der EU sind das sehr oft Kompromisse. Für sein ergebnisorientiertes Verständnis von Politik braucht es physisches Durchhaltevermögen, Kraft und Energie. Ein 18-Stunden-Tag ist für den sozialdemokratischen Politiker keine Seltenheit, Schlaf ein permanenter Mangel. In seinem Umfeld heißt es, dass er sich zwischen Langstreckenflügen, hektischen Terminen und einem durchgetakteten Tag unglaublich schnell erholen kann. »Ein Powernap von wenigen Minuten genügt, und Martin Schulz ist wieder fit«, sagt ein Mitarbeiter. »Das habe ich von meinem Vater. Mein Vater konnte zehn Minuten einnicken, dann war er wieder voll da«, bestätigt Schulz.

Wie schafft das der Mann, der immer konzentriert wirkt, geduldig auf Fragen antwortet und jedem Menschen Aufmerksamkeit widmet, als gäbe es sonst niemanden mehr auf der Welt. Einstudiert ist das nicht, auch kein Routinehandeln, Martin Schulz geht offen auf Leute zu, »er hat eine hohe soziale Kompetenz«, sagen Weggefährten, die ihn seit vielen Jahren kennen. In unserem letzten Gespräch am 19. Juli 2016 nennt Martin Schulz seine ganz persönlichen Kraftquellen. »Zunächst einmal ist es die bedingungslose Unterstützung meiner Frau und meiner Kinder. Das ist nicht irgendwie dahergesagt.« Als er in die Politik geht, erwartet seine Frau Inge Schulz eine strikte Trennung von Familie und Politik. »›Verlange nichts von mir, was ich nicht freiwillig geben würde, nur mit der Begründung, das ist für dein Amt‹, sagte mir meine Frau. Und sie sagte auch: ›Verlange nichts von den Kindern, was sie nicht freiwillig geben würden, mit der Begründung, das ist für dein Amt.‹« Martin Schulz folgt dieser Aufforderung seiner Frau konsequent: »Daran habe ich mich immer gehalten. Ich habe höchstens, und das können meine Mitarbeiter bestätigen, hier alles stehen und liegen gelassen, wenn es um meine Frau und meine Kinder ging. Das hat zu einer Art wirklicher Unterstützung der Familie geführt.« Den Kontakt zu ihr hält der Politiker ständig aufrecht. Während wir sprechen, tippt er schnell eine SMS an seine Frau. Jobbedingt ist er nicht oft zu Hause. »Es kommt aber nicht auf die Quantität der Präsenz an, sondern auf die Qualität des Zusammenseins. Und die ist sehr intensiv, immer gewesen, bis heute«, sagt Martin Schulz. »Das Wissen um die Solidarität meiner Familie ist ein wirkliches Lebenselixier.«

Wichtig ist für ihn auch »die Mannschaft« um ihn herum und seine Freunde. Er zählt sie auf, nicht alle, aber einige, die Reihenfolge weist auf keine Hierarchisierung hin: Armin Machmer, Markus Winkler, Andreas Kleiner, Markus Engels, Achim Post, die Mitarbeiterinnen und Mitarbeiter im Kabinett, bei ihm zu Hause das Wahlkreis-Büro. »Es sind Menschen auf verschiedenen Ebenen, die seit Jahrzehnten mit mir zusammen sind. Ich wechsle nie meine Kernmannschaft aus, im Gegenteil, ich bin mit meiner Kernmannschaft durch alle Etappen gezogen, vor allem mit Markus Winkler, mit ihm arbeite ich seit 21 Jahren zusammen.«[36] Martin Schulz hat ein unglaubliches Gedächtnis – was Journalisten im Übrigen immer verblüfft, wenn er Fakten korrigiert oder Inhalte richtig sortiert – und kann über jeden Mitarbeiter berichten, wie er zu ihm gekommen ist. Die langjährige Zusammenarbeit und das gegenseitige Vertrauen sind »die Kernelemente des Erfolgs«, sagt Martin Schulz. Sein Team sei auch eine psychologische Pufferzone. »Es fängt die freudlosen Momente und Enttäuschungen auf, die auch kommen, und die Euphorie, die ebenfalls kommt. Meine Mitarbeiter leiden darunter, wenn ich schlecht drauf bin. Sie haben aber auch das Recht, meine Höhenflüge zu bremsen, wenn sie zu stark werden.«

Martin Schulz betont, dass ihn Kritik keineswegs störe, aber er schon einige Zeit brauche, um sie zu »verdauen«. »Ich gehöre zu der Kategorie von Leuten, die Kritik gut annehmen können mit der Schrecksekunde von 24 Stunden. Wenn mich einer kritisiert, dann bin ich erst einmal sauer, aber nach 24 Stunden sage ich dann: Er hatte recht.« Seine engsten Mitarbeiter sagen, dass es manchmal auch schneller gehe als 24 Stunden. Kritik von seinem innersten Mitarbeiter- und Beraterkreis anzunehmen, aber auch medial von außen, ist für Martin Schulz nicht so einfach, wie es scheint. »Im ersten

---

36 Markus Winkler ist Kabinettschef von Martin Schulz. Ab November 2016 ist er stellvertretender Generalsekretär des Europäischen Parlaments.

Moment verletzt die Kritik, aber ich kann sie dann auch akzeptieren. Vor allem, was noch viel wichtiger ist: Ich nehme sie an, setze sie auch um und versuche Fehler zu vermeiden. Nicht immer freiwillig, da muss man schon mal bohren.«

Ein anderer Faktor, der Martin Schulz Energie und physische Fitness gibt, ist die Tatsache, dass er nicht raucht, nicht trinkt und auf eine gesunde und maßvolle Ernährung achtet. »Ich kann mich sehr disziplinieren, wenn ich will.« Er erinnert sich, dass er als junger Mann sehr undiszipliniert war. »Ich habe gemerkt, wohin mangelnde Disziplin führt. Heute habe ich ein hohes Maß an Selbstdisziplin.«

Auch wenn Selbstdisziplin für Martin Schulz zu einem festen Bestandteil seines Lebens geworden ist, das Bedürfnis andere Menschen von diesem Wert zu überzeugen, verspürt er nicht. »Auf eines bin ich wirklich stolz. Ich kenne viele selbstdisziplinierte Menschen – ich bin ja nicht der einzige –, die von anderen die gleiche Disziplin verlangen, die sie sich selbst auferlegen. Das ist unerträglich. Das mache ich nicht. Meine Disziplin, die ich lebe, verlange ich nicht von anderen Menschen.«

Hand in Hand mit der Selbstdisziplin geht bei Martin Schulz ein starker Wille, vielleicht auch ein Hauch von Sturheit. »Ich habe einen eisernen Willen. Wenn ich etwas will, dann will ich es. Wenn ich etwas nicht will, dann will ich es auch nicht. Da bin ich wie schwarz-weiß.«

Zur Regeneration pflegt Martin Schulz sein Interesse an Literatur und Kunst, vor allem an der Malerei, der Bildhauerei, aber auch am Film. »Ich bin stark an darstellender Kunst interessiert, weil ich da selbst sehr unbegabt bin. Ich finde, dass in der Malerei und in der Bildhauerei eine Ausdrucksstärke der menschlichen Existenz liegt, die gigantisch ist.« Was die Literatur angeht, hat er ein Bonmot parat: »In der Literatur gibt es nichts mir Bekanntes, über das nicht schon geschrieben worden ist. Es gibt aber viel Geschriebenes, das mir nicht bekannt ist. Das ist ein Ansatz, mein Spektrum zu erweitern.«

Klingt vielversprechend. Will Martin Schulz noch eine Karriere als Autor starten? »Meine Mitarbeiter glauben mir ja nicht, dass ich in Rente gehen könnte, ohne etwas zu tun. Das kann ich. Ich habe in meinem Leben viel mehr gelesen als geschrieben, ich könnte mir vorstellen, dass ich eines Tages mehr schreibe. Vielleicht nicht so sehr zum Veröffentlichen, sondern für mich selbst. Meine Memoiren, wenn ich sie einmal schreibe, die werden spannend.« Das ist eine Ankündigung, auf die viele gespannt warten.

Teil II:
... ZUM MANN FÜR EUROPA

Politische Karriere, Präsident des Europäischen Parlaments

»Ich werde kein bequemer Präsident sein. Ich werde ein Präsident sein, der den Respekt der Exekutive vor dem Parlament, wenn nötig, erstreitet, der sich anlegt, wenn die Interessen der Bürger gefährdet werden. Ich werde ein Präsident sein, der starke Abgeordnete vertritt, die sich für die Anliegen ihrer Bürger einsetzen! Ein Präsident, der alles geben wird, das verloren gegangene Vertrauen der Menschen in den europäischen Einigungsprozess zurückzugewinnen und wieder Begeisterung für Europa zu wecken!«[37]

Aufregende Wochen vor der Wahl

Ganz bewusst macht Martin Schulz mit einer weitreichenden Ankündigung bereits eine Woche vor seiner Wahl auf sich aufmerksam und holt damit die 27 Staats- und Regierungschefs jäh aus ihrer Feiertagsruhe in die politische Realität zurück. »Ich werde nicht den Grüß-August spielen«, gibt der bisherige Vorsitzende der sozialdemokratischen Fraktion in einem Interview mit dem deutschen Nachrichtenmagazin *Der Spiegel* bekannt[38]. Hier kommt jemand, der als höchster gewählter Repräsentant des europäischen Souveräns, der EU-Bürger, politische Ansprüche stellt und keine bloße protokollarische Figur sein will – das ist die Botschaft, die Martin Schulz gezielt vor seiner Wahl aussendet.

---

37 Martin Schulz in seiner Antrittsrede als Präsident des Europäischen Parlaments am 17. Januar 2012.

38 Der Spiegel, 9. Januar 2012.

Anders als sein polnischer Amtsvorgänger Jerzy Buzek (von 2009 bis 2012 Präsident des Europäischen Parlaments), der stets vorsichtig formulierende, immer abwägende und berechenbare Konservative, zeigt Schulz den Staats- und Regierungschefs, was sein Verständnis von europäischer Demokratie ist: Er will die EU-Granden, denen nichts heiliger ist als die Geheimniskrämerei, zu Offenheit, mehr Transparenz und konstruktiver Zusammenarbeit zwingen. »Die Bürger sind es satt, dass alles hinter verschlossenen Türen entschieden wird. Diese Entwicklung können wir nur im Kampf umkehren.« Er werde an den Gipfeltreffen der Staats- und Regierungschefs teilnehmen, auch wenn er nicht dazu eingeladen sei, betont der deutsche Sozialdemokrat. Europas Spitzenvertreter, die deutsche Bundeskanzlerin Angela Merkel und der französische Staatspräsident Nicolas Sarkozy, haben zwei Möglichkeiten: Martin Schulz zu akzeptieren oder ihn vor laufenden Kameras vor die Tür zu setzen – und damit öffentlichkeitswirksam einen Eklat zu provozieren.

Martin Schulz kündigt an, unter seiner Führung im Parlament verstärkt die politische Initiative zu ergreifen und damit die EU-Kommission unter Druck zu setzen. Zudem verlangt er, die europäischen Volksvertreter stärker in Entscheidungsprozesse einzubinden. »Jedes exekutive Handeln der Mitgliedsländer muss durch das Europäische Parlament legitimiert werden.« Ob das in den EU-Verträgen steht oder nicht, kümmert Schulz wenig, er präsentiert sich bereits vor seiner offiziellen Wahl als wichtiger Mitspieler im Konzert der Großen.

Sein Misstrauen gegenüber den »Oberen« begründet Martin Schulz mit dem Verhalten der Staats- und Regierungschefs und ihrem stümperhaften Management der Finanz- und Schuldenkrise. »Sie treffen sich permanent, versprechen eine Lösung, aber die Lösung kommt nicht.« Er spürt den Unmut der Bevölkerung und wie ihr Vertrauen in das europäische Projekt und die Handlungskompetenz der Regierungen schwindet. Selbst Unternehmer und Investoren sind nach dem Ausbruch der Wirtschafts- und Finanzkrise, die sich nach dem Fall der US-Investmentbank Lehman Brothers im September 2008 weltweit manifestierte, verunsichert. »Wir brauchen Politiker, die den Euro stützen wollen, präzise, erkennbar und verlässlich handeln. Die nationalen Interessen von 27 Staaten[39] in Einzelteile zu zerlegen, das kann sich Europa nicht mehr leisten, dafür sind wir nicht stark genug«, wettert Schulz gegen eine Politik, die den nationalen Interessen mehr Gewicht einräumt als den gemeinsamen europäischen.[40]

In Interviews unmittelbar vor seiner Wahl zum obersten Volksvertreter skizziert er seine Vorstellungen von einem direkt gewählten Parlament als einem »Ort, wo die Debatte über die Zukunft Europas und des Euros für die Bürger sichtbar und nachvollziehbar ausgetragen wird«.[41] Er nimmt auch gleich die zentralen Punkte seines Arbeitsprogramms der nächsten zweieinhalb Jahre bis zur Wahl des Europäischen Parlaments im Juni 2014 vorweg: die Bewältigung der Wirtschafts- und Finanzkrise, neue Regeln für das Banken- und Finanzsystem, die Rettung Griechenlands vor der Staatspleite, die Stärkung des Euros als gemeinsame Währung, der Kampf gegen die Arbeitslosigkeit, vor allem unter den Jugendlichen in den Krisenstaaten der EU, sowie mehr Macht und Befugnisse für die EU-Abgeordneten.

Direkt einen Tag vor der Präsidentschaftswahl, bei der ersten Parlamentssitzung des Jahres 2012, wird es spannend. Der scheidende Präsident Jerzy Buzek stellt offiziell die Kandidaten vor. Neben Martin Schulz gehen die britische Liberale Diana Wallis und der britische Tory-Mann Nirj Deva von der ECR (Partei der

---

39 Kroatien wird am 1. Juli 2013 in der siebten EU-Erweiterungsrunde in die Europäische Union aufgenommen. Seit dem Beitritt Kroatiens ist die kroatische Sprache die 24. Amtssprache der EU.

40 Badisches Tagblatt, 11. Januar 2012.

41 ARD-Morgenmagazin, 17. Januar 2012.

Konservativen und Reformisten) ins Rennen, Schwergewichte sind sie nicht. Schulz ist siegessicher, die beiden großen Fraktionen, Europas Sozialdemokraten und die Europäische Volkspartei, sagen ihm ihre Unterstützung nach Art einer Großen Koalition zu. Nach geltender Wahlordnung muss ein Kandidat für das Amt des Präsidenten die absolute Mehrheit der abgegebenen gültigen Stimmen erhalten.

Der Tag der Wahl

Am Vormittag des 17. Januar ist es auffallend still im prall gefüllten Plenarsaal des Europäischen Parlaments in Straßburg. Martin Schulz, wie immer im dunklen Anzug mit weißem Hemd und dezenter grauer Krawatte, wirkt ganz ruhig. In acht Jahren als Vorsitzender der sozialdemokratischen Fraktion hat er gelernt, mit Anspannung und Nervosität umzugehen, er kennt die Atmosphäre im Plenum. Die Wahl ist im Gange. Gespannt blicken die Abgeordneten auf die Tafel, die die Abstimmungsergebnisse für alle deutlich sichtbar in leuchtendem Rot anzeigt. Martin Schulz erreicht die notwendige absolute Mehrheit gleich in der ersten Wahlrunde, er bekommt 387 von insgesamt 670 abgegebenen Stimmen, 336 wären für die absolute Mehrheit nötig gewesen. Das Parlament hat zu dieser Zeit 754 Abgeordnete. »Es ist keine zweite Runde erforderlich«, verkündet der scheidende Parlamentspräsident Jerzy Buzek. Erleichterung macht sich unter den Sozialdemokraten, aber auch unter Christdemokraten sowie vielen Grünen und etlichen Liberalen breit. Der Parlamentarier und Vorsitzende der Fraktion der Progressiven Allianz der Sozialdemokraten im Europäischen Parlament, so die offizielle Bezeichnung (kurz S&D), ist der neue Präsident der europäischen Volksvertretung. Der deutsche SPD-Politiker ist der 14. direkt gewählte Parlamentspräsident der Europäischen Union seit der ersten Wahl im Jahr

1979 und der fünfte Sozialdemokrat an der Spitze der EU-Institution. Für den leidenschaftlichen Abgeordneten und Demokraten Martin Schulz ist die Wahl die Krönung seiner langen politischen Karriere, die ihn 1994 ins Europäische Parlament geführt hat.

Mit minutenlangem Applaus wird er als neuer Präsident des Europäischen Parlaments begrüßt. Sein Blick ist stets in die Menge gerichtet, so auch bei seiner Antrittsrede in Straßburg. Gestärkt durch das Wahlergebnis geht Schulz selbstbewusst zum Rednerpult und spricht Worte, die aufhorchen lassen: »Ich werde kein bequemer Präsident sein.« Mit diesem Bekenntnis unmittelbar nach seiner Wahl setzt er sich selbst eine Richtschnur für sein Handeln an der Spitze des Europäischen Parlaments. Daran wird er gemessen und bewertet werden. Zugleich macht er die Abgeordneten und die Bürger aber auch neugierig. Sie werden sich fragen: Was kommt jetzt? Und was will uns Martin Schulz damit sagen?

Mit großer Geste und bewusst eingesetzter Akzentuierung formuliert er seine Sätze vor den geschlossenen Reihen des Plenarsaals. Konzentriert hören ihm die Abgeordneten zu. Martin Schulz ist ein Meister der öffentlichen Inszenierung und er versteht es, am europäischen Politgefüge zu rütteln und keinen Stein auf dem anderen zu lassen. Er setzt zum Schlagabtausch an, kritisiert die EU-Regierungen – egal welcher politischen Ausrichtung. »Anstatt von einem Krisengipfel zum nächsten zu hetzen und etwas hinter verschlossenen Türen zu beschließen, geht es darum, Europa zu wappnen. Es geht nicht um ein Nullsummenspiel der EU, bei dem einer verlieren muss, damit andere gewinnen. Es ist genau umgekehrt. Entweder wir verlieren alle, oder wir gewinnen alle«, sagt Schulz in eindeutiger Anspielung auf das unzureichende Management der Schuldenkrise.[42] Er meint damit die sogenannte Gemeinschaftsmethode, die

---

42 Mitschrift der Rede von Martin Schulz am 17. Januar 2012 im Europäischen Parlament in Straßburg. Siehe auch Kurier, 18. Januar 2012.

elementare Regel des Zusammenspiels der EU-Institutionen, bei der das Parlament und die Kommission in alle Entscheidungen, die der Ministerrat trifft, gleichberechtigt und gleichwertig miteinbezogen und Konflikte durch Dialog und Konsens gelöst werden, anstatt das Recht des Stärkeren anzuwenden. Es handelt sich dabei schlicht um die »Seele der EU«, fährt Schulz fort.

Kämpferisch ruft er die Parlamente auf, sich nicht zu »Erfüllungsgehilfen« degradieren zu lassen. »Das wird von den Bürgern als Diktat aus Brüssel empfunden«, sagt er und zieht daraus taktisch klug den Schluss, dass das Europäische Parlament, vielmehr sein neuer Präsident, künftig an den EU-Gipfeln teilnehmen wird und nicht ausgeschlossen bleibt, wie es bisher gängige Praxis gewesen ist.

Nachdenklich stimmt Schulz der Zustand der EU: »Europa durchlebt heute stürmische Zeiten. Für viele Menschen in Europa sind es harte Zeiten.« Seine Eltern hätten noch einer Generation angehört, deren Leitmotiv lautete: »Unseren Kindern soll es einmal besser gehen als uns. Und es geht uns besser. Wir haben aber nicht länger die Gewissheit, dass es unseren Kindern einmal so gut gehen wird wie uns selbst.« Als Folge der Krise hätten in vielen Ländern Armut und Arbeitslosigkeit zugenommen, besonders die Zahl arbeitsloser junger Menschen sei dramatisch angewachsen. Zu Recht protestierten die Jungen auf Europas Straßen gegen ein Wirtschaftssystem, in dem einige wenige die Gewinne einstreichen und die Verluste der Allgemeinheit aufgebürdet würden. Die Ursache für diese Entwicklung sieht Schulz unter anderem auch in den Finanzspekulationen. »Es drängt sich der Eindruck auf, dass anonyme Ratingagenturen in New York heute mächtiger sind als demokratisch gewählte Parlamente und Regierungen.[43] Dem gelte es ein entschlossenes Nein entgegenzusetzen, denn: »Diese Vertrauenskrise in die Politik und ihre Institutionen bedroht auch den Glauben an das europäische

---

43   Ratingagenturen setzten zum Beispiel auf die Staatspleite Griechenlands.

Projekt.« Viele Menschen beobachteten mit Argwohn die Arbeit der EU-Politiker, denn sie würden daran zweifeln, ob das, was in Parlament, Rat und Kommission geschieht, richtig sei. »Wir müssen uns darüber im Klaren sein, dass sich die Menschen in Europa weniger für institutionelle Debatten interessieren sie sorgen sich vielmehr um die Zukunft ihrer Kinder, ihre Arbeitsplätze, ihre Rente, um soziale Gerechtigkeit. Ihnen geht es um gesunde Lebensmittel und eine saubere Umwelt – wir wollen ihnen besser zuhören.«

Die Sorge, die Martin Schulz in seiner Antrittsrede anspricht, beschreibt die Grundstimmung in einer Krise, die bis heute anhält und nicht gelöst ist. Richtige Antworten darauf zu finden bedeute aber nicht nur, Menschen zu beruhigen, sondern Gestaltungs- und Regierungsfähigkeit zu beweisen. Hier spricht nicht nur der Parlamentspräsident, sondern auch der SPD-Politiker, der genau weiß, dass davon auch das Überleben der europäischen Sozialdemokratie abhängt.

Über das erwähnte Leitmotiv der Elterngeneration spannt Schulz den Bogen in die Zukunft. Es geht ihm dabei um eine Programmreform und das Ansprechen neuer Wählerschichten. Das Gefühl vieler Menschen, ungerecht behandelt zu werden, machten sich heute überwiegend rechts- und auch linkspopulistische Parteien zunutze. Immer dann, wenn Schulz den Nerv vieler Abgeordneter trifft, wird seine Rede von spontanem Applaus unterbrochen, wie auch bei diesem Statement. »Hier ist der Ort, an dem die Interessen der Menschen vertreten werden. Deshalb sage ich: Die Bürgerinnen und Bürger, die uns in direkter Wahl ihr Vertrauen ausgesprochen haben, erwarten, dass wir für ihre Sache streiten.«

Schulz versäumt es ebenfalls nicht, seinen polnischen Vorgänger Jerzy Buzek zu würdigen: »Er war der erste Präsident, der aus den Freiheitsbewegungen Osteuropas hervorgegangen ist.« Durch seine Wahl und Amtsführung habe er den »Triumph der Demokratie über die Diktatur symbolisiert«. Nach seinen Lobesworten und einer kurzen Atempause steigert Schulz die Dramatik seiner Rede: »Zum ersten Mal seit ihrer Gründung wird ein Scheitern der Europäischen Union zum realistischen Szenario.« Er prangert die Maxime an, »knallhart nationale Interessen ohne demokratische Kontrolle durchdrücken zu wollen«, und fordert »anstelle des Rechts des Stärkeren Solidarität und Demokratie«. Entschlossen verlangt er von den Staats- und Regierungschefs der EU, die Rolle des Parlaments im europäischen Entscheidungsprozess und bei der Lösung der Probleme Europas zu stärken. »Das Ergebnis einer parlamentarisch unzureichend legitimierten Politik lehnen die Bürger ab. Den Preis dafür bezahlt die EU als Ganzes: Das ist der Nährboden für antieuropäische Ressentiments.«[44] »Wer glaubt, man könnte ein Mehr an Europa mit einem Weniger an Parlamentarismus schaffen, dem sage ich hier und jetzt den Kampf an.«

Geschickt hält er auch den nationalen Abgeordneten den Spiegel vor. »Sie dürfen die im Brüsseler Kämmerlein getroffenen Regierungsverabredungen nur mehr durchwinken.«

Als Beispiel führt Schulz an, wie die EU-Granden mit einem zwischenstaatlichen Abkommen über eine Fiskalunion das Parlament übergangen haben. »Bei den Verhandlungen standen die Vertreter unseres Parlaments mit ihrer Forderung, Haushaltsdisziplin mit Wachstum und Beschäftigung zu vereinen, vorläufig auf verlorenem Posten.« Einmal mehr fordert Schulz daher nachdrücklich seine Teilnahme an den EU-Gipfeln, also jenen Treffen, bei denen über die Finanzpolitik entschieden wird.

Gerade der Politiker, der Vereinbarungen und Entscheidungen im kleinen Kreis praktiziert, nämlich EU-Kommissionspräsident

---

44   Das Ergebnis der Europawahl 2014 und in der Folge weiterer nationaler Urnengänge beweisen nachträglich die Aussagen von Schulz in seiner Antrittsrede. Antieuropäische, ja europafeindliche Parteien legen an Stimmengewinnen zu. Im Wahlkampf 2014 erklärt die Chefin des Front National, Marine Le Pen, die Zerstörung der EU zu ihrem Ziel.

José Manuel Barroso, sitzt mit ernstem Gesicht in der ersten Reihe des Plenarsaals. Ihm ist nicht ganz wohl bei den Äußerungen des neuen Parlamentspräsidenten und er kommentiert trocken: »Schulz hat eine ambitionierte Vision von der Rolle des Europäischen Parlaments. Und er will zu Recht, dass dessen Stimme, die Stimme der Bürgerinnen und Bürger Europas, noch besser als bisher gehört wird.«[45]

Am Ende seiner Ansprache erinnert Martin Schulz aus Überzeugung an »die faszinierende Idee Europa. Eine Idee, die als Antwort der zweiten Hälfte des 20. Jahrhunderts auf die erste Hälfte des 20. Jahrhunderts entstanden ist«. Er ruft in Erinnerung: »In der ersten Hälfte des 20. Jahrhunderts gab es Hass, Großmachtpolitik, Hetze gegen die anderen, Menschenverachtung, die Schützengräben des Ersten Weltkrieges und die Gulags Stalins. Die Gaskammern von Auschwitz als tiefstem Punkt der Zivilisationsgeschichte. In der zweiten Hälfte des 20. Jahrhunderts hat die europäische Einigung und haben die gemeinsamen Institutionen Europa die längste Wohlstands- und Friedensperiode in seiner Geschichte beschert. 1989 fiel der Eiserne Vorhang. Deutschland wurde wiedervereinigt. 2004 und 2007 traten ehemalige Staaten des Warschauer Paktes der EU bei und stellen damit die kulturelle und politische Einheit dieses 40 Jahre künstlich getrennten Kontinents wieder her. Was für ein Erfolgsprojekt. Warum haben wir verlernt, darauf stolz zu sein? Warum lassen wir zu, dass diese einzigartige historische Errungenschaft schlechtgeredet wird?«

Abschließend ruft Schulz die Abgeordneten in Straßburg dazu auf, alles zu tun, damit Europa »auch für die junge Generation wieder ein Versprechen für eine wirtschaftlich starke, sozial gerechte, freie und demokratische europäische Heimat wird«. Langer Applaus und

---

45   EU-Kommissionspräsident José Manuel Barroso in seinem Statement zur Wahl von Martin Schulz am 17. Januar 2012.

Zustimmung folgen auf seine kämpferische Antrittsrede. »Gratulation zu Ihrer Wahl als Präsident des Europäischen Parlaments. Ich freue mich auf unsere Zusammenarbeit«, twittert etwa EU-Ratspräsident Herman Van Rompuy. Joseph Daul, der Fraktionsvorsitzende der Europäischen Volkspartei, mit deren Hilfe Schulz gewählt wird, fordert vom neuen Parlamentspräsidenten, »die Gemeinschaftsmethode fortzuführen«.

Zu den ersten Gratulanten gehört auch der österreichische Bundeskanzler Werner Faymann, der den »langjährigen Einsatz« für ein soziales Europa würdigt. »Ich bin überzeugt, Martin Schulz wird sich auch in seiner neuen Position mit aller Kraft dafür einsetzen.«

Straßburg, 18. Januar 2012:
Besuch von Viktor Orbán und Beginn der Amtszeit

Wie sehr es Martin Schulz darauf anlegt, das Europäische Parlament zur Plattform einer Streitkultur zu machen, wird bereits einen Tag nach seiner Wahl zum Parlamentspräsidenten deutlich: Am 18. Januar ist der umstrittene ungarische Ministerpräsident Viktor Orbán in Straßburg zu Gast. »Wir sollten die Bitte von Orbán annehmen, dass er hier zu Wort kommt«, kündigt Schulz an. »Das ist genau, was ich meine, das Europäische Parlament ist der Ort kontroversieller Auseinandersetzungen um die Lage in Europa.«

Die EU-Kommission hat gegen die Regierung in Budapest drei Verfahren wegen mutmaßlicher Verstöße gegen das Gemeinschaftsrecht eingeleitet. In der Debatte mit dem konservativ-nationalistischen Ministerpräsidenten geht es den Abgeordneten darum, die Änderung der ungarischen Verfassung, mit der der Einfluss der Regierung auf die Zentralbank verstärkt wird, zu hinterfragen und Bedenken dahingehend zu äußern, dass Ungarn EU-Grundrechte verletzt.

Die Auseinandersetzung mit Viktor Orbán ist der Beginn einer Reihe von Debatten mit Staats- und Regierungschefs der EU im Plenum des Europäischen Parlaments. Die regelmäßig stattfindenden Auftritte hoher Politiker – außerhalb der sonst streng geregelten Empfänge der Staats- und Regierungschefs zum Auftakt der jeweiligen Ratspräsidentschaft – sind eine Innovation von Martin Schulz. Es gelingt ihm, zahlreiche Ministerpräsidenten zu einer Aussprache nach Straßburg zu bewegen. Höhepunkt dieser neuen Diskussionskultur ist ein gemeinsamer Auftritt der deutschen Bundeskanzlerin Angela Merkel und des französischen Staatspräsidenten François Hollande am 7. Oktober 2015. Das Erscheinen der beiden weckt Erinnerungen an eine Zeit, in der sich die EU weiterentwickelt hat und dieser Prozess auch von vielen Bürgern unterstützt wurde.

Lange ist es her, dass ein deutscher und ein französischer Politiker gemeinsam im Europäischen Parlament aufgetreten sind. Im Jahr 1990, nach dem Fall der innerdeutschen Mauer und des Eisernen Vorhangs, halten Bundeskanzler Helmut Kohl und Frankreichs Staatspräsident François Mitterrand eine Rede in Straßburg. Beide sprechen von Frieden, Freiheit und mehr Wohlstand. Einige Jahre später, am 17. Januar 1995, kommt Mitterrand noch einmal nach Straßburg, um das Programm der französischen EU-Ratspräsidentschaft vorzustellen. Aber darum geht es ihm im Grunde gar nicht, etwas viel Wesentlicheres hat er zu sagen: Der von seiner Krebserkrankung schwer gezeichnete Staatsmann setzt am Ende seiner Rede seine Worte leise und bedächtig: »Mesdames et Messieurs, je vous dit, le nationalisme, c'est la guerre!« (»Nationalismus bedeutet Krieg.«) [46] »Das ist meine Überzeugung«, fügt er hinzu. Die Warnung, dass Nationalismus nichts anderes als Krieg und Zerstörung bedeutet, ist sein Vermächtnis. Damit verabschiedet sich Mitterrand von den europäischen Volksvertretern – und von der europäischen Öffentlichkeit.

---

46 Kurier, 18. Januar 1995.

Es gibt Standing Ovations, die nicht aufhören wollen. Die weitreichende Bedeutung seiner Äußerung, die aktueller denn je ist, ist vielen erst heute bewusst, in einer Zeit, wo sich Nationalismus in der EU ausbreitet, die Menschen vergiftet und gemeinsame Problemlösungen verhindert, wie im Falle der Flüchtlingskrise. Nationalismus droht das europäische Projekt zu zerstören. Die Lage der Europäischen Union ist düster. Statt »Hoffnung« taucht im Diskurs von Merkel und Hollande vor allem das Wort »Krise« auf: Wirtschaftskrise, Flüchtlingskrise, soziale Krise, Klimakrise und Sicherheitskrise. »Jede Krise macht Angst, wir müssen mit dieser Angst leben, aber sie darf uns nicht dominieren«, sagt Hollande. Als Fazit und Perspektive ist dieser Gedanke in seiner Straßburger Rede sehr schwach.

Die regelmäßigen Auftritte von Staats- und Regierungschefs im Plenum des Parlaments, Diskussionen mit Menschenrechtsaktivisten, Künstlern und Kulturschaffenden beleben das ansonsten von Ausschusssitzungen und Fraktionsbesprechungen dominierte Hohe Haus – und es ist keine Frage, Martin Schulz fühlt sich mit seinen Gästen in dem Debatten-Ambiente wohl.

Die Rettung Griechenlands vor dem Staatsbankrott, die Stärkung der Eurozone, Fiskalpakt, Stresstests für die Banken und die Schaffung von Instrumenten zur Krisenbewältigung und vor allem zur Krisenabwehr bestimmen den Beginn der Amtszeit des neuen Parlamentspräsidenten. Er verlangt von den EU-Granden die richtigen Antworten auf die anhaltende Krise mit den höchsten Arbeitslosenraten, besonders unter jungen Menschen, seit dem Ende des Zweiten Weltkriegs. Das Wirtschaftswachstum stagniert in so gut wie allen EU-Staaten, in der Gesellschaft macht sich Zukunftsangst breit, das Vertrauen in die Europäische Union beginnt langsam, aber stetig zu schwinden, populistische Parteien gewinnen mehr und mehr an Zuspruch.

Für Schulz ist es selbstverständlich, dass nicht nur die Steuerzahler für die Kosten der Krise aufkommen, sondern auch die

Finanzinstitute. Er erwartet die baldige Einführung der Finanztransaktionssteuer in der EU – trotz des Widerstands der britischen Regierung. »Frankreichs Präsident Sarkozy will sie aus innenpolitischen Gründen vor den Wahlen einführen, dann könnte Deutschland nachziehen«, sagt Martin Schulz.[47] Die Abgabe – 0,05 Prozent pro Transaktion – würde der EU bis zu 200 Milliarden Euro pro Jahr einbringen. Allerdings gibt es die Finanztransaktionssteuer bis heute nicht. Einzelne EU-Staaten lehnen sie prinzipiell ab, andere streiten über die Höhe der Abgabe und bangen um ihre Wettbewerbsfähigkeit.

Wie viele Ökonomen in der EU verlangt Schulz ferner die Einführung von Eurobonds. Das sind gemeinsame Anleihen von Euro-Staaten, die für Krisenländer den Vorteil hätten, dass ihre Zinslast sinken würde und die starken Staaten für deren Defizite zum Teil garantierten. Eurobonds seien eine »Sache der Solidarität und nur noch eine Frage der Zeit«, bis sie eingeführt würden, glaubt Schulz. »Mister No«, Deutschlands Finanzminister Wolfgang Schäuble von der CDU, lehnt Eurobonds strikt ab, mit der Begründung, sie animierten Schuldenstaaten nicht zum Sparen, sondern bewirkten das Gegenteil. Die Lancierung von Eurobonds bleibt weiterhin Wunschdenken.

Unbehagen bereitet Martin Schulz die Rolle Deutschlands, aber auch Frankreichs bei der Lösung der Schuldenkrise. Bundeskanzlerin Angela Merkel und Staatspräsident Nicolas Sarkozy würden »so tun, als entscheiden sie allein. Die beiden beanspruchen für sich, die Richtung zu bestimmen und die Lösungen zu haben.«[48]

Reiche und starke Länder gegen arme und schwache – lautet das Match in Europa. Martin Schulz sieht daher die EU von Spaltung und Bedeutungsverlust bedroht: »Die USA haben Europa abgeschrieben, weil sie glauben, dass sich Europa in Kleinstaaterei ergeht

---

47 Martin Schulz im Interview mit dem Nachrichtenmagazin profil, 23. Januar 2012.

48 Ebd.

und keine ambitionierten Ziel mehr hat.« Eindringlich warnt er: »Deutschland könnte als stärkste und globalisierteste Wirtschaft in der Eurozone zur Auffassung kommen, dass es auch ohne Europa überlebt. Die Illusion, dass der Nationalstaat stark genug für die Herausforderungen des 21. Jahrhunderts ist, könnte weiter um sich greifen. Das müssen wir verhindern.«[49]

Dem Parlamentspräsidenten kommt es in seiner ersten Amtszeit vor allem darauf an, auf Augenhöhe mit dem Europäischen Rat zu verhandeln. Ob dies nun die Euro-Schuldenkrise betrifft, die finanzielle Vorausschau von 2014 bis 2020, die Reform der Agrar-, Fischerei- oder Regionalpolitik, den Kampf gegen den Klimawandel, die Finanzmarktgesetzgebung, die Bereiche Justiz und Inneres oder die Handelspolitik, Martin Schulz will immer ganz vorne mit dabei sein.

Brüssel, 30. Januar 2012: Erster EU-Krisengipfel

Die große politische Bühne nutzt Martin Schulz bei seinem ersten Auftritt Ende Januar in Brüssel. Zu diesem Zeitpunkt findet dort eines der vielen Krisentreffen der Staats- und Regierungschefs statt. Schulz will die Sparmeister der Union ordentlich in ihre Schranken weisen und einmal mehr fordern, dass nicht nur »Haushaltsdisziplin als Allheilmittel gegen die Schuldenkrise hilft«. Es komme eben nicht nur auf den Fiskalpakt und Schuldenbremsen an, sondern auch auf Wachstums- und Beschäftigungsimpulse. Eine Forderung, die auch das Europäische Parlament schon seit mehr als zwei Jahren stellt: »Ja zu nachhaltigen Haushalten, aber auch ja zu Investitionen«, lautet die Formel.

In seiner Rede warnt Martin Schulz davor, die Krise allein durch Gipfeltreffen und Erklärungen lösen zu wollen. »Das gefährdet das

---

[49] Martin Schulz im Interview mit dem Nachrichtenmagazin profil, 23. Januar 2012.

Vertrauen in die Handlungsfähigkeit der EU.«[50] Und er redet den Staats- und Regierungschefs ins Gewissen: »Europa braucht Investitionen, um den Wirtschaftsaufschwung anzukurbeln, um die Nachfrage zu stärken und die Schuldenberge abzutragen. Europa braucht Wachstum, um Jobs zu sichern, neue zu schaffen und um Renten und Ausbildung zu sichern.« Mit Blick auf die Nichtteilnahme Großbritanniens und Tschechiens an dem Fiskalpakt ortet Schulz eine drohende Spaltung in der EU. »Wir können nicht zulassen, dass sich die EU in ihre Einzelteile zerlegt oder das Europa der unterschiedlichen Geschwindigkeiten zementiert wird.«

Der erste Auftritt von Martin Schulz und seine Rede vor den Staats- und Regierungschefs sind ein Novum in der Geschichte der EU-Gipfeltreffen, entsprechend groß ist das Interesse der Medien an Informationen aus erster Hand. Schulz wird von Journalisten umringt, selbstbewusst hält er eine Pressekonferenz, der Saal ist zum Bersten voll. Schulz berichtet aus dem inneren Kreis, er bezieht Position und gibt eine Einschätzung davon, was die Staaten vertreten, wo die Konfliktlinien verlaufen und welche Annäherungen und Kompromisse angestrebt werden.

Die Teilnahme des Parlamentspräsidenten zu Beginn des Europäischen Rates wird von nun an zu einem fixen Bestandteil des streng ritualisierten Gipfelgeschehens und dient als eine erste Orientierung für Journalisten. Mit einer Rede von Schulz wird künftig jedes Treffen eröffnet, doch bevor die Staats- und Regierungschefs im Sitzungssaal Platz nehmen, gibt es noch Zeit für Smalltalk, Absprachen und einen kurzen Meinungsaustausch. Martin Schulz ist immer dabei, dank seiner perfekten Sprachkenntnisse in Englisch, Französisch, Niederländisch, Italienisch und Spanisch ist es für ihn selbstverständlich, ebenso mit dem französischen Staatspräsidenten zu parlieren wie mit den Regierungschefs aus Italien, Spanien oder den Niederlanden.

---

50 Redemanuskript von Martin Schulz vom 30. Januar 2012.

Durch seine sprachliche Wendigkeit ist er imstande, immer wieder auch als Moderator und Vermittler aufzutreten. Martin Schulz ist nicht nur ein Scharfmacher, ein gefürchteter Redner, der schonungslos formuliert und kritisiert, er kann auch anders: geduldig zuhören, schlichten und Konflikte lösen.

Dass der erste Einsatz von Martin Schulz bei diesem Krisengipfel keine Showeinlage ist, kein singuläres Ereignis, zeigt das Interesse der deutschen Bundeskanzlerin. Beim Gipfelauftakt kommt es zu einem bilateralen Gespräch zwischen den beiden deutschen Politikern, das – wie aus den Reaktionen zu schließen ist – keine nette Kaffeehaus-Plauderei war. »Ich habe mit Frau Merkel vereinbart, dass wir da, wo wir gemeinschaftlich handeln können, gemeinschaftlich handeln werden«, sagt Schulz danach. Angela Merkel räumt ein, dass es Differenzen in der Frage des Fiskalpakts gebe. »Wir beide neigen nicht dazu, die Differenzen unter den Tisch zu kehren. Aber wir beide neigen auch dazu, letztendlich das für Europa zu bewegen, was wichtig für Europa ist.« Es muss ein ungemütliches Treffen für die »eiserne Kanzlerin« gewesen sein, wie dieser Äußerung zu entnehmen ist. Schulz machte der Bundeskanzlerin und CDU-Parteichefin wohl deutlich, dass Zugeständnisse bei ihrem Projekt Fiskalpakt nötig seien, auch mehr Entgegenkommen gegenüber Griechenland und die Aufstockung des Rettungsschirms von 500 auf mindestens 750 Milliarden Euro.

Quer legt sich Schulz auch bei der deutschen Forderung nach einem »Sparkommissar«, ein Reizthema für die Regierung in Athen, das böse Wort vom »Gauleiter« für den möglichen EU-Aufseher macht die Runde. Doch Merkel gibt nicht nach und ruft nach »Überwachung«.[51] Populär ist das nicht. Vor dem Ratsgebäude »Justus Lipsius«, einem riesigen braunen Betonklotz mitten im Europa-Viertel in Brüssel, demonstrieren an diesem grauen und trüben Wintertag

---

51   dpa, 30. Januar 2012.

belgische Gewerkschafter und verteilen symbolisch die ersten Euro-bonds, die gemeinsamen Anleihen, die Merkel so massiv ablehnt. »Sparpolitik ist nicht die Lösung, sie ist das Problem«, rufen sie laut. Martin Schulz sieht das genauso.

Mit seiner Premiere im Kreise der Staats- und Regierungschefs ist er sehr zufrieden. Das Medienecho ist groß, Schulz verleiht dem Europäischen Parlament, das knapp 510 Millionen Bürger repräsentiert, Würde und eine neue politische Bedeutung. Die Zeiten, in denen die europäische Volksvertretung nicht beachtet wurde, ein Mauerblümchendasein führte, sind nun endgültig vorbei. Stolz ist Martin Schulz darauf, dass er zu den Mächtigen der EU vorgestoßen ist und ihnen Entscheidungen hinter verschlossenen Türen nicht mehr so leicht macht. »Das Parlament sieht dem nicht mehr länger zu. Es kann ja nicht sein, dass der Europäische Rat an die Zeit des Wiener Kongresses im 19. Jahrhundert erinnert.« Ein Hauch von Veränderung weht durch das architektonisch anspruchslose Ratsgebäude. Schulz bringt Leben hinein und wirbelt die behäbige Runde der Staats- und Regierungschefs kräftig auf. Er will alles umkrempeln und Europa demokratischer machen – so sein Plan.

Das Europäische Parlament soll wieder wahr- und ernst genommen werden, und damit auch sein Präsident. Er engagiert sich bei der Lösung der Schuldenkrise und fliegt als erster europäischer Politiker wenige Wochen nach Amtsantritt nach Griechenland.

Athen, 28. Februar 2012:
Reise ins Zentrum der Schuldenkrise

Martin Schulz ist der erste prominente EU-Politiker, der das krisengeschüttelte Griechenland besucht. Weder waren Kommissionspräsident José Manuel Barroso noch Ratspräsident Herman Van Rompuy vor ihm dort. Martin Schulz will sich selbst ein Bild vor Ort machen, wissen, wie es den Menschen im vierten Jahr der Krise geht und was sie von der EU erwarten. Er spricht auch vor den griechischen Abgeordneten. Ungefährlich ist sein Auftritt nicht. Vor dem Parlament in Athen wird demonstriert, wütend werden Europa-Flaggen zerrissen und in Brand gesetzt. Was Martin Schulz sieht, ist erschütternd. »Es gibt eine irre Situation in Europa«, bemerkt er auf dem Weg in die griechische Volksvertretung.[52] 26 von 27 Ländern seien für zusätzliche Hilfen an Griechenland. Eine Regierungschefin sei dagegen. Er meint die deutsche Bundeskanzlerin Angela Merkel. Sie ist gegen die Aufstockung des dauerhaften Rettungsschirmes ESM, um der griechischen Regierung noch ein Hilfspaket zu gewähren.

Die Rede von Martin Schulz im Parlament ist ausgewogen, verständnisvoll, nicht von oben herab. Er geht auf die Befindlichkeiten des griechischen Volkes ein, und sagt einen klugen Satz: »Nie darf die Hilfe des einen die Würde des anderen infrage stellen.« Er zeigt Verständnis für die Proteste der Bevölkerung über den ihnen auferlegten strikten Sparkurs. Unter den Demonstranten sind Menschen, die hart arbeiten, Rentner, denen eine Kürzung nach der anderen zugemutet wird, und junge Leute, die sich um ihre Zukunft betrogen fühlen. »Griechenland steckt in einer tiefen Rezession, die Menschen brauchen endlich wieder Hoffnung«, verlangt er und ergänzt kritisch, dass sich die Diskussionen in der EU allzu sehr auf Sanktionen und Sparpakete konzentrierten.[53] Die griechische Sparschraube werde immer enger gedreht, was die Lage noch verschlechtere. »Europa ist keine Spargemeinschaft, Europa ist eine Solidargemeinschaft«, ruft Schulz den griechischen Abgeordneten zu und fordert, dass Athen nicht abgerufene Strukturfondsmittel erhalten solle, um die Wirtschaft anzukurbeln und Arbeitsplätze zu schaffen.

---

52 Der Spiegel, 11. März 2012.

53 Zitiert aus dem Redetext, Athen, 28. Februar 2012.

Ungeschoren kommen die Griechen aber auch nicht davon. Der Aufbau einer funktionierenden Verwaltung müsse beschleunigt werden, wofür bereits EU-Gelder bereitstünden, sie müssten nur richtig eingesetzt werden. Der Gast aus Brüssel ermahnt die griechische Regierung, endlich ihre Reformzusagen einzuhalten. Den mitunter harschen Ton aus Athen gegenüber den Partnerländern oder europäischen Politikern kritisiert Martin Schulz als »inakzeptabel und falsch«.

Eindringlich warnt er außerdem vor einem Scheitern des Euros. Damit würde die EU »dramatisch an wirtschaftlichem und politischem Gewicht« verlieren. Im globalen ökonomischen Wettbewerb könne die EU nur als starke Weltregion überleben. Als »zerstrittener Kontinent« werde die EU in die »Bedeutungslosigkeit abgleiten«. Der Parlamentspräsident plädiert energisch dafür, Griechenland in der Eurozone zu halten im Interesse des Landes und Europas, mit der Begründung: »Wir sitzen alle im selben Boot – nur gemeinsam können wir diesen Sturm meistern.«[54]

Nach seinem Auftritt im griechischen Parlament und einem Abendessen mit dem Präsidenten kehrt Martin Schulz nach Brüssel zurück mit der Erkenntnis, »man redet zu viel über die Griechen und zu wenig mit ihnen«. Das nützt aber nichts. Die Lage des schwer verschuldeten griechischen Staates bleibt weiterhin dramatisch, die Auseinandersetzungen zwischen Brüssel, Berlin und Athen nehmen an Schärfe zu.[55]

Im Frühsommer 2012 werden die politischen Karten in der EU neu gemischt. In Frankreich gewinnt der Sozialist François Hollande

---

54 Ebd.

55 Im Februar 2012 stimmt das griechische Parlament einem neuen Sparprogramm zu. In Athen kommt es zu gewalttätigen Ausschreitungen. Im Gegenzug verabschieden die Euro-Finanzminister das zweite Rettungspaket. Neben dem Schuldenschnitt für die privaten Gläubiger erhält Griechenland auch die im Oktober angekündigten Hilfen in Höhe von 130 Milliarden Euro. Für die Kredite aus dem ersten Hilfspaket von 2010 werden die Zinsen halbiert. Der Schuldenschnitt wird am 9. März 2012 wirksam.

die Präsidentschaftswahl, der konservative Staatspräsident Nicolas Sarkozy, mit dem die deutsche Bundeskanzlerin in den vergangenen Jahren eng zusammengearbeitet hat, regiert nicht mehr. »Merkozy«, wie das deutsch-französische Tandem genannt wird, ist Geschichte. In Berlin geht die Sorge um, dass Deutschland nicht mehr länger die Richtung bestimmen kann. Martin Schulz reagiert gelassen: »Merkel wäre isoliert, wenn sie keine Kompromisse mit Hollande eingehen würde.«[56] Eine neue Ära in den Beziehungen zwischen Berlin und Paris ist angesagt, dabei spielt der SPD-Mann im Hintergrund eine wichtige Rolle und bringt Merkel und Hollande immer wieder in kritischen Phasen der Nachbarschaftspolitik zusammen.

Brüssel, 24. Mai 2012:
EU-Sondergipfel zu Wachstum und Beschäftigung

Martin Schulz und François Hollande kennen sich seit Langem, sie sind befreundet und ziehen bei der Lösung der Schuldenkrise an einem Strang. Hollande verlangt einen EU-Sondergipfel zum Thema »Wachstum und Beschäftigung«. Im Wahlkampf hatte er versprochen, den von Angela Merkel hochgehaltenen Fiskalpakt zur Haushaltsdisziplin um eine Wachstumskomponente zu ergänzen. Am 24. Mai treffen sich die EU-Staats- und Regierungschefs zu einem Abendessen in Brüssel. Merkel und Hollande begrüßen sich kühl. Alle Beobachter sind sich einig – auf »Merkozy« wird kein »Merkollande« folgen. Sechs Stunden dauert das Dinner, die deutsche Bundeskanzlerin redet über Strukturreformen zur Belebung der Wirtschaft, der frisch gewählte französische Staatspräsident über Eurobonds. Der neue Chef im Élysée-Palast ist bei seiner Gipfelpremiere der Star des Abends. Zum offenen Konflikt zwischen Merkel

---

56   dpa, 24. Mai 2012.

und Hollande kommt es nicht, doch die deutsche Bundeskanzlerin wirkt angespannt. Gerüchte und Dementis über einen angeblichen Notfallplan für den griechischen Euro-Austritt lösen zusätzliche Nervosität aus. Die beiden großen Länder der EU sind über den richtigen Weg aus der Schuldenkrise, die nicht nur Griechenland immer mehr in den Abgrund zieht, weiterhin gespalten.

Auch wenn das Brüsseler Treffen ohne konkrete Beschlüsse zu Ende geht – wie so oft –, Martin Schulz bewertet den Ablauf positiv und stellt einen Paradigmenwechsel bei der Bewältigung der Krise fest: »Der Gipfel ist der 24. seit Beginn der Wirtschafts- und Finanzkrise und der erste, der sich jetzt wirklich mit Wachstum und Beschäftigung auseinandersetzt.«[57] Inzwischen gebe es Länder wie Spanien und Griechenland, »in denen 50 Prozent der jungen Menschen ohne Arbeit sind. Das zerstört die Demokratie«, stellt Schulz besorgt fest.

Tatsächlich zeigt sich täglich in ganz Europa, dass die Krise nicht vorüber ist: Italien, Portugal und Spanien rutschen Anfang 2012 in die Rezession und der Euro-Austritt des binnen kürzester Zeit wieder vor Neuwahlen stehenden Griechenlands ist mittlerweile ein »reales Szenario«. Ob Europa den Spagat zwischen Sparkurs und Wachstumspolitik schafft oder weiterhin lieber über die richtige Strategie streitet, hält die EU-Spitzenpolitiker auf Trab.

Berlin, 24. Mai 2012:
Rede an der Humboldt-Universität

Martin Schulz denkt mitten in der Krise und in einer der schwierigsten Phasen der europäischen Entwicklung in den vergangenen Jahrzehnten intensiv über einen »demokratischen Neustart der EU« nach. Er formuliert ein »Zehn-Punkte-Programm« und stellt dieses

---

57 AFP, 24. Mai 2012.

am 24. Mai in einer Rede an der renommierten Humboldt-Universität zu Berlin vor. Zuletzt haben hier schon einige Europa-Politiker programmatische Erklärungen über die Zukunft der Europäischen Union abgegeben und Impulse gesetzt.

Schulz ist empört, dass nicht mehr Parlamente und Regierungen die Bedingungen für politisches Handeln vorgeben, sondern internationale Ratingagenturen, die ganz unverhohlen Staaten mit ihrem Bankrott drohen. Das führe bei vielen Menschen zu der Annahme, diese Kräfte regierten die Welt und nicht etwa demokratisch legitimierte Politiker. Dieser Eindruck dürfe nicht zugelassen werden, deshalb sei er überzeugt, dass »wir den Primat der Politik zurückgewinnen müssen«.[58] Diese Rückeroberung von politischer Souveränität werde nur durch »mehr Europa« erreicht, ist Schulz überzeugt. Denn nur eine ökonomische und politische Macht bestehend aus mehr als 500 Millionen Europäern habe im 21. Jahrhundert eine Chance. Weder 82 Millionen Deutsche noch 510.000 Luxemburger allein würden im globalen Wettbewerb der Regionen bestehen. »Kurz gesagt: Wir werden unsere Demokratie nur mit und durch Europa verwirklichen können. Und umgekehrt: Scheitert Europa, scheitert auch die Demokratie. Und dafür muss die EU, wie wir sie heute kennen, selbstverständlich verändert werden.« Selbstkritik ist ein erster Schritt: Martin Schulz zitiert eine vernichtende Beschreibung der EU des Filmemachers Wim Wenders: »Aus der europäischen Idee wurde die Verwaltung, und jetzt betrachten die Menschen die Verwaltung als die Idee.«

Einen Seitenhieb verteilt Schulz auch erneut gegen die Staats- und Regierungschefs und ihren Ansatz, die Finanz- und Schuldenkrise mit einer »Vergipfelung« lösen zu wollen. »In den vergangenen zwei Jahren wurden durch eine Inflation von Treffen der Regierungschefs

---

58   Manuskript der Rede des Präsidenten des Europäischen Parlaments an der Humboldt-Universität zu Berlin: Das demokratische Europa. Zehn Punkte für einen demokratischen Neustart der EU, Berlin, 24. Mai 2012.

immer mehr legislative Entscheidungen vorweggenommen.« Zum ersten Mal vollziehe sich durch die »Selbstermächtigung des Rates« ein »Abbau der Demokratie«, wie auch der deutsche Philosoph und Soziologe Jürgen Habermas kritisiert.

Martin Schulz bezeichnet dieses Vorgehen der Staats- und Regierungschefs als »Unionsmethode« im Gegensatz zur Gemeinschaftsmethode, an der der Europäische Rat, die Kommission und das Parlament gleichermaßen beteiligt sind. Hinzu komme, dass das Verfahren nicht einmal »effizient« sei, weil sich im Rat alle gegenseitig blockierten und vor allem ihre nationalen Interessen im Auge hätten. »Diese Effizienz können Sie seit zwei Jahren bewundern. Jahre, in denen Europa tiefer und tiefer in die Krise geschlittert ist.«

Nach seinem Prolog erklärt Martin Schulz im Detail sein »Zehn-Punkte-Programm für einen demokratischen Neustart der EU«:

1. Demokratie braucht Öffentlichkeit

Entscheidungen müssen öffentlich debattiert werden. Geheimverhandlungen und ein generelles Misstrauen gegenüber der Bevölkerung zerstört die Demokratie. Als Beispiel führt Schulz die Geheimverhandlungen vieler Regierungen über ACTA (Anti Counterfeiting Trade Agreement, »Anti-Piraterie-Abkommen«) an, eines internationalen Abkommens über die künftigen Copyright-Regeln mit weitreichenden Auswirkungen auf die freie Gesellschaft. Die Maßnahmen zum Schutz geistigen Eigentums sollen dadurch – auf Kosten der Bürgerrechte – verschärft und ausgebaut werden. Nach Protesten der Internet-Community und auch vieler anderer Bürger unterzeichneten 2,5 Millionen Menschen eine Petition gegen ACTA und übergaben sie nicht den Staats- und Regierungschefs, sondern dem Europäischen Parlament. Das Abkommen zur Bekämpfung von Produktfälschungen ist am Widerstand der Europa-Abgeordneten gescheitert. Das Abstimmungsergebnis Anfang Juli 2012 fiel letztlich klarer aus als erwartet.

2. Demokratie braucht Streit

Offenheit und Sichtbarkeit brauchen Streit – das ist die Devise. Martin Schulz will den Streit führen, sowohl innerhalb der europäischen Volksvertretung als auch mit den anderen EU-Institutionen, wie dem Rat und der Kommission. Zu oft wird das Parlament als Konsensmaschine wahrgenommen. Nach den verfassungsmäßigen Vorgaben ist das Parlament aber vor allem dann stark, wenn mit großen Mehrheiten Gesetze beschlossen werden. Das schließt politischen Streit zu oft aus, Martin Schulz kennt dieses Dilemma. Er will daher die Streitkultur durch die Einladung von Staats- und Regierungschefs ins Plenum fördern. Ganz bewusst habe er gleich einen Tag nach seiner Wahl den umstrittenen ungarischen Ministerpräsidenten Viktor Orbán zu einer Aussprache nach Straßburg gebeten. »Das war eine Sternstunde für den europäischen Parlamentarismus, eine Sternstunde, in der sich der ungarische Regierungschef einer Opposition gegenübersah, die er so bei sich zu Hause nicht mehr vorfindet«, erklärt Schulz seiner Zuhörerschaft.

3. Demokratie braucht Gewaltenteilung

Mit diesem Punkt spricht Schulz das Demokratiedefizit der Europäischen Union an. Seit Jahren werden Rechte von der nationalen Ebene auf die EU-Ebene übertragen, enthalten dieser aber wesentliche Teile des Modells der Gewaltenteilung vor. Das Manko könne durch ein volles Initiativrecht des Europäischen Parlaments korrigiert werden, was nicht einmal einer Vertragsänderung bedürfe, »wenn die Kommission sich politisch selbst verpflichtet, sich die Initiativen des Parlaments anzueignen. Das ist pragmatische Politik«, sagt Schulz.

4. Demokratie braucht Parteien

Hier verlangt Martin Schulz die Europäisierung der Wahlkämpfe, und damit auch die gegenseitige Unterstützung der Kandidaten durch die jeweilige Parteienfamilie. Auf diese Weise würden nationale Parteien über ihren nationalen Tellerrand hinausschauen. Bestimmte grenzüberschreitende Themen, wie Umwelt oder Klimaschutz, könnten in europäischen Parteiprogrammen behandelt werden.

5. Demokratische Wahlen müssen etwas entscheiden

Diese Forderung ist ganz zentral für Martin Schulz. Der bei vielen Bürgern vorherrschende Eindruck, bei den Wahlen zum Europäischen Parlament gehe es um nichts, will er nicht akzeptieren. In seiner Rede in Berlin verlangt er zum ersten Mal öffentlich, dass die europäischen Parteien für die Europawahl 2014 jeweils ihren europaweiten Spitzenkandidaten aufstellen, der für den Posten des Kommissionspräsidenten kandidiert. Kommissionspräsident oder Kommissionspräsidentin wird nach der Wahl der- oder diejenige mit einer Mehrheit im Parlament. Damit sollen die Wähler eine Auswahl an Personen haben, die mit unterschiedlichen Programmen in einen europaweiten Wahlkampf ziehen, und sich wiederum klar unterscheidbare Alternativen für eine EU-Politik herauskristallisieren. »Denn nichts ist unpolitischer als die These, Europa ist alternativlos. Richtiger muss es bei einer Europawahl heißen: Welches Europa wollen wir?«

6. Demokratie braucht Zivilgesellschaft

Eine Zivilgesellschaft, die EU-weit aktiv wird, ist das Ziel von Schulz. Einzelne Elemente gibt es schon: Am 1. April 2012 wurde etwa die Europäische Bürgerinitiative eingeführt, bei der Unionsbürger via Petition grenzüberschreitend Unterschriften sammeln und ein Gesetzgebungsverfahren bei der EU-Kommission anstoßen können. Hierfür müssen innerhalb von zwölf Monaten insgesamt eine Million gültige Unterstützungsbekundungen in einem Viertel aller EU-Mitgliedstaaten gesammelt werden. Längst gibt es Zusammenschlüsse in Europa, europäische Betriebsräte in internationalen Unternehmen und multinationale Nichtregierungsorganisationen.

Sie alle haben das Potenzial, Kampagnen für oder gegen etwas zu initiieren. Schulz empfiehlt zur Stärkung der europäischen Zivilgesellschaft ein freiwilliges europäisches Jahr für junge Menschen und einen verstärkten Schüler- und Studentenaustausch sowie den Austausch von Journalisten. So kann europäische Erfahrung hautnah erlebt und weitergegeben werden. Für den Redner ist es wichtig zu betonen, dass es eine neue Begründung für das europäische Projekt braucht. »Für die Älteren unter uns ist die Erfahrung der europäischen Kriege Motivation und Anlass gewesen, dieses gemeinsame Europa aufzubauen. Die jungen Leuten verlangen aber zu Recht eine neue, eine in die Zukunft gerichtete Begründung.«

7. Demokratie braucht Medien

Nicht nur die klassischen Medien (Print, Fernsehen und Hörfunk), sondern vor allem die sozialen Medien tragen verstärkt zu einer europäischen Öffentlichkeit bei. »Eine positive Nebenerscheinung der Krise ist, dass wir uns mehr für unsere Nachbarländer zu interessieren beginnen: Wann dort in Rente gegangen wird, wie hoch die Jugendarbeitslosigkeit und die Staatsverschuldung sind und wie es mit der Wettbewerbsfähigkeit aussieht, sind Fragen, die Schulz als Beispiele anführt. Medien würden dazu beitragen, dass »mittlerweile von einer existierenden europäischen Innenpolitik gesprochen werden kann«.

8. Demokratie braucht Grundrechte

Der Grund- und Menschenrechtsschutz sind konstitutive Elemente der Europäischen Union. Der Schutz vor unberechtigten staatlichen Eingriffen in die Freiheit der Bürger, die sozialen und wirtschaftlichen Grundrechte und der Schutz vor Diskriminierung sind in der europäischen Grundrechtecharta enthalten. Sie sind geltendes Recht und werden vom Europäischen Gerichtshof angewandt. »Und das Europäische Parlament schützt die Bürger auch dann, wenn nationale Parlamente dies nicht mehr können«, erklärt Schulz. Beim

SWIFT-Abkommen zur Weitergabe von Bankdaten im Rahmen der Terrorismusbekämpfung beispielsweise habe das Europäische Parlament seine Macht gezeigt. Mit einem Nein der Mehrheit der Abgeordneten wurde eine Regelung gekippt, die US-Behörden Eingriffsmöglichkeiten in sensible Finanzdaten von Unionsbürgern gegeben hätte. Kein nationales Parlament verhinderte diesen hinter verschlossenen Türen ausgehandelten Deal. »Und das haben wir getan: Wir sagten Ja zur Terrorabwehr, aber Nein zu massenhafter Datenschnüffelei.«

9. Demokratie braucht Hoffnung

Bei Besuchen in den Krisenstaaten Griechenland und Spanien erfährt Schulz in vielen Gesprächen von der Hoffnungslosigkeit der Menschen, die keine Arbeit mehr haben, deren Pensionen gekürzt und Sozialleistungen gestrichen worden sind. Er spricht von einer »Hoffnungs- und Perspektivlosigkeit, die systemrelevant sind«. Die ILO (International Labour Organization) sieht eine »verlorene Generation« heranwachsen. Für den Parlamentspräsidenten sind Langzeitarbeitslosigkeit, absolute Armut, der Ausschluss von Bildung und Kultur Faktoren, die die Demokratie zerstören können.

10. Demokratie braucht institutionelle Klarheit

Schulz verlangt mittelfristig für ein demokratisches Europa eine institutionelle Klarheit: »Eine europäische Regierung, die heute noch Kommission heißt. Eine erste parlamentarische Kammer, das Europäische Parlament. Eine zweite Kammer, bestehend aus nationalen Regierungen, die sich heute noch Rat nennt. Und ein europäisches Gericht, das den Grundrechtsschutz auf europäischer Ebene überwacht.« In dem System des Spitzenkandidaten sieht er eine neue Qualität der Wahl des Kommissionspräsidenten, eine Art europäischer Regierungschef. Die Vereinigten Staaten von Europa sind für Schulz kein Modell. »Wir werden ein Hybridwesen bleiben, eines, das regionale, nationale und europäische Bezüge hat. Spätestens beim Fußball werden wir immer wieder daran erinnert.«

Das demokratiepolitische Manifest von Martin Schulz endet mit der Feststellung, dass »die Europäische Union der Versuch im globalisierten 21. Jahrhundert ist, unser soziales Gesellschaftsmodell angesichts neuer aufsteigender Mächte zu wahren. Der Versuch, Europas Abstieg zu verhindern. Die Europäische Union ist auch der Versuch, unsere Demokratie zu bewahren.«

Brüssel, 28. Juni 2012:
Treffen des Europäischen Rates

Martin Schulz rüstet sich für den nächsten Kampf. Er kommt überpünktlich zum Treffen der Staats- und Regierungschefs, er ist angespannt und will seinen Ärger loswerden. Ihm ist zu Ohren gekommen, dass diese eine Viergruppe beauftragt haben, um künftige Krisen zu vermeiden. Ein Masterplan zur Zukunft Europas soll erarbeitet werden, der einen langfristigen Umbau von Europäischer Union und Währungszone umfasst. Mitglieder dieser »Viererbande« sind Kommissionspräsident José Manuel Barroso, Ratspräsident Herman Van Rompuy, Mario Draghi, der Chef der Europäischen Zentralbank, und der Vorsitzende der Euro-Gruppe, Luxemburgs Regierungschef und Finanzminister Jean-Claude Juncker. Wer nicht dabei ist, ist das Europäische Parlament. Vergessen oder bewusst nicht eingeladen wurde Parlamentspräsident Martin Schulz.

Vor Beginn des Ratstreffens spricht Schulz mit François Hollande, der das Anliegen seines Freundes versteht. Die Sitzung beginnt, Martin Schulz nimmt neben dem Präsidenten des Europäischen Rates Platz. Sein Gesicht hat die Farbe seiner roten Krawatte angenommen, so aufgebracht ist er über seinen Ausschluss aus der Viergruppe. »Es ist nicht akzeptabel, dass die einzig direkt gewählte

EU-Institution, die Stimme der Bürgerinnen und Bürger in Europa, von der Debatte über die Zukunft der EU ausgeschlossen wird«, warnt er die Anwesenden. Er habe kein Verständnis dafür, dass die Krise ausgenutzt werde, um im Herzen des neuen Europas einen Autoritarismus zu installieren. Er wisse zwar, dass man in Krisenzeiten schnell und entschieden handeln müsse, das sei aber kein Grund, das Parlament nicht zu beachten. »Der Notfall wird zur Regel erklärt«, wirft er den EU-Granden vor. Er sei entschieden dagegen, in der »Schuldenkrise immer mehr Entscheidungen in parlamentsfreien Zonen zu treffen«, dies sei für das Europäische Parlament »nicht mehr hinnehmbar«, mit diesem Demokratieverständnis der Staats- und Regierungschefs könne er nichts anfangen.[59] »Die Politik in Europa wurde in den letzten Monaten zu oft vom vermeintlichen Diktat der Märkte getrieben«, sagt Schulz zu Beginn des EU-Gipfels in seiner Rede. Darauf habe schnell und »unter enormem Druck und Zwang« reagiert werden müssen. »Doch allzu oft ging das auf Kosten des Vertrauens der Menschen und auf Kosten der parlamentarischen Mitwirkung.«

Die Staats- und Regierungschefs verstehen den Protest. Die Vierergruppe zur Zukunft Europas heißt fortan »4 plus 1«. Ein kleiner Erfolg für Martin Schulz.

Brüssel, 22. November 2012: Kampf um die Finanzen

Der Anruf von Kommissionspräsident José Manuel Barroso erreicht Schulz während der Parlamentswoche in Straßburg, genauer gesagt am 21. November, einen Tag vor Beginn des Sondertreffens der Staats- und Regierungschefs zur großen Finanzschlacht. Das silbergraue Uralt-Handy aus dem Jahr 2002 – es könnte aus

---

59 Der Spiegel, 11. März 2013; AFP, 28. Juni 2012.

demNokia-Museum stammen – läutet leise. Schulz hebt ab und Barroso erzählt aufgebracht, dass der britische Premier David Cameron und Bundeskanzlerin Angela Merkel deutlich die Mittel für den mehrjährigen Finanzrahmen von 2014 bis 2020 kürzen wollten, und zwar um 30 Milliarden Euro. Schulz und Barroso sind nicht die engsten Freunde, aber in diesem Punkt sind sie sich einig: »Das geht nicht. Das macht die EU kaputt«, sagt Schulz. Telefonate mit den politisch Verbündeten folgen, auch mit dem französischen Staatspräsidenten François Hollande, der von Kürzungen für seine Bauern nichts wissen will.

Der Parlamentspräsident ruft im Anschluss die Fraktionschefs zusammen, mit jedem einzelnen stimmt er sich ab und holt sich so die politische Unterstützung für seine Strategie, beim Gipfel mit einem Veto gegen ein rigides Sparbudget zu drohen. Die Vorsitzenden der großen politischen Gruppen im Parlament sehen das genauso wie Schulz, er bekommt also Rückendeckung und kann gestärkt in die Schlacht gegen die Spitzenpolitiker ziehen. »Das kann ein großer Moment in der Geschichte des Parlaments werden. Eine Sternstunde«, hofft Martin Schulz.

Großbritannien hat seine Sparvorschläge für das EU-Budget faktisch mit einem Ultimatum verknüpft. Das britische Unterhaus hat Cameron in einer nicht bindenden Erklärung aufgefordert, entweder über seine bisherigen Kürzungsforderungen hinauszugehen oder ansonsten den Haushaltsplan zu boykottieren.

Schulz warnt die EU-Partner, Cameron nachzugeben. Das Europäische Parlament pocht auf eine Erhöhung der Finanzmittel, um die Folgen der Schuldenkrise aufzufangen. Für den Tory-Mann aus London ist das kein Argument, das von der EU-Kommission vorgeschlagene mehrjährige Budget in Höhe von insgesamt 1.092 Milliarden Euro anzunehmen, in dem 58 Milliarden an Verpflichtungen für Programme wie den Europäischen Entwicklungsfonds, den Kernfusionsreaktor ITER, Krisenreserven für die

Landwirtschaft, die Außenpolitik und den Europäischen Globalisierungsfonds enthalten sind. Die Summe findet Cameron »aberwitzig«, er werde für ein »sehr hartes Ergebnis eintreten« und den Briten-Rabatt von 3,6 Milliarden Euro verteidigen. Er hat damit nicht nur Angela Merkel auf seiner Seite, sondern auch einige andere Nettozahler der EU wie Schweden, die Niederlande und Österreich. Diesen Ländern ist der Kommissionsentwurf um mindestens 100 Milliarden Euro zu teuer.

Der EU-Ratspräsident empfiehlt daraufhin beim außerordentlichen Gipfeltreffen am 22. und 23. November eine Kürzung um 75 Milliarden Euro.[60] »Das ist nicht hinnehmbar«, sagt Schulz und wird dabei in seiner Haltung nicht nur von der großen Mehrheit der EU-Abgeordneten unterstützt, sondern auch von einer Gruppe von Nobelpreisträgern und einer Petition, die von 131.000 Bürgern unterschrieben wurde. »Keine Kürzungen des EU-Budgets in der Wissenschaft«, lautet ihr Aufruf. Tim Hunt, Nobelpreisträger im Jahr 2001 und Mitglied des Europäischen Wissenschaftsrates, erklärt in Brüssel: »Es wäre ein Fehler, die Finanzierung für Forschung und Entwicklung zu kürzen. Das würde nicht nur Tausende Wissenschaftler treffen, sondern auch zu einer Abwanderung hochqualifizierter Kräfte in die USA führen. Europa kann es sich nicht leisten, seine talentiertesten Wissenschaftler und Ingenieure zu verlieren.«

Das Gipfeltreffen in Brüssel scheitert, zu weit liegen die Positionen auseinander, die Differenzen sind unüberbrückbar. Schulz verstärkt seine Veto-Drohung gegen Kürzungen des EU-Finanzrahmens von 2014 bis 2020. »Je weiter sich der Vorschlag der EU-Regierungschefs von dem Kommissionsentwurf entfernt, desto wahrscheinlicher ist, dass er abgelehnt wird.« Das Europäische Parlament verlangt ein höheres Budget mit Blick auf das Funktionieren

---

60   Der Haushalt der EU von 2007 bis 2013 lag be 993,6 Milliarden Euro.

der Gemeinschaft mit bald 28 Mitgliedern und neuen Aufgaben. Die Warnung von Schulz ist deshalb relevant, weil das Europäische Parlament dem Mehrjahres-Budget zustimmen muss. Die EU-Regierungen sind also auf einen Kompromiss mit dem Parlament angewiesen. Im Februar 2013 geht der Kampf von Schulz für ein höheres EU-Budget weiter.

Oslo, 10. Dezember 2012:
EU erhält den Friedensnobelpreis

Griechenlandhilfen, leere Staatskassen, Finanz- und Schuldenkrise, Megastreit über den mehrjährigen EU-Haushalt und keine Einigung über die Bankenaufsicht in Sicht: Martin Schulz fliegt mit gemischten Gefühlen nach Oslo, er ist sehr nachdenklich, von Feierstimmung kann keine Rede sein: »Ich habe neunzehn Jahre in die Europapolitik investiert. Aber mit der Zeit habe ich das Vertrauen, dass es gut wird mit Europa, verloren«, bemerkt er am Vorabend der Verleihung des Friedensnobelpreises an die Europäische Union.[61] In der Bar des noblen Grandhotels bedauert er, dass es keine Politiker mehr gebe, die mit Feuer für Europa kämpften und ihr persönliches Schicksal mit dem Europas verknüpften. Die Generation von Helmut Kohl und François Mitterrand ist längst vorbei. »Ich habe mir als alter Sozi niemals träumen lassen, dass ich einmal Sehnsucht nach Helmut Kohl haben werde«, sagt Schulz und geht zu Bett.[62]

Seiner Reise in die norwegische Hauptstadt sind kleinliche Auseinandersetzungen zu folgenden Fragen auf höchster EU-Ebene vorausgegangen: Wer fährt nach Oslo? Wer nimmt den Nobelpreis entgegen? Wer hält die Rede? Wer bekommt das Preisgeld? Und

---

61 Der Spiegel, 11. März 2013.

62 Ebd.

wofür wird es ausgegeben? Wie es typisch für die EU ist, wird ein Kompromiss gefunden: Alle drei Präsidenten fliegen stellvertretend für alle EU-Mitgliedsländer nach Norwegen. Parlamentspräsident Martin Schulz, Ratspräsident Herman Van Rompuy und Kommissionspräsident José Manuel Barroso. Schulz als höchster Vertreter der europäischen Bürger bekommt die Auszeichnung überreicht, eine goldene Medaille in einer kleinen Schatulle. Van Rompuy und Barroso halten danach die Ansprachen.

Der Ratspräsident wollte, dass alle 27 Staats- und Regierungschefs teilnehmen, gekommen sind laut Nobelpreiskomitee 18, darunter die deutsche Bundeskanzlerin Angela Merkel und ihr österreichischer Amtskollege Werner Faymann. Demonstrativ erteilt der britische Premier David Cameron der Einladung eine Absage: »Dort werden genug Leute sein, um den Preis abzuholen«, begründet er sein Fehlen mit einem ironischen Unterton. Die Zuerkennung des Preises kommentiert der EU-Skeptiker aber mit keinem Wort. Dezidiert ferngeblieben ist den Feierlichkeiten auch der EU-Gegner Václav Klaus, Tschechiens Staatspräsident. Schwedens Regierungschef Fredrik Reinfeldt war anderweitig beschäftigt, ebenso Luxemburgs Ministerpräsident Jean-Claude Juncker, Sloweniens konservativer Regierungschef Janez Janša und der zypriotische Präsident Dimitris Christofias.

Am Tag der festlichen Zeremonie ist Martin Schulz besser gelaunt. Im Rathaus nimmt er die bedeutende internationale Auszeichnung und ein Diplom entgegen. Beide werden im Foyer des Ratsgebäudes in Brüssel – gut sichtbar für jeden Besucher – im Namen der Europäischen Union aufbewahrt. Als Nobelpreisträger erhält die EU auch ein Preisgeld in Höhe von acht Millionen schwedischen Kronen, das sind umgerechnet zum damaligen Kurs rund 930.000 Euro. Das Geld kommt Hilfsprojekten für Kinder in Kriegen oder Konflikten zugute.

Begründet wird die Entscheidung des Nobelpreiskomitees damit, dass die EU und ihre Vorläufer »mehr als sechs Jahrzehnte zur

Verbreitung von Frieden und Aussöhnung, Demokratie und Menschenrechten in Europa beigetragen haben«. Gedacht ist die Würdigung durchaus auch als gezielter Ansporn, angesichts der aktuellen Krisenlage weiter an das Projekt der Europäischen Union zu glauben und sich des Erreichten zu besinnen. Der Vorsitzende des norwegischen Nobelpreiskomitees, Thorbjørn Jagland, spricht von einem »Appell, Lösungen zu finden und die EU nicht auseinanderfallen zu lassen«. In mehr als sechzig Jahren des Bestehens der EU habe es »Streit und Dramen« gegeben, doch statt zu Krieg hätten sie zu Kompromissen geführt, erklärt er. Die Feierstunde lenkt den Blick auch auf den Zustand des Staatenbundes. In vielen Ländern wachsen Skepsis und Ablehnung gegenüber Brüssel, und immer öfter fällt es den Mitgliedern schwer, an einem Strang zu ziehen.

Vor der Preisverleihung flammt die Diskussion auf, ob die Europäische Union den Friedenspreis überhaupt verdient. Hämische Kommentare erscheinen in internationalen Blättern. Mehrere frühere Preisträger, wie der südafrikanische Geistliche Desmond Tutu, protestieren gegen die Wahl. Die EU sei »eindeutig kein Vorkämpfer für den Frieden«, wie dies der Preisstifter Alfred Nobel in seinem Testament im Sinn gehabt habe, kritisieren sie. Und die Menschenrechtsorganisation Amnesty International wirft der EU vor, dass sie mit ihrer Flüchtlingspolitik »zum Teil selbst zu Menschenrechtsverletzungen beiträgt« und Diskriminierung wie im Fall der Roma in EU-Staaten »oft nicht entschieden genug« bekämpft. Der Leiter des Nobelinstituts beruhigt und entschärft den Disput: »Wir haben den Geist des Testamentes eindeutig erfüllt. Es ist aber unstrittig, dass man nicht alle von Nobel gestellten Bedingungen in einem Jahr vollständig erfüllen muss.«

Auch die wohl prestigeträchtigste aller Auszeichnungen – traditionell am Todestag von Preisstifter Alfred Nobel verliehen – kann nicht darüber hinwegtäuschen, in welch tiefer Krise die Europäische Union derzeit steckt. Martin Schulz hat zwar kein Rederecht, in einer Pressekonferenz im Nobelinstitut, die der Zeremonie voran-geht, weist er jedoch auf die Gefahren für das Friedensprojekt EU durch die Finanzkrise und den zunehmenden Nationalismus hin. Er wolle nicht wie in dem von ihm geschätzten Roman *Buddenbrooks* von Thomas Mann einer dritten Generation nach den »Gründern« und den »Verwaltern« angehören, die »das Erbe verspielt«. Die Preis-verleihung in Norwegen[63], einem Land, dessen Bevölkerung zweimal den EU-Beitritt per Referendum abgelehnt hat, ist überschattet von der Finanz- und Schuldenkrise, dem mangelnden Zusammenhalt innerhalb Europas und dem stärker werdenden Nationalismus. Nach einer Reihe von Interviews mit internationalen Zeitungen und Fern-sehstationen, deren Moderatoren den komplizierten Aufbau der EU mit drei Präsidenten an der Spitze nicht verstehen, gibt es am Abend noch einen Höhepunkt für Martin Schulz.

Hunderte Menschen mit Fackeln in der Hand stehen vor dem Grandhotel, wo traditionell die Gewinner des Friedensnobelpreises untergebracht sind. Sie wollen feiern, wie jedes Jahr. Um 19.00 Uhr treten die drei Herren der EU, Schulz, Barroso und Van Rompuy, auf den Balkon, unter ihnen die Menschenmenge, die verhalten applau-diert, auf der anderen Seite des Platzes befindet sich das norwegische Parlament. Kommissionspräsident Barroso und Ratspräsident Van Rompuy ist die Szene sichtlich unangenehm, sie wenden sich schnell ab und verschwinden hinter dicken Vorhängen.

Das ist der Moment für den Parlamentspräsidenten. Er hebt seine Arme und strahlt über das ganze Gesicht. Die Menschen auf dem Platz spüren seine Freude, seine Leidenschaft und seine Anteil-nahme, die Menge skandiert »EU« und »Europa«. Sie kennen Martin

---

63   Das Königreich Norwegen ist kein Mitglied der Europäischen Union. Die
      wahlberechtigten norwegischen Bürger haben einen Beitritt zur Europäi-
      schen Gemeinschaft 1972 und einen EU-Beitritt 1994 in Volksabstimmungen
      abgelehnt. Norwegen ist durch seine EWR-Mitgliedschaft und die Beteili-
      gung am Schengen-Raum sehr eng mit der EU verbunden.

Schulz zwar nicht, verbinden jetzt mit Europa aber eine Person, die auf dem Balkon tanzt, beide Daumen in die Luft reckt und lacht.

Brüssel, 7. Februar 2013: Budget-Krisengipfel

Die Euphorie über den Friedensnobelpreis verfliegt schnell. Martin Schulz ist seit mehr als einem Jahr im Amt und der stärkste Präsident, den die EU-Institution je hatte. Am 7. Februar, einem nebelverhangenen Wintertag, geht es für ihn wieder um alles, nämlich um die Macht des Parlaments bei den finalen Verhandlungen über den Finanzrahmen von 2014 bis 2020. Die Nettozahler in der EU, angeführt von der deutschen Bundeskanzlerin Angela Merkel und dem britischen Premier David Cameron, wollen ein Sparbudget. In der Nacht ist Schulz bereits informiert worden, dass es ein letztes Angebot gibt: 908 Milliarden Euro für fünf Jahre. »Das ist nicht akzeptabel«, sagt Schulz und telefoniert danach hektisch mit seinen Freunden, allen voran Frankreichs Staatspräsident François Hollande. Die Stimmung ist gereizt, nicht nur, weil das Parlament ein weiteres Mal übergangen worden ist. Zwei Wochen vor dem Budgetgipfel kündigte David Cameron in einer Rede an, dass er – für den Fall seiner Wiederwahl 2015 – ein Referendum über den EU-Austritt des Vereinigten Königreiches bis spätestens 2017 abhalten werde. Später wird als Abstimmungstag der 23. Juni 2016 festgelegt.

Mit ernstem Gesicht kommt Martin Schulz im Ratsgebäude an, in der Hand sein Redemanuskript, das eine letzte Warnung an die Staats- und Regierungschefs beinhaltet. Wenige Tage vor dem EU-Gipfel zeigte er sich neuerlich besorgt über den Zustand der Europäischen Union. »Ich glaube, dass die EU tödlich bedroht ist«, sagte er gegenüber einer deutschen Zeitung.[64] Die EU habe auf breiter

---

64   Bonner General-Anzeiger, 4. Februar 2013.

Front Vertrauen verloren. »Wenn sich Menschen von einem Projekt, von einer Idee abwenden, dann geht das irgendwann seinem Ende entgegen.« Die Malaise der EU sieht Schulz in einem »doppelten Vertrauensverlust, den die EU erleidet«. In der Eurokrise verliere die Union zum einen »das Vertrauen bei den Investoren als erfolgreiche Wirtschafts- und Währungszone. Und sie verliert das Vertrauen der Bürger als die sie schützende und ihre soziale Stabilität bewahrende Macht.« Das unsägliche Hin und Her in der Eurokrise sei ein unrühmliches Beispiel für Führungslosigkeit, das auf den Märkten und bei den Bürgern verheerende Wirkungen entfalte, betont er. Seine Äußerungen geben eine Vorahnung auf das, was sich beim EU-Gipfel am 7. und 8. Februar 2013 zeigen wird. Das Klima zwischen den Staats- und Regierungschefs und dem Europäischen Parlament ist vergiftet. In seiner Rede betont Schulz nachdrücklich, dass er »keinen Defizithaushalt unterschreiben« werde. Hinter ihm stehen die Chefs der vier größten Parlamentsfraktionen: Christdemokraten, Sozialdemokraten, Liberale und Grüne. Allerdings droht Schulz nicht nur mit dem Veto, er bringt auch einen konstruktiven Vorschlag ein: Er plädiert für eine sogenannte Flexibilitäts- und Revisionsklausel. Flexibilität heißt, dass Gelder zwischen den Ausgabenblöcken bei Bedarf hin und her geschoben werden können. Revision bedeutet eine kritische Bilanz der Ausgaben nach zweieinhalb Jahren. »Europa braucht keine Minimalkompromisse, sondern eine moderne Finanzplanung.«

Es ist spät in der Nacht, als Schulz eine Kurznachricht des österreichischen Bundeskanzlers Werner Faymann bekommt mit dem Zwischenstand der Budgetverhandlungen. Wenig später läutet sein Handy: »Der Werner«, sagt Schulz und hebt ab. Er holt tief Luft: »Nicht hinnehmbar.«

Die grundsätzliche Einigung der EU-Staats- und Regierungschefs über den Finanzrahmen von 2014 bis 2020 nach einem nächtlichen Verhandlungsmarathon entspricht nicht den Vorstellungen des Parlamentspräsidenten. Sie sei ein »unglaubliches Täuschungsmanöver«. Hinter verschlossenen Türen hätten die EU-Granden einen Haushalt mit einem Gesamtvolumen von 960 Milliarden Euro beschlossen, tatsächlich würden nur 908 Milliarden Euro für fünf Jahre zur Verfügung stehen. »Das ist ein Defizithaushalt und juristisch verboten«, tobt Schulz.

Diese beiden Summen stellen zwei verschiedene Grundgrößen im EU-Budget dar: Mittel für Verpflichtungen (960 Milliarden Euro) und Mittel für Zahlungen (908 Milliarden Euro). Verpflichtungen stehen für die Gesamtsumme von rechtlich verbindlichen Zusagen der EU zur Finanzierung von Projekten, die innerhalb der Haushaltsperiode eingegangen werden können. Zahlungen stehen dagegen für die Summe der tatsächlich in dieser Periode zu begleichenden Rechnungen. Für den europäischen Steuerzahler sind die Zahlungen besser verständlich, wenngleich das EU-Budget allgemein ein nicht durchschaubares komplexes Zahlenspiel für ihn ist. Für Martin Schulz bedeutet die große Lücke zwischen Verpflichtungen und Zahlungen, dass Zusagen für Projekte gemacht werden, ohne dafür die nötigen Mittel bereitzustellen. Europa bewege sich damit geradewegs auf eine »Defizitunion« zu, kritisiert Schulz. Weil das Parlament keine Zustimmung zum siebenjährigen EU-Haushalt erteilt, folgen wochenlange Verhandlungen zwischen Rat und Parlament.

Brüssel, 27. und 28. Juni 2013: Budget-Kompromiss beim EU-Gipfel

Lange zögert Martin Schulz, ob er bei dem EU-Gipfel einem Budgetkompromiss zustimmen soll. Er tut es letztendlich. Damit ist für ihn zumindest sichergestellt, dass die 908 Milliarden Euro für die nächsten Jahre tatsächlich zur Hand sind mit Verweis auf die von ihm durchgesetzte Flexibilitätsklausel. Diese ermöglicht es gleichsam, mehr Mittel für die Bekämpfung der Jugendarbeitslosigkeit zur Verfügung zu stellen, wenn die für die Jahre 2014 und 2015 bereits beschlossenen sechs Milliarden Euro aufgebraucht sind. In seiner traditionellen Rede zu Gipfelbeginn beklagt der SPD-Politiker eine »Entsolidarisierung« in der Europäischen Union: Für die Bankenrettung habe es 700 Milliarden Euro gegeben, für arbeitssuchende junge Menschen gebe es nur sechs Milliarden Euro für zwei Jahre gegen einen zu Beginn großen Widerstand einiger Länder im europäischen Norden. Der Vergleich unterstreicht einmal mehr, wo die Prioritäten der EU liegen.

Vatikan, 11. Oktober 2013: Privataudienz beim Papst

Anfang Oktober 2013 gerät ein Schlepperboot vor Lampedusa in Seenot, 366 Menschen sterben bei dem Unglück. Wenige Tage später ertrinken erneut 30 Flüchtlinge. Was liegt näher für den Präsidenten des Europäischen Parlaments, als mit Papst Franziskus über die Flüchtlingsfrage, die radikale Neuausrichtung der Asylpolitik und über Europa als Einwanderungskontinent zu reden. Am 11. Oktober ist Martin Schulz bei einer Privataudienz im Vatikan. Er wird protokollarisch wie ein amtierendes Staatsoberhaupt empfangen.

»Ein Vorbild für Europa ist dieser Papst, der keine Angst vor einer multipolaren Welt hat«, sagt Schulz nach dem Gespräch mit Radio Vatikan. Der Papst mache vielen Menschen »mit seiner optimistischen Gradlinigkeit Mut«. »Ich wünschte mir, es hätten mehr Europäer diesen Blick auf Europa, den dieser lateinamerikanische Papst hat. Papst Franziskus sieht in dem Zusammenschluss Europas und der Völker nicht nur friedenspolitisch eine große Chance, sondern auch ein Instrument in der multipolaren Welt, in der wir leben.« Martin Schulz hofft, dass es mehr Europäer gibt, die diese Meinung des Papstes teilen.

Nach der Audienz teilt Martin Schulz mit, dass er mit dem Papst nicht nur über das Flüchtlingsdrama auf dem Mittelmeer gesprochen hat, sondern auch über Fragen der Sozialpolitik. »Die moralische Autorität des Papstes kann uns helfen, den Druck auf die Regierungen der Mitgliedstaaten für mehr Solidarität mit den Ärmsten der Welt zu erhöhen.« In seiner Flüchtlingspolitik müsse Europa eine doppelte Strategie verfolgen: Einerseits sollten Regeln zum vorübergehenden Schutz von Migranten eingeführt werden. Andererseits müsse die EU dringend ein System legaler Einwanderung als Weg diskutieren, um die illegale Migration zu bekämpfen, hinter der kriminelle Banden steckten.

Martin Schulz hat sich mit Papst Franziskus in dem mehr als halbstündigen Gespräch auch über die Bekämpfung der Arbeitslosigkeit sowie über das internationale Finanzsystem unterhalten. »Mit dem Papst haben wir die dringendsten Probleme diskutiert, die Europa belasten.« Der Parlamentspräsident lädt den Papst zu einem Besuch und einer Rede am 25. November 2014 in das Europäische Parlament in Straßburg ein.

Bedenken unter den Europa-Abgeordneten gegen Reden von Religionsführern räumt Martin Schulz mit der Begründung aus dem Weg, dass der Papst ja auch eine profane Funktion hat, nämlich die des Staatsoberhauptes des Vatikans. Außerdem setze er Schwerpunkte bei den Themen, die auch das Europäische Parlament beschäftigten. »Dazu gehören die Bekämpfung der Arbeitslosigkeit, die Flüchtlingsproblematik, das unmoralische Handeln des Finanzsektors, der Schutz von Minderheiten, die Friedenspolitik sowie der interreligiöse Dialog.« Allerdings ist der Besuch von Papst Franziskus kein Novum: Zuletzt hatte Papst Johannes Paul II. im Jahr 1988 vor den europäischen Volksvertretern gesprochen.

Herbst 2013: Auf dem Weg zur Europawahl 2014

»Europa wird demokratisch sein, oder es wird scheitern.«[65] Eindringlicher kann man es nicht mehr sagen. Martin Schulz begreift sehr rasch, welche Chancen der Vertrag von Lissabon – er ist der rechtliche Rahmen der EU – für mehr Demokratie und insgesamt mehr Mitentscheidungsmöglichkeiten für die Bürger bietet. Schulz verlangt daraufhin als erster maßgeblicher EU-Politiker, die neuen Möglichkeiten des Vertrags bei der Wahl des Kommissionspräsidenten zu nutzen und das Prinzip der Spitzenkandidaten einzuführen. Damit schreibt er Geschichte und trickst sogar noch die deutsche Bundeskanzlerin Angela Merkel aus, die lange nichts von diesem Prinzip wissen wollte.

Bisher haben die EU-Staats- und Regierungschefs hinter verschlossenen Türen den Kommissionspräsidenten bestimmt. »Durch dieses vordemokratische Verfahren gab es bislang nur eine geringe Bindung des Kommissionspräsidenten an das Europäische Parlament«, kritisiert Schulz und verlangt eine Änderung.[66] Bei der Europawahl 2014 wird es tatsächlich gesamteuropäische Spitzenkandidaten der großen europäischen Parteienfamilien Europäische Volkspartei, Europäische Sozialdemokraten, Grüne und Liberale geben, die in allen Mitgliedsländern antreten, um sich für das Amt des Kommissionspräsidenten zu bewerben. Kommissionspräsident wird dann der Kandidat oder die Kandidatin, der oder die im Europäischen Parlament eine Mehrheit der Abgeordneten hinter sich versammeln kann. Das ist im Vertrag von Lissabon, Artikel 17, Absatz 7, festgelegt.[67] »Damit könnte die Europawahl 2014 eine echte Wende

---

65 Martin Schulz: Der gefesselte Riese. Europas letzte Chance. Berlin 2013, S. 156.

66 Ebd., S. 172.

67 Lissabon-Vertrag, Artikel 17, Absatz 7: »Der Europäische Rat schlägt dem Europäischen Parlament nach entsprechenden Konsultationen mit qualifizierter Mehrheit einen Kandidaten für das Amt des Präsidenten der

in der europäischen Demokratie einleiten und zur Geburtsstunde wahrhaft europäischer Parteien werden: mit gesamteuropäischen Spitzenkandidaten, gesamteuropäischen Programmen und gesamteuropäischen Wahlkampagnen«, schreibt Schulz.

Die sozialdemokratische Fraktion muss nicht lange überlegen, wen sie für den besten Spitzenkandidaten und Nachfolger von Kommissionspräsident José Manuel Barroso hält: Martin Schulz natürlich. Am 10. Oktober macht Fraktionschef Hannes Swoboda die nüchterne Mitteilung, dass Europas Sozialdemokraten Martin Schulz unterstützen.[68] Jetzt ist klar: Schulz will noch höher hinaus.

Im Gegensatz zur Europäischen Volkspartei starten die Sozialdemokraten sehr früh mit ihrer Kampagne, was den Bekanntheitsgrad von Martin Schulz noch weiter erhöht. Beide Großparteien liegen in den Umfragen Kopf an Kopf. Schulz will gewinnen und gibt umfangreiche Interviews in europäischen Medien, in denen er seine Ziele als Spitzenkandidat absteckt und erklärt, warum er Kommissionspräsident werden will: »Ich möchte die Europäische Union vom Kopf auf die Füße stellen. Europa muss sich auf schwierige Zeiten vorbereiten. Wir sind einem harten interkontinentalen ökonomischen Wettbewerb ausgesetzt, wir stehen unter einem hohen ökologischen Druck. Und innerhalb der Euro-Zone gibt es wirtschaftlich extreme Ungleichgewichte. Dazu kommt eine hohe Jugendarbeitslosigkeit. All diese Dinge möchte ich verändern.«[69]

In den Mittelpunkt der Wahlkampagne stellt er sein Anliegen, den Menschen die Angst vor Europa zu nehmen. »Wir müssen den Leuten sagen: Keiner will euch eure nationale Identität wegnehmen.« Als junger Bursche habe er auch von den Vereinigten Staaten von

---

Kommission vor; dabei berücksichtigt er das Ergebnis der Wahlen zum Europäischen Parlament. Das Europäische Parlament wählt diesen Kandidaten mit der Mehrheit seiner Mitglieder.«

68 APA, 10. Oktober 2013.

69 Süddeutsche Zeitung, 20. Januar 2014.

Europa geträumt. »Aber nach vielen Jahren im Europäischen Parlament weiß ich, dass die Nationalstaaten bleiben. Und dass das gut so ist.«[70] Schulz setzt sich auch vehement dafür ein, Europas Bürgern verständlich zu machen, dass Schluss sein müsse mit der Einmischung der Europäischen Kommission in jede Kleinigkeit auf nationaler, regionaler oder sogar kommunaler Ebene. Umgekehrt müsse aber auch klar sein, dass die EU im Bewusstsein geschaffen wurde, Aufgaben zu erledigen, die der Nationalstaat allein nicht mehr bewältige. »Europa muss den Bürgern dienen«, ist seine Devise im Wahlkampf.

Jerusalem, 12. Februar 2014: Eklat in der Knesset

Martin Schulz steht vor den entscheidenden Wochen seiner europäischen Karriere. In dieser Phase unternimmt er eine Reise in den Nahen Osten und viele fragen sich, wie wird er in Israel auftreten? Wird der Mann, der »gerne die Klappe aufreißt und dabei wenig Rücksicht auf Sensibilitäten nimmt«, seinem Bild als »Haudrauf« gerecht werden oder wird er als besonnener Diplomat agieren?[71]

Es kommt, wie es kommen musste: Die Befürchtungen von Martin Schulz, die er vor seinem Auftritt in der Knesset Journalisten gegenüber geäußert hatte, werden wahr. In einem Gespräch mit Medienvertretern beklagt er die übergroße Empfindlichkeit Israels gegenüber Kritik aus Europa.

Martin Schulz hält vor den Abgeordneten eine israelfreundliche Rede auf Deutsch, übt scharfe Kritik an der israelischen Siedlungspolitik und versetzt damit rechte Abgeordnete in Rage, die daraufhin

---

70   Süddeutsche Zeitung, 20. Januar 2014.

71   Die Zeit, 20. Februar 2014.

den Saal verlassen. In den Augen von Ministerpräsident Benjamin Netanjahu hat Schulz »das Ansehen Israels beschmutzt«.[72]

Was war geschehen? Zunächst bekräftigt Schulz im Jerusalemer Parlament die Solidarität Europas mit Israel. Er spricht die besondere Verantwortung auch eines nach dem Holocaust geborenen Deutschen für Israel an. Er lobt den jüdischen Staat als ein Zentrum der Demokratie. Dann folgt die Kritik an den israelischen Siedlungen in der Westbank, die ein Hindernis für die Friedensverhandlungen seien. Er spricht die zum Teil harten Lebensbedingungen der Palästinenser an, von denen er sich zuvor in Ramallah in Gesprächen mit jungen Menschen ein Bild machte. »Dazu kann ich Ihnen eine Story erzählen«, sagt er den israelischen Abgeordneten. Sie handelt von einem palästinensischen Jungen, der ihn gefragt habe: »Wie kann es sein, dass Israelis 70 Liter Wasser am Tag benutzen dürfen und Palästinenser nur 17?« Er gibt diese Frage in seiner Rede weiter, sagt aber auch, dass er die Zahlen nicht überprüfen konnte.

Martin Schulz ergreift damit Partei für die Rechte der Palästinenser: »Wie Ihr Land auf die Veränderungen reagiert, wird nicht nur die Zukunft der jungen Palästinenser bestimmen, es wird auch über die Zukunft der jungen Israelis entscheiden. Denn ohne Frieden wird es keine Sicherheit geben. Ich bin sicher, dass militärische Macht Ruhe erzwingen kann, aber sie schafft keinen Frieden.« Er verteidigt die Zwei-Staaten-Lösung, die darauf angelegt ist, »dem palästinensischen Volk zu ermöglichen, ein Leben in Würde und Selbstbestimmung zu führen, und Israel die Existenz in Frieden und Sicherheit zu garantieren.« Die Europäische Union würde die Bemühungen der Vereinigten Staaten von Amerika um eine Friedenslösung unterstützen, betont Martin Schulz.

Im Anschluss kommt es im Parlament zu Tumulten. Wirtschaftsminister Naftali Bennett verlässt mit den Mitgliedern seiner

---

72 dpa, 12. Februar 2014.

rechten Siedlerpartei unter »Schande«-Rufen den Saal. Das macht er öfter. Bennett, dessen Partei Friedensgespräche und die angestrebte Zwei-Staaten-Lösung ablehnt, bezichtigt Schulz »eklatanter Lügen«. Der Parlamentspräsident müsse seine Äußerungen zurücknehmen und sich entschuldigen, fordert der Koalitionspartner von Netanjahu. Der Zorn über die europäische Kritik an Israel vermischt sich in solchen Momenten mit den tiefen Verletzungen durch den Holocaust.

Oppositionelle Abgeordnete der politischen Mitte und links davon greifen Bennett, der mit Worten nie zimperlich umgeht, scharf an – und nehmen Martin Schulz in Schutz. Zehava Gal-On von der Meretz-Partei verurteilt besonders die Anspielung auf den Holocaust und die Tatsache, dass Schulz Deutscher ist. »Die Instrumentalisierung des Holocausts, um internationale Kritik abzuwehren, ist nicht nur empörend, sie ist auch absurd«, sagt sie. Die meisten Berichterstatter israelischer Medien verteidigen den SPD-Politiker. In einem Kommentar in der liberalen Zeitung *Haaretz* bedankt man sich bei ihm sogar für seine offenen Äußerungen.

Auch Oppositionschef Izchak Herzog von der Arbeiterpartei stellt sich hinter Schulz: »Das Verhalten der (rechten) Abgeordneten ist beschämend und skandalös.« Martin Schulz verteidige Israel auch im Europäischen Parlament, fügt Izchak Herzog hinzu.

Rom, 1. März 2014: Kür zum Spitzenkandidaten

Es ist ein herrlicher Frühlingstag: Im Kongresspalast im Süden von Rom versammeln sich am Morgen des 1. März die Delegierten der Sozialdemokratischen Partei Europas (SPE). Angereist sind auch ein knappes Dutzend Regierungschefs, darunter enge Freunde wie Deutschlands Vizekanzler Sigmar Gabriel und der österreichische Bundeskanzler Werner Faymann. »Mister Europa«, der amtierende

Präsident des Europäischen Parlaments, wird wie ein Star begrüßt. Zum ersten Mal verständigen sich Europas Sozialdemokraten auf einen Spitzenkandidaten für die Europawahl Ende Mai. Martin Schulz ist ihr Kandidat und er ist der einzige Bewerber. Damit ist auch die Kandidatur für das Amt des EU-Kommissionspräsidenten verbunden. Die Roten nutzen wie erwähnt die Möglichkeit, die ihnen der Vertrag von Lissabon bietet: dass das Parlament bei der Ernennung des Kommissionspräsidenten ein entscheidendes Wort mitredet: Jene Partei, die bei der Europawahl gewinnt, nominiert ihren Spitzenkandidaten für den Posten des Kommissionspräsidenten. Demokratisch und transparent soll die Bestellung des mächtigsten Amtes der EU sein.

Der Rückhalt seiner Parteifreunde ist groß: Martin Schulz wird mit 368 Stimmen – bei nur zwei Nein-Stimmen und 34 Enthaltungen (sie kommen vorwiegend aus der britischen Labour-Fraktion) – gewählt. Es ist ein Höhepunkt in seiner bisherigen politischen Karriere. Er freut sich und strahlt über das ganze Gesicht, als das Ergebnis bekannt gegeben wird, eine Welle der Sympathie geht durch den Saal, Genossen gratulieren, fallen einander um den Hals und schwenken Martin-Schulz-Plakate – mittendrin steht der bekannteste EU-Politiker der Sozialdemokraten. »Ich möchte der erste Kommissionspräsident werden, der nicht durch eine Abmachung in einem Brüsseler Hinterzimmer ins Amt kommt, sondern demokratisch gewählt wird«, sagt er in seiner Rede, die er abwechselnd auf Deutsch, Französisch, Englisch und Italienisch hält.

Zwei Themen will er sich als Kommissionspräsident besonders zuwenden: »Meine oberste Priorität sind Arbeitsplätze und die Regulierung der Finanzmärkte.« Das klingt gut und ist Balsam für die Seele der Roten, die sich nichts mehr wünschen, als dass einer der ihren Europas Geschicke lenkt. Eine bessere Kontrolle der Finanzinstitute und ihrer Finanzprodukte sowie endlich die Einführung der Finanztransaktionssteuer sind allesamt eine Kampfansage an die Konservativen. Und für die Unternehmen, die multinationalen Konzerne müsse ein simples Prinzip gelten: »Das Land des Gewinnes ist das Land der Steuer.«

Ganz im Wahlkampfmodus dürfen Slogans nicht fehlen: »Auflagen und Qualen für die Leute, Milliarden für die Banken« – so hätten viele europäische Regierungen auf die Finanz- und Schuldenkrise reagiert. Mit fatalen Folgen: Millionen Arbeitslose in der EU, zunehmende Armut und eine völlige Perspektivlosigkeit für viele jungen Menschen. Jede Regelung in den kommenden Jahren müsse die Frage beantworten: »Was bringt sie? Und wie viele neue Jobs entstehen?«

Am Schluss gibt es rote Rosen und ein Gruppenbild der Regierungschefs mit dem Spitzenkandidaten. Das zeigt auch, welch engmaschiges Netzwerk sich Schulz unter den europäischen Regierungschefs aufgebaut hat. Neben Gabriel und Faymann sind gekommen: der Ministerpräsident von Bulgarien, der französische Premier, die Amtskollegen aus Malta, Belgien, Rumänien und Litauen sowie der niederländische Außenminister und heutige Kommissionsvize Frans Timmermans. SPD-Chef Sigmar Gabriel würdigt Schulz in einer sehr persönlichen Rede als »großartige Persönlichkeit« und »verlässlichen Freund in Politik und Privatleben«. Es gehe darum, den Feinden Europas, die auf dem Vormarsch seien, Einhalt zu gebieten, betont er. Auch die Finanz- und Haushaltspolitik der EU brauche eine Korrektur. »Wir müssen wegkommen von der einseitigen Ausrichtung auf Sparpolitik und Privatisierung«, gibt Gabriel seinen Freunden für den Wahlkampf mit auf den Weg.

Verabschiedet wird auf dem SPE-Parteitag dann ein knappes Wahlkampf-Programm. Darin spielen die von Schulz bereits genannten Punkte Jobs und regulierte Finanzinstitutionen eine zentrale Rolle, auch der Kampf gegen Steuerbetrug, Steuerhinterziehung und der Wettlauf um möglichst niedrige Steuern stehen auf der Agenda. Eine deutliche Absage (»klarer Fehlschlag«) erfährt die sogenannte

Troika aus Vertretern der Europäischen Zentralbank, des Internationalen Währungsfonds und der EU-Kommission zur Kontrolle Griechenlands. Ein neues System müsse dem schwer verschuldeten Land helfen und nicht die in Hellas verhasste Troika.

Als überzeugter Europäer träumt Martin Schulz schon lange von einem europaweiten Schlagabtausch der politischen Parteienfamilien und dem System der Spitzenkandidaten. Er will die große europäische Bühne und auch die Einmischung in nationale Wahlkämpfe.

Die Forderung von Martin Schulz, dass sich Politiker grenzüberschreitend bei Wahlkämpfen engagieren sollten, ist nicht neu, auch wenn sie manchen Parteifreunden nicht passt. So verteidigte Schulz im Jahr 2012 vehement den Auftritt von Bundeskanzlerin Angela Merkel im französischen Wahlkampf. Staatspräsident Nicolas Sarkozy strebte damals eine zweite Amtszeit an, sein Herausforderer war der Sozialist François Hollande.

In Berlin kündigte die Parteizentrale der CDU offensiv an, dass sich Bundeskanzlerin Angela Merkel »aktiv« in den französischen Präsidentschaftswahlkampf einschalten will. Es sei in befreundeten Parteienfamilien üblich, dass man sich grenzüberschreitend unterstütze, sagte Merkel bei einem deutsch-französischen Ministerrat am 7. Februar 2012 in Paris.[73] Die französischen Sozialisten schäumten. Das Vorhaben Merkels löste umgehend eine Debatte aus über die Frage, wo endet in Europa die Regierungsarbeit und wo fängt der Wahlkampf an? Leichtfallen werde es den Sozialisten aber nicht, Merkels Wahlkampfhilfe anzunehmen. Schützenhilfe bekam die deutsche Bundeskanzlerin und CDU-Vorsitzende ausgerechnet aus einer unerwarteten Ecke: Ausdrücklich begrüßte der neue Präsident des Europäischen Parlaments, der SPD-Politiker Martin Schulz, die Wahlkampfunterstützung. »Das halte ich für einen ganz normalen

---

73   Reuters, 7. Februar 2012.

Vorgang«, sagte er bei einem Parteitreffen in Berlin.[74] Auch die Sozialdemokraten würden Hollande helfen. »Es ist doch völlig klar, dass die französische Präsidentschaftswahl auch die Deutschen etwas angeht, weil sie sich auf ganz Europa auswirkt«, argumentierte Schulz.

Nach diesem Rückblick in das Jahr 2012 steht Martin Schulz selbst in seinem Europa-Wahlkampf, die Wahl findet vom 22. bis 25. Mai in allen Mitgliedsländern statt. Rund 410 Millionen Europäer sind aufgerufen, die Zusammensetzung des neuen Europäischen Parlaments zu wählen.

Es läuft gut für Martin Schulz in diesen Wochen: Die Reise nach Israel hat Schlagzeigen gemacht, in Rom ist gerade sein Buch *Der gefesselte Riese* in italienischer Übersetzung erschienen und im Aachener Rathaus diskutierte er mit dem weltbekannten Historiker Christopher Clark über den Ersten Weltkrieg. Mehr aus tausend Gäste hörten den beiden zu, so einen Andrang und so ein Interesse an einer politischen Veranstaltung hat es in Aachen noch nie gegeben.

Für den Politiker ist die Nominierung zum Spitzenkandidaten bei der Europawahl ein neuer Schritt in einer steilen Karriere. Er wird dadurch auch im Europäischen Parlament gestärkt, seine Führungsqualitäten werden betont, seine Macht und Bekanntheit wachsen weiter und das Parlament wiederum gewinnt ein noch größeres Selbstbewusstsein. Er setzte in seiner ersten Amtszeit als Präsident der europäischen Volksvertretung mehr politische Akzente als seine Vorgänger. Soeben hat er erreicht, dass die Europäische Bankenaufsicht ihr gegenüber zu Transparenz und Rechenschaft verpflichtet ist, nachdem er bei Mario Draghi, dem Chef der Europäischen Zentralban, intervenierte.

Das Europäische Parlament war noch nie so stark wie in der Funktionsperiode von 2012 bis 2014. Das ist zum einen dem Lissabon-Vertrag geschuldet, der dem Parlament mehr Befugnisse einräumt. Es

---

74 Reuters, 7. Februar 2012.

ist zum anderen aber auch ein Verdienst seines Präsidenten, der die Rechte des Parlaments maximal einfordert, umsetzt und zudem medial in ganz Europa präsent ist. Kein Tag vergeht ohne große Interviews, Auftritte in Talkshows und bei Konferenzen. Martin Schulz schätzt die Medienvertreter von Print, Fernsehen und Radio, umgekehrt mögen die Journalisten ihn, weil er rhetorisch brillant formuliert, Dinge kritisch hinterfragt, stets auf den Punkt kommt und Korrespondenten nicht hinhält – wie so manche andere Europapolitiker.

»Die Zahl der Fälle, in denen das Europäische Parlament seinen Fußabdruck in der EU-Gesetzgebung hinterlassen konnte, ist sicher höher als in der vergangenen Periode.« Das ist nicht Eigenlob von Schulz, sondern eine Feststellung der Nichtregierungsorganisation *VoteWatch Europe*.

VoteWatch Europe veröffentlicht im April 2014 eine Liste der wichtigsten Abstimmungen und Beschlüsse zwischen 2009 und 2014: So votierten die Abgeordneten etwa für mindestens 20 Wochen Mutterschutz als sozialer Mindeststandard. Ein Antrag der Grünen auf einen generellen EU-Atomausstieg scheiterte. In einer Entschließung verlangten die Abgeordneten Eurobonds, sie unterstützten den Vorschlag der EU-Kommission einer europäischen Finanztransaktionssteuer – beides zentrale Anliegen von Martin Schulz. Sie forderten mehr Geld im EU-Finanzrahmen bis 2020, mehr eigene EU-Einnahmequellen und dass das Parlament selbst über seinen Sitz entscheiden kann. All dies lehnten die Staaten bislang ab. Das Parlament stimmte für die gemeinsame europäische Bankenaufsicht und billigte eine schärfere Überwachung der Budgets der Staaten durch die EU. Es votierte für die Schaffung des Europäischen Auswärtigen Dienstes, für die Wiedereinführung der Grenzkontrollen im Schengen-Raum in Notfällen und für das geplante, aber umstrittene Freihandelsabkommen mit den USA (TTIP).

Dublin, 7. März 2014:
Jean-Claude Juncker wird Spitzenkandidat der
Europäischen Volkspartei

So glatt wie bei Europas Sozialdemokraten verläuft die Kür Jean-Claude Junckers zum Spitzenmann der Europäischen Volkspartei (EVP) beim Parteikongress in Dublin am 7. März – nur eine Woche nach der Nominierung von Martin Schulz – nicht. Bundeskanzlerin Angela Merkel ist zunächst vom Prinzip der Spitzenkandidaten überhaupt nicht begeistert, weil es die Macht der Staats- und Regierungschefs bei der Wahl des Kommissionspräsidenten einschränkt, zum anderen zögert die CDU-Vorsitzende lange, Juncker an die Spitze zu hieven. Der langjährige luxemburgische Ministerpräsident, Finanzminister und »Mister Euro« gilt Merkel als zu eigenständig, zu selbstbewusst und zu sozial orientiert. Juncker hat in dem französischen EU-Kommissar Michel Barnier auch einen Gegenkandidaten. Doch er gewinnt die Abstimmung, allerdings nicht so hoch wie erwartet. 382 Delegierte votieren für Juncker, 245 für Barnier.

Mit einer Mischung aus Charme und Chuzpe will der Kosmopolit die Gesandten der EVP auf seine Seite ziehen. Der Kampf gegen die hohe Arbeitslosigkeit ist auch für ihn das Hauptthema des Wahlkampfes. Außerdem dürfe sich die EU »nicht in die Kochtöpfe und Essgewohnheiten der Menschen einmischen«, sondern müsse sich auf die wichtigen Dinge konzentrieren. »Zu viel Europa im Kleinen tötet Europa im Großen.« Jean-Claude Juncker kündigt an, als Kommissionspräsident »die Konsensmaschine« der EU zu werden.

Die Krönungsmesse der Konservativen wird durch den in Dublin geborenen Musiker Bono, Leadsänger der irischen Band U2, getrübt, als dieser überraschend das Wort ergreift. Zunächst fordert er, dass aus dem ökonomischen Projekt Europa ein soziales werden müsse, dann sagt er noch, dass auch »Martin Schulz ein großer Europäer«

sei. EVP-Politiker erstarren kurz, offizielle Reaktionen auf das überraschende Schulz-Lob gibt es nicht.

Europa im Wahlkampf:
Konfrontation zwischen Juncker und Schulz

Drei Wochen vor dem Wahltermin Ende Mai gewinnt die Auseinandersetzung zwischen den beiden Spitzenkandidaten von Europäischer Volkspartei und Sozialdemokraten so richtig an Fahrt. Zum TV-Showdown, einem der Höhepunkte des Wahlkampfs, kommt es am 8. Mai 2014 bei einer ORF-ZDF-Koproduktion. Die Zuschauer sind dem TV-Duell zugeschaltet und können Fragen über Facebook und Twitter stellen.

Martin Schulz zeigt sich angriffslustiger und kämpferischer als der luxemburgische Christdemokrat. »Jean-Claude Juncker steht für ein Europa, das hinter verschlossenen Türen tagt«, er selbst stehe für Transparenz. »Ich habe Martin Schulz hinter verschlossenen Türen kennengelernt«, kontert Juncker, um dem Parlamentspräsidenten nicht das Image des Rebellen gegen das EU-Establishment zu überlassen. Das sind die einzigen Attacken beider Kandidaten in der Debatte. In der Außenpolitik – Ukraine, Türkei, Freizügigkeit von Arbeitnehmern aus Osteuropa – gehen die Positionen kaum auseinander. In Fragen der Steuerpolitik gibt es allerdings deutliche Meinungsunterschiede: »Es muss Steuerwettbewerb zwischen den EU-Staaten geben«, sagt Juncker und meint damit wohl auch sein Heimatland, das große Unternehmen mit günstigen Steuersätzen und Steuervereinbarungen anlockt. »Das sehe ich entschieden anders«, erwidert Schulz. »Da werden Betriebe verlagert in ein Land, weil die Steuern niedriger sind.« Davon hätten die Bürger die Nase voll. »Der gegenseitige Wettbewerb der Staaten um die niedrigsten Steuern bringt nur den einen Gewinn: den großen Kapitalbesitzern«, sagt der SPD-Mann. Martin Schulz verspricht, sollte er Kommissionspräsident werden, sein Team jeweils zur Hälfte mit Männern und Frauen zu besetzen.

Die Diskussion zwischen den beiden Kandidaten zeigt eines ganz deutlich: In der Sozial- und Gesellschaftspolitik gibt es so gut wie keine Differenzen zwischen Jean-Claude Juncker und Martin Schulz. In der Wirtschafts- und Steuerpolitik hingegen schon. Letzteres ist die große Bruchlinie zwischen Christdemokraten und Sozialdemokraten.

Rastlos ist Martin Schulz in Europa unterwegs, hektisch durchmisst er den Kontinent und eilt mit seinem Wahltross von einem Event zum anderen. Diesmal ist alles anders, es gibt Spitzenkandidaten und einen EU-weiten Wahlkampf, der erstmals zwischen Stockholm und Palermo, Lissabon und Tallin sowie London und Athen stattfindet. Den Ausschlag für seine Kandidatur, erzählt Schulz, »hat die Krise gegeben«. Oft habe er darüber nachgedacht, wie er es besser machen könne. In dieser Reflexionsphase setzte er sich hin und schrieb sein Buch *Der gefesselte Riese. Europas letzte Chance* mit dem Ziel, ein Programm zur Veränderung der EU zu formulieren. Schulz erzählt darin einfache Geschichten aus seinem Leben, damit treffe er die »Anliegen der normalen Bürger«, sagt er und verknüpft ebenso geschickt Alltagserfahrungen mit politischen Aussagen und Forderungen. Seine Eltern konnten sich erst im Alter den ersten Urlaub leisten, zu Hause habe er immer gehört, die Kinder sollten es einmal besser haben. »Wir fanden das spießig«, gesteht der Sohn. Im Wahlkampf ist es nun sein zentrales Motto: »Früher brachten die Menschen Opfer für ihre Kinder, heute für die Banken. Und die Kinder sind arbeitslos.« Sehr gezielt und emotional spricht Martin Schulz bei all seinen Auftritten und Diskussionen, im Fernsehen, in Schulen, auf Plätzen oder in Fabriken. Eingestreut werden politische Positionen und Pointen: »Die Türkei ist zum jetzigen Zeitpunkt nicht beitrittsreif. Wer Twitter verbietet, versteht die Zukunft nicht.« Schulz bekennt sich zum transatlantischen Freihandelsabkommen TTIP, aber nicht um jeden Preis: »Die USA müssten europäische Standards akzeptieren.« Er lehnt spezielle Schiedsgerichte, bei denen US-Firmen Sonderrechte einklagen können, kategorisch ab. »Sondergerichte wird es mit mir nicht geben.«

Eineinhalb Wochen vor der Wahl erhält der SPD-Spitzenkandidat Unterstützung von einem heterogenen Bündnis aus hundert deutschen Intellektuellen und Künstlern. »Europa steht vor einer Richtungsentscheidung«, heißt es in dem Aufruf, der unter anderem von Schauspieler Mario Adorf, dem Schriftsteller Günter Grass und dem Historiker Heinrich August Winkler unterzeichnet ist. Die Prominenten bekennen sich zu den zentralen Aussagen des SPD-Wahlkampfes und sprechen sich für ein »friedliches, freies, gerechtes, soziales und demokratisches Europa« aus, das sich zudem »nicht abschottet« und sich »Rassismus, Antisemitismus und Homophobie entschlossen entgegenstellt«. Unterstützung kann der Spitzenkandidat gut gebrauchen: Kommentatoren deutscher Medien orten eine Mobilisierungsschwäche in der SPD, letzte Umfragen ergeben, dass die SPD in Nordrhein-Westfalen um zehn Prozentpunkte im Vergleich zur letzten Europawahl zugelegt hat, bundesweit aber bei 27 Prozent liegt. Das wären zwar rund sechs Prozentpunkte mehr als bei der Europawahl 2009, aber nur rund ein Prozentpunkt mehr als bei der Bundestagswahl 2013 (25,7 Prozent). Parteiintern ist ein Ergebnis von 30 Prozent als Ziel ausgegeben worden.

SPD-Parteichef Sigmar Gabriel setzt in den letzten Tagen vor dem Urnengang mehr Hoffnung auf Wahlhilfe für Schulz vom innenpolitischen Gegner als auf die Wirkung des Aufrufs der Intellektuellen. Er nutzt die CSU-Attacken auf Schulz, um den kleineren Koalitionspartner als »politischen Grenzüberschreiter« zu brandmarken. Der Europa-Spitzenkandidat der CSU, Markus Ferber, hatte kritisiert, Schulz habe sich nach seiner Forderung einer offenen EU zum Geschäftsführer von »Schlepperbanden in Afrika« gemacht. Andere CSU-Politiker stichelten, Schulz vertrete keine deutschen Interessen, er sei vielmehr »die Stimme der Schuldnerländer«. Um das ursozialdemokratische Gerechtigkeitsempfinden zu entfachen, schimpft Sigmar Gabriel, Schulz werde wie Willy Brandt als Vaterlandsverräter diffamiert, die CSU übernehme Rhetorik und Polemik der Rechtsradikalen.

Brüssel, 25. Mai 2014: Rechtsruck erschüttert die EU

Im Pressezentrum des Europäischen Parlaments in Brüssel ist am Abend des Wahlsonntags die Stimmung mehr als gedrückt. »Schock«, »Vertrauensverlust«, »Rechtsruck«, das sind die Begriffe, die am häufigsten in den Mund genommen werden, bevor das vorläufige Wahlergebnis bekannt gegeben wird. Die EU-Gegner in Frankreich, Dänemark und Großbritannien schaffen es auf den ersten Platz, auch in vielen anderen Ländern legen rechtspopulistische und nationalistische Parteien zu.

Jetzt geht es darum, das Votum der 410 Millionen Wahlberechtigten aus 28 Mitgliedsländern zu interpretieren. Es ist die Stunde der »Spindoktoren«, Wahlkampfmanager und Parteisprecher. Ihre Aufgabe ist es, Europas transnationales Demokratie-Experiment zu deuten. Immerhin: Das Prinzip der Spitzenkandidaten hat dazu geführt, dass die Wahlbeteiligung nicht weiter gesunken ist, sie liegt im EU-Schnitt bei 42,6 Prozent. Besorgniserregend bleibt das Desinteresse an Europa in den neuen Mitgliedsländern Ost- und Südosteuropas.

Das Ziel, stärkste Partei zu werden, erreichen Europas Sozialdemokraten nicht. Mit dem Wahlergebnis der SPD in Deutschland ist die Partei dennoch zufrieden: Mit ihrem Spitzenkandidaten Martin Schulz kommt sie auf 27,3 Prozentpunkte.

Die Europäische Volkspartei bleibt Nummer eins, auch wenn sie Stimmen verliert und der Vorsprung zur SPE deutlich kleiner geworden ist. Noch will Martin Schulz seinen Plan, Kommissionspräsident zu werden, nicht aufgeben. Eine Vereinbarung der beiden großen Parteienfamilien vor der Wahl gibt der stärksten Fraktion das Vorrecht bei der Suche nach einer Mehrheit im Europäischen Parlament für ihren Kandidaten. So gesehen hat EVP-Spitzenkandidat Jean-Claude Juncker gute Chancen, als Nachfolger von José Manuel Barroso neuer Kommissionspräsident zu werden. Doch alles hängt davon ab, ob die Staats- und Regierungschefs sich daran halten, den Wahlgewinner als Kommissionspräsidenten zu nominieren – und ob es für diesen auch eine Mehrheit im Parlament gibt.

Eines steht jedoch fest: Angesichts der Gewinne der Rechten dürfte nach der Wahl die Große Koalition aus Christdemokraten und Sozialdemokraten im Europäischen Parlament weiterregieren. Europas Sozialdemokraten signalisieren sehr rasch, dass sie für eine Zustimmung zu Juncker auch inhaltliche Zugeständnisse wollen. Ein Sondergipfel der Staats- und Regierungschefs zwei Tage nach der Wahl, am 27. Mai 2014, bringt noch keine Unterstützung für den Wahlsieger Jean-Claude Juncker. Die deutsche Bundeskanzlerin Angela Merkel vermeidet jegliche Festlegung, es könne »keinen Automatismus bei der Nominierung geben«, sagt sie entschlossen, denn dies entspreche nicht den EU-Verträgen. Merkel ist keine Freundin des Spitzenkandidaten-Systems und sie schließt auch aus, Martin Schulz als deutschen Vertreter in die EU-Kommission zu entsenden. Neben Angela Merkel stellen sich auch die Regierungschefs aus Großbritannien, Schweden und Ungarn gegen Jean-Claude Juncker als Kandidat für die Barroso-Nachfolge.

Parlamentspräsident Martin Schulz wird von der sozialdemokratischen Fraktion zum Verhandlungsführer über den zukünftigen Präsidenten der EU-Kommission ernannt. Die Gespräche ziehen sich in die Länge. Beim EU-Gipfel Ende Juni soll es eine Abstimmung über Juncker geben, Briten-Premier David Cameron ist aus innen-politischem Kalkül weiterhin gegen den luxemburgischen Christ-demokraten. Aus Berlin wird indessen signalisiert, dass Martin Schulz Parlamentspräsident bleiben soll. Der politische Deal wird nicht in Straßburg oder Brüssel ausgehandelt, sondern zwischen CDU-Chefin Angela Merkel und dem SPD-Vorsitzenden Sigmar Gabriel. Sie vereinbaren, dass die SPD darauf verzichtet, den deutschen EU-Kommissar benennen zu wollen. Im Gegenzug sagt Merkel zu, dass zumindest die deutschen EVP-Mitglieder den bisherigen Parlaments-präsidenten wählen würden. Europas Sozialdemokraten erwarten, dass Schulz gleich für die gesamte Wahlperiode, also für fünf Jahre, gewählt wird – und nicht wie bisher üblich für die Halbzeit der Legis-laturperiode. Nach zweieinhalb Jahren erfolgt immer das politische Splitting zwischen den beiden großen Fraktionen.

Hinter den Kulissen übt auch die SPD Druck auf Europas Konser-vative und auf Merkel aus. Sie droht, Jean-Claude Juncker nur dann als Kommissionspräsidenten zu wählen, wenn der Europäische Stabilitäts-pakt gelockert wird, um Frankreich und Italien mehr Zeit für Reformen zu geben. »Die SPD ist nicht billig zu haben«, sagt SPD-Parteivize Ralf Stegner.[75] Auf diese SPD-Forderung hin folgt die Ablehnung der Unionsparteien einer fünfjährigen Amtszeit von Martin Schulz. Die Amtszeit des Parlamentspräsidenten wird somit nicht an die fünfjäh-rige Amtszeit des Kommissionspräsidenten angeglichen.

Straßburg, 1. Juli 2014:
Wiederwahl als Parlamentspräsident

Was in Berlin zwischen Angela Merkel und Sigmar Gabriel heimlich ver-einbart wurde, macht Manfred Weber, Chef der EVP-Fraktion, wenige

---

75 Reuters, 23. Juni 2014.

Tage vor der Wahl des Parlamentspräsidenten publik: Er ruft die Mitglieder seiner Fraktion auf, geschlossen für Martin Schulz zu votieren.

Die Wahl am 1. Juli in Straßburg geht glatt über die Bühne. Martin Schulz wird wiedergewählt, er bekommt im ersten Anlauf die benötigte absolute Mehrheit der abgegebenen Stimmen.[76] Damit schreibt er Geschichte, denn vor ihm ist es noch keinem Präsidenten gelungen, ein zweites Mal dieses hohe Amt auszuüben. Selbst politische Gegner attestieren ihm, dem Europäischen Parlament unter seiner Führung deutlich mehr Bedeutung und Selbstbewusstsein gegeben zu haben, als es jemals zuvor hatte. Er hat die neue Macht, die ihm der Reformvertrag von Lissabon gewährt, voll ausgenutzt und auch sein Charisma und seine inhaltliche Kompetenz stets gekonnt eingesetzt.

Gegen Schulz sind drei Gegenkandidaten angetreten: der britische EU-Skeptiker Sajjad Karim von der Fraktion der Europäischen Konservativen (er bekommt 101 Stimmen), der spanische Links-Abgeordnete und Podemos-Chef Pablo Iglesias (51 Stimmen) und die österreichische Abgeordnete der Grünen Ulrike Lunacek (51 Stimmen).

Sichtlich gerührt nimmt Martin Schulz die Wahl an. Er wisse um die »außergewöhnliche Ehre«, die mit der erstmaligen Wiederwahl eines EU-Parlamentspräsidenten einhergehe, und er betrachte sie als »besondere Verpflichtung«.

Straßburg, 15. Juli 2014:
Jean-Claude Juncker wird EU-Kommissionspräsident

Mit deutlicher Mehrheit wird Jean-Claude Juncker von den Abgeordneten zum Chef der Brüsseler Behörde gewählt.[77] An dem Tag

---

76 Martin Schulz erhält 409 von 612 gültigen Stimmen.

77 Jean-Claude Juncker bekommt in einer geheimen Abstimmung 422 Stimmen, 250 Abgeordnete votieren gegen ihn. Für die Wahl sind 376 Stimmen nötig.

fehlt es nicht an Superlativen im Hohen Haus in Straßburg. Von einem »historischen Ereignis« spricht Parlamentspräsident Martin Schulz und fühlt sich in seinem Bestreben um mehr Demokratie und in seinem Kampf um das System Spitzenkandidaten bestätigt. »Tatsächlich setzte sich das Parlament in einem einmaligen Machtkampf mit den Mitgliedstaaten durch, sodass der Spitzenkandidat der stärksten Kraft bei der Europawahl vom 25. Mai jetzt ins wichtigste Amt in Brüssel gewählt werden konnte.«[78]

In weiser Vorausschau stellt Martin Schulz fest, was Staats- und Regierungschefs immer wieder versuchen zu negieren: »Die Geschichte zeigt, dass ein Parlament Macht niemals wieder abgibt, die es errungen hat.« Damit verteidigt er das Recht des Europäischen Parlaments auf die Ernennung von Spitzenkandidaten für die Europawahl, die zugleich auch die Spitzenkandidaten für den Job des Kommissionspräsidenten sind. Dieses System legt die Entscheidung über das höchste EU-Amt in die Hände der Wähler und nicht in die Hände der Staats- und Regierungschefs. »Es gibt kein Zurück mehr zum alten System« – darüber sind sich Martin Schulz und Jean-Claude Juncker einig. Der Erste verhehlt in seiner Rede aber nicht, dass er selbst gerne Kommissionspräsident geworden wäre. Damit macht der SPD-Politiker gut, was ihm am Wahlabend manche übel genommen haben, nämlich seine Niederlage gegen Jean-Claude Juncker nicht sofort eingestanden zu haben.

Schließlich wird offiziell ein Pakt zwischen dem Christdemokraten Jean-Claude Juncker und dem Sozialdemokraten Martin Schulz geschlossen. Parlament und Kommission verpflichten sich, stärker als bisher zusammenzuarbeiten. »Martin Schulz wird mein Hauptgesprächspartner sein«, kündigt Jean-Claude Juncker an. Damit sind Konflikte im Machtdreieck Rat, Kommission und Parlament aber vorprogrammiert.

---

78 Mitschrift der Autorin vom 15. Juli 2014.

Martin Schulz umarmt und gratuliert seinem Freund Jean-Claude Juncker. Der Wahlkampf, in dem beide Kontrahenten waren, ist vorbei, jetzt sind sie Partner, harte Arbeit wartet auf sie. Die Schuldenplage in Griechenland dauert an, die Arbeitslosigkeit in vielen EU-Staaten ist hoch und mit der Flüchtlingswelle bahnt sich eine neue Krise an. Rechts- und Linkspopulisten und nationalistische Parteien sind in Europa auf dem Vormarsch und immer mehr Staaten suchen in nationalen Alleingängen ihr Heil und nicht im gemeinsamen europäischen Handeln.

Lampedusa, 3. Oktober 2014:
Gedenken an Flüchtlingstragödie

Ein Jahr nach der Flüchtlingskatastrophe in Lampedusa mit 366 Toten ist der Parlamentspräsident der einzige hochrangige EU-Politiker, der zu der Gedenkveranstaltung und zu einer Konferenz über Migration auf die italienische Mittelmeerinsel fliegt. Er spricht hier mit den Bewohnern, die die Flüchtlingskrise hautnah miterleben, er wendet sich den Überlebenden der Schiffstragödie zu und skizziert in einer zukunftsweisenden Rede die Eckpunkte einer gemeinsamen europäischen Migrationspolitik, die in ein umfassendes Konzept der EU-Kommission einfließen, das im Mai 2015 vorgestellt wird.[79] Die Migrationspartnerschaften mit afrikanischen Ländern, die die EU-Kommission Anfang Juni 2016 präsentiert, um die europäischen Flüchtlingszahlen zu senken, schlägt Martin Schulz bereits in seiner Rede auf Lampedusa vor.

Was fordert Martin Schulz an diesem Ort, der Symbol ist für unbeschreibliches Elend, aber auch für eine gescheiterte EU-Asyl- und Flüchtlingspolitik? Es sind drei Punkte: Erstens muss die EU

---

79   Rede von Martin Schulz am 3. Oktober 2014 auf Lampedusa.

mehr Möglichkeiten einer legalen Einreise in die Europäische Union schaffen. »Das ist von allergrößter Bedeutung, damit sich keine verzweifelten Menschen mehr in klapprigen Booten auf die gefährliche Überfahrt über das Mittelmeer begeben und damit keine Menschen mehr in die Fänge von kriminellen Schleusern geraten, die versuchen, mit der Not anderer Leute Geld zu verdienen.« Schulz regt in diesem Zusammenhang an, dass Menschen außerhalb der EU Asyl oder Schutz beantragen können. Außerdem braucht Europa eine Regelung der legalen Einwanderung, wie sie es in den Vereinigten Staaten, Kanada, Neuseeland oder lateinamerikanischen Ländern gibt. »Europa braucht ein kohärentes und berechenbares Konzept für Asyl und Migration.«

Zweitens verlangt Schulz mehr Solidarität der EU-Staaten untereinander bei der Aufnahme und Versorgung der ankommenden Flüchtlinge. »Die Solidarität zwischen den EU-Mitgliedstaaten ist von grundlegender Bedeutung. Und zwar sowohl für die Länder, in denen die meisten Asylsuchenden ankommen, als auch für die Länder, die die meisten Flüchtlinge aufnehmen.« Es könne nicht sein, dass wenige Länder (Griechenland, Malta, Schweden, Deutschland und Österreich) den allergrößten Teil der Flüchtlinge und Asylbewerber beherbergen.

Sein dritter Grundsatz lautet: die Ursachen der Migration bekämpfen, nicht die Migranten. Hier müsse die EU Abkommen über eine Migrationssteuerung verhandeln und »Mobilitätspartnerschaften« mit Herkunfts- und Transitländern schließen.

Der anwesenden designierten Hohen Beauftragten für die Außen- und Sicherheitspolitik der EU, Federica Mogherini, ruft Martin Schulz zu, »Migration in das außenpolitische Konzept der EU für die südliche Nachbarschaft zu integrieren«. Das Europäische Parlament sei davon überzeugt, dass »Migration, humanitäre Hilfe, Entwicklungszusammenarbeit und Sicherheit besser miteinander verzahnt werden müssen. Allzu oft stehen sich unsere Strategien in den verschiedenen Politikbereichen im Wege, anstatt sich gegenseitig zu stärken.«

Nach den Flüchtlingsdramen im Mittelmeer appelliert Martin Schulz an die EU-Regierenden, endlich umzudenken und anzuerkennen, dass Europa ein Einwanderungskontinent ist.

Straßburg, 25. November 2014: Papst Franziskus zu Besuch

Ein Auftritt des Papstes im Europäischen Parlament muss perfekt geplant sein. Präsident Martin Schulz reist Ende Oktober in den Vatikan, um mit dem Oberhaupt der katholischen Kirche den geplanten Besuch am 25. November zu besprechen. Die Visite des Papstes in Straßburg wird als »einmalige Chance« für beide Seiten gesehen. Was der Papst allerdings in seiner Rede sagen wird, hat er Schulz nicht verraten.

Seine Rede vor den versammelten Europa-Abgeordneten stellt sich dann als sehr analytisch heraus. Durch die Wirtschaftskrise sei die Einsamkeit von Alten und Jugendlichen verschärft worden, und die EU-Erweiterung habe das Misstrauen gegenüber den EU-Institutionen verstärkt. »Von mehreren Perspektiven aus gewinnt man den Eindruck von Müdigkeit und Alterung«, sagt er im Hinblick auf den Zustand Europas. Papst Franziskus redet seinem Publikum 45 Minuten lang ins Gewissen, »die Menschenwürde wieder in den Fokus der europäischen Politik zu rücken. Es bestehen immer noch zu viele Situationen, wo Menschen wie Objekte behandelt werden«, sagt das Kirchenoberhaupt. Außerdem müsse die EU wieder zu den Werten ihrer Gründerväter – Solidarität, Subsidiarität, Frieden und Wohlstand – zurückfinden.

Der Papst ermahnt die EU-Regierungen, eine gemeinsame Strategie der EU-Staaten zur Bewältigung der Flüchtlingsproblematik an den Südgrenzen des Kontinents zu finden. »Wir dürfen nicht zulassen, dass das Mittelmeer ein großer Friedhof wird.«[80]

Die Worte des Heiligen Vaters werden mit stehenden Ovationen aufgenommen. Ihre Wirkung beschreibt Parlamentspräsident Martin Schulz mit einem einzigen Satz voller Dankbarkeit: »Der Papst hat allen aus dem Herzen gesprochen.« Und an diesen gerichtet: »Ihre Worte bieten Orientierung in Zeiten der Orientierungslosigkeit.«[81]

Martin Schulz gesteht, dass Europa eine dramatische Krise und einen Vertrauensverlust gegenüber den Institutionen durchlebt. Dabei gebe es Parallelen zwischen der Kirche und der EU: »Toleranz, Respekt, Solidarität und Frieden sind Teile unseres gemeinsamen Auftrags.«

Athen, 29. Januar 2015: Tacheles reden mit Tsipras

Europas Regierungen verfallen in Schockstarre, als am 25. Januar 2015 Alexis Tsipras, Chef des linken Parteibündnisses Syriza, bei den Wahlen in Griechenland triumphiert. Auch wenn seine Parlamentsmehrheit hauchdünn ist und er eine Koalition mit der rechtspopulistischen Partei »Unabhängige Griechen« eingehen muss, ist Tsipras' Sieg wie ein Salto an der Spitze des schwer verschuldeten Staates. Zweieinhalb Jahre Sparprogramme, Kürzungen, Opfer für weite Schichten der Bevölkerung, die Mehrheit lehnt mit ihrem Votum diese Politik ab. Bestraft werden auch die etablierten, seit Jahrzehnten abwechselnd regierenden Parteien Nea Dimokratia und die sozialistische PASOK. Die 180-Grad-Wende nach links verstärkt die Unsicherheit in den europäischen Regierungskanzleien, alle fragen sich,

---

80   Alle Zitate der Papst-Rede sind der katholischen Nachrichtenagentur kathpress entnommen, 25. November 2014.

81   APA, 25. November 2014.

was dieser Schwenk zu bedeuten hat. In Brüssel, Berlin und Paris ist man sich schnell einig: Geben wir dem 40-jährigen Regierungschef Tsipras eine Chance, auch wenn er im Wahlkampf angekündigt hat, die Sparauflagen der internationalen Geldgeber zu ignorieren, die Troika hinauszuwerfen, die Privatisierung auf Eis zu legen, Tausende Beamte wieder einzustellen sowie Mindestlohn und Mindestrente wieder anzuheben. Tsipras stellt wiederholt klar, er wolle dem griechischen Volk seine Würde zurückgeben.

Als erster europäischer Spitzenpolitiker reist der Präsident des Europäischen Parlaments nach Athen. Martin Schulz sucht das persönliche Gespräch mit dem neuen linken Regierungschef, er will Tacheles reden und ihm als Bote der EU die Grenzen aufzeigen und ihn vor Alleingängen warnen. Einen Vorgeschmack hat Alexis Tsipras schon geboten: Er kündigt die Haushaltssanierung auf und droht, die gemeinsame Position der EU-Sanktionen gegenüber Russland aufzugeben. Die EU plant eine Verschärfung der Strafmaßnahmen als Reaktion auf die Offensive der prorussischen Separatisten in der Ostukraine. Ein EU-Beschluss kann aber nur einstimmig fallen.

Im Verlauf des Gesprächs macht der EU-Politiker Tsipras klar, dass seine Vorgänger internationale Verpflichtungen gegenüber den Geldgebern eingegangen sind, die es einzulösen gilt. Griechenland wurde von 2010 bis zum Sommer 2015 mit 240 Milliarden Euro vor dem Bankrott bewahrt, im Juli 2015 kamen weitere 82 Milliarden hinzu. Die Arbeitslosenrate liegt bei 25 Prozent, bei Jugendlichen um rund 50 Prozent.

Für den von Athen geforderten Schuldenschnitt gebe es »keine Mehrheit in der EU«, und die EU-Institutionen erwarteten Reformen von der neuen Regierung. Das im Land verbreitete System von Korruption, persönlicher Bereicherung und Vorteilsnahme müsse für immer beendet werden.

Die Blockade der EU-Sanktionen gegenüber Russland zieht Alexis Tsipras wieder zurück. Die Regierung habe sich nur über die mangelnde Unterrichtung durch die EU-Außenbeauftragte Federica Mogherini beschwert, erklärt der Ministerpräsident.

Straßburg, 30. Januar 2015:
Diskrete Vermittlung zwischen Merkel und Hollande

Alexis Tsipras, das europäische Schreckgespenst, schafft Irritationen in den europäischen Staatskanzleien. Fällt dadurch das Spardiktat Berlins? Bundeskanzlerin Angela Merkel sorgt sich um ihren Kurs eiserner Budgetdisziplin, für Frankreichs Staatspräsident François Hollande klingen die Töne aus Athen sympathisch. Es ist die Stunde von Martin Schulz: Er kennt Berlin und Paris sowie die Empfindlichkeiten beider Seiten. Was liegt näher, als Merkel und Hollande bei einem vertraulichen Abendessen im Straßburger Restaurant »Zum Ysehuet« zusammenzubringen. Schulz hat zu der informellen Begegnung in typisch elsässischer Atmosphäre in der Nähe des Europäischen Parlaments eingeladen.

Zunächst war das Abendessen für den 11. Januar geplant, nach dem Terroranschlag auf das Satire-Magazin *Charlie Hebdo* wurde es verschoben.

Schulz, der eben aus Athen zurückgekehrt war, berichtet dem Duo von dem Gespräch mit Tsipras. Merkel befürchtet, dass der Kurs des neuen griechischen Premiers bei Staaten mit Finanzproblemen Gehör finden könnte. Auch in Frankreich sind – wie in Italien – kaum Fortschritte beim Abbau des Haushaltsdefizits zu verzeichnen. Offiziell bestätigt die Regierungssprecherin in Berlin, dass es bei dem Abendessen um Griechenland und um die Budgetdisziplin in der EU ging. Der Rest ist streng geheim, aber die Initiative von Schulz, der in den größten Krisen auf Dialog pocht, bringt Merkel und Hollande einander doch näher.

Weimar, 12. April 2015:
Gedenkakt zur Befreiung des NS-Konzentrationslagers Buchenwald

Der 70. Jahrestag der Befreiung der Konzentrations- und Vernichtungslager des Dritten Reiches ist verbunden mit emotional überwältigenden Veranstaltungen und Gedenkakten, die im Jahr 2015 gemeinsam mit den Überlebenden der Konzentrationslager, den jüdischen Gemeinden, Vertretern verfolgter Minderheiten, der Zivilgesellschaft und europäischen Politikern stattfinden.

Für Martin Schulz ist es ganz besonders wichtig, dass sämtliche Gedenkworte – auch seine Rede anlässlich der Befreiung des Konzentrationslagers Buchenwald am 11. April 1945 durch amerikanische Soldaten – nicht vergessen, sondern niedergeschrieben werden und im Gedächtnis bleiben. Das Erinnern an das menschenverachtende NS-Regime, das schreckliche Leid und die Millionen Toten dürften nicht aufhören. Noch immer können Überlebende von Qualen, Grausamkeit und menschlicher Entwürdigung berichten. Ihre Stimmen werden schwächer und eines Tages verstummt sein. Martin Schulz, der sich seit seiner Jugend mit Faschismus, Rassismus, Antisemitismus, Hass und Gewalt befasst hat, weiß das. Dieses Buch, davon ist der Parlamentspräsident tief überzeugt, könne niemals endgültig gelesen, zugeklappt und beiseitegelegt werden. Niemals.

Mit diesen Gedanken beschäftigt er sich, als er am 12. April vor den Versammelten des Festaktes zur Befreiung des KZ Buchenwald steht und der Frage nachgeht, was das »Niemals wieder« für Deutschland und die Europäische Union bedeutet. »Europas Einigung ist die Antwort.«[82] Und die Hoffnung der Überlebenden auf eine neue Zeit. Beim »Schwur von Buchenwald« am 19. April 1945, nur eine

---

82 Rede des Präsidenten des Europäischen Parlaments zum Gedenken an die Befreiung des KZ Buchenwald am 12. April 2015 in Weimar.

Woche nach der Befreiung, verschrieben sich Überlebende dem Ziel, »eine neue Welt des Friedens und der Freiheit« aufzubauen. Daraus entstand das geeinte Europa, sagt Martin Schulz. »Sie aber, die Überlebenden, haben die Menschheit nicht aufgegeben. Sie haben die Hölle der Konzentrationslager überlebt und die Hölle der Erinnerung bezwungen. Sie haben die Kraft gefunden, Ihre Geschichte mit uns zu teilen, uns zu berichten, was Sie in Buchenwald erlebten und erlitten haben, erschütternde Geschichten, die uns den Atem stocken lassen. Damit Ihre Erinnerung unsere gemeinsame Erinnerung wird. Damit wahr wird, was Elie Wiesel hoffte: ›Jeder, der heute einem Zeugen zuhört, wird selbst ein Zeuge werden.‹« 80 Buchenwald-Überlebende aus aller Welt sowie drei an der Lagerbefreiung beteiligte US-Veteranen nehmen an der Gedenkveranstaltung teil.

Insgesamt wurden etwa 266.000 Männer, Frauen und Kinder bis zum 11. April 1945 im KZ Buchenwald auf dem Ettersberg bei Weimar und in seinen 136 Außenlagern gefangen gehalten. Rund 56.000 von ihnen starben an Hunger, Kälte, Krankheiten oder wurden ermordet. Der SPD-Politiker ruft alle auf, die Erinnerung wachzuhalten »an die in Buchenwald, Theresienstadt, Auschwitz-Birkenau und anderswo im nationalsozialistischen Rassenwahn von Deutschen verübten grausamen Verbrechen, an den von der Generation unserer Väter und Großväter begangenen größten Zivilisationsbruch in der Menschheitsgeschichte und an die Schuld, die sie auf sich luden«. Heute, ermahnt Schulz, liegt die Verantwortung, den Schwur »Niemals wieder« einzulösen, bei den nachkommenden Generationen für alle Zeiten. »Auch wenn wir individuell keine Schuld tragen, haben wir Verantwortung für Taten, die von einer Gemeinschaft begangen wurden, der wir angehören«, zitiert der Parlamentspräsident die Publizistin und politische Theoretikerin Hannah Arendt.

»Niemals wieder« heiße für ihn aber auch. »jeden Tag einzuschreiten gegen die Rückkehr von Dämonen, die wir in Europa für überwunden hielten und die doch immer wieder ihre hässliche Fratze erheben: den

Antisemitismus, den Rassismus, den Ultranationalismus und die Into-
leranz«. Martin Schulz sagt explizit, dass Europa vor den beschriebenen
Gefahren nicht gefeit sei, und führt als Beispiele den Terroranschlag auf
das Satire-Magazin *Charlie Hebdo* und einen jüdischen Supermarkt in
Paris an. »Menschen wurden ermordet, weil sie zeichneten, was fanati-
sche Gewalttäter nicht sehen wollten. Juden wurden ermordet, weil sie
Juden waren (…) Das war ein Angriff auf uns alle.« Es mache ihn auch
zornig, wenn Juden sich heute fragen müssten, ob ihre Kinder in einer
jüdischen Schule sicher seien. Oder wenn Synagogen und jüdische
Einrichtungen unter Polizeischutz gestellt werden müssten, wenn
jüdische Friedhöfe geschändet würden oder Juden Europa verließen.
»Das muss uns alle beschämen und wachrütteln.«

Der Parlamentspräsident findet ebenso mahnende Worte hinsichtlich der mancherorts auftretenden Ablehnung und gewaltsamen
Aggression gegenüber Bürgerkriegsflüchtlingen. »Jeder Einzelne für
sich und wir zusammen müssen energisch jenen entgegentreten, die
den Hass schüren.« Um seiner Aussage Gewicht zu verleihen, zitiert
er den britischen Philosophen Edmund Burke: »Für den Sieg des
Bösen reicht die Untätigkeit der Guten.«

Vor dem Sommer spitzt sich die Frage nach einem Grexit, dem
Ausscheiden Griechenlands aus der Eurozone, dramatisch zu. Die
linke Regierung von Alexis Tsipras ist untätig, das Land steht vor
der Staatspleite, die Finanzinstitute haben kaum noch Geld. Die
Menschenschlangen vor den Banken werden täglich länger, viele
Bankkunden wollen ihre letzten Ersparnisse abheben und ihre
Konten räumen. Angesichts der tristen Lage und der Versäumnisse
der Regierung platzt Martin Schulz in einer Diskussionssendung des
ZDF der Kragen. Das Linksbündnis von Syriza gehe ihm biswei-
len »gewaltig auf die Nerven«, sagt er.[83] Die seit Ende Januar 2015
amtierende Regierung habe zwar eine riesige Erblast übernommen,

---

83   Martin Schulz am 4. Juni 2015 in der ZDF-Sendung »Maybritt Illner«.

es sei aber unverständlich, dass die reichsten Griechen in der Krise 120 Milliarden Euro außer Landes gebracht hätten und die großen Reeder nicht besteuert würden: »Ich hab die Faxen dicke«, ärgert sich Martin Schulz über die griechischen Politiker, die nicht imstande sind, ein funktionierendes und gerechtes Steuersystem aufzubauen und den gesamten Staatsapparat zu modernisieren. Die Kritik richtet sich auch direkt an Finanzminister Yanis Varoufakis, marxistischer Ökonomie-Professor mit Starallüren, der alles versprochen, aber nichts umgesetzt hat.

Schulz ist empört über die Wut der Griechen auf Deutschland und seine »herzlose« Bundeskanzlerin. Ihm missfallen aber auch die Kampagnen deutscher Medien gegen Griechenland und griechische Cartoons, die deutsche Regierungsmitglieder, etwa Angela Merkel, in NS-Uniform und Hitler-Bart zeigen. Schulz bemüht sich, der Athener Regierungsspitze klarzumachen, dass dem Wählerwillen in Griechenland der Wählerwillen und der Unmut in allen anderen, meist größeren Euro-Ländern gegenübersteht.

Im Hochsommer 2015 kommt es zu einem Krisentreffen nach dem anderen, die Euro-Gruppe tagt in Permanenz. Die Staats- und Regierungschefs wollen Griechenland als Mitglied der Eurozone retten. »Scheitert der Euro, dann scheitert Europa«, warnt die deutsche Bundeskanzlerin. Eine Rettung soll es aber »nicht um jeden Preis« geben, tönt es gleichzeitig aus manchen Finanzministerien. Martin Schulz will an den Worst Case nicht denken. Beim Treffen des Europäischen Rates am 25. Juni 2015 erklärt er, dass es auf die Frage, ob Griechenland in der EU bleiben kann, wenn es den Euro aufgibt, »keine Antwort im Vertrag gibt. So ein Fall kommt im Vertrag nicht vor, daher sollten wir ihn auch erst gar nicht wahr werden lassen.«[84] Wenige Tage vor dem Auslaufen des Rettungspro-

---

84 Martin Schulz bei der Pressekonferenz anlässlich des EU-Gipfels am 25. Juni 2015 in Brüssel.

grammes für Griechenland appelliert Schulz an die Verhandler der griechischen Regierung, des Internationalen Währungsfonds und der EU-Kommission, »ideologisch abzurüsten«, um eine Einigung zwischen Athen und den Gläubigern zu erzielen. Als beispielhaft für ideologische Borniertheit und Kurzsichtigkeit nennt er die unsinnige Forderung der Geldgeber, die Mehrwertsteuer im griechischen Krankensystem zu erhöhen oder die Mindestpensionen weiter zu kürzen. Ginge es nach Martin Schulz, könnte es dafür aber ruhig Einschnitte bei den Verteidigungsausgaben geben.

Völlig außer sich ist der Parlamentspräsident, als er Anfang Juli 2015 erfährt, dass der griechische Ministerpräsident Alexis Tsipras seinem Volk beim Referendum über das von den Geldgebern erzwungene Sparprogramm ein »Nein« empfiehlt. »Tsipras manipuliert die Menschen (…) Er hat demagogische Züge«, schäumt er.[85] Offenbar glaube Tsipras daran, dass die Euro-Zone sein Land nicht fallen lassen werde, ein Grexit ausgeschlossen sei. »Das nutzt er aus, um noch bessere Konditionen herauszuholen.«

Karlspreis 2015:
Schulz wird als Kämpfer für Demokratie, europäischer Visionär und Brückenbauer geehrt

Es ist ein strahlender Frühlingstag. Mit einer Messe im Aachener Dom, einem UNESCO-Weltkulturerbe, beginnen am 14. Mai 2015, die Feierlichkeiten zur Verleihung des »Internationalen Karlspreises zu Aachen« an Martin Schulz. Der Präsident des Europäischen Parlaments, der in der Nachbarstadt Würselen, nur wenige Kilometer vom Zentrum Aachens entfernt, als Kommunalpolitiker seine Karriere startete, wird für seine Verdienste um den langjährigen Kampf um

---

85   Handelsblatt, 3. Juli 2015.

Demokratie in Europa, ein starkes Europa und seinen Einsatz für eine politische Union mit der höchsten Auszeichnung geehrt, die Europa zu vergeben hat.

800 Gäste aus nah und fern sind geladen, darunter acht Staats- und Regierungschefs wie Bundespräsident Joachim Gauck, der französische Staatspräsident François Hollande, Jordaniens König Abdullah II. und Österreichs Bundeskanzler Werner Faymann. Zur Runde der hohen Politprominenz zählen auch die Karlspreisträger Kommissionspräsident Jean-Claude Juncker, Ratspräsident Donald Tusk und sein Vorgänger, der Belgier Herman Van Rompuy. Anwesend sind ebenfalls der Vorsitzende der Euro-Gruppe, der niederländische Finanzminister Jeroen Dijsselbloem, sowie die SPD-Spitze mit Vizekanzler und Wirtschaftsminister Sigmar Gabriel und Außenminister Frank-Walter Steinmeier. Sie alle sind gekommen, um Martin Schulz im Krönungssaal des Aachener Rathauses – einst das Machtzentrum Karls des Großen (748–814) – zu würdigen. Allein die Aura des Ortes unterstreicht die Bedeutung der Auszeichnung und die ihrer Preisträgerinnen und Preisträger für ihren Beitrag zum Frieden in Europa.

Schulz hat Erfahrung mit derartigen Zeremonien. Als die Europäische Union am 10. Dezember 2012 in Oslo den Friedensnobelpreis verliehen bekommt, steht er auf der Bühne und nimmt stolz die Schatulle mit der goldenen Medaille entgegen. Den Preis teilt er freilich mit der gesamten Führungsriege der EU – und auch mit den Bürgerinnen und Bürgern Europas.

Ein Heimspiel ist der feierliche Akt in Aachen dennoch nicht. Diesmal steht Martin Schulz ganz allein im Rampenlicht. Souverän, lächelnd und gleichzeitig tief bewegt geht er zum Rednerpult, die innere Anspannung ist spürbar. Seine Dankesrede zur Entgegennahme des Preises beginnt er mit persönlichen Erinnerungen. »Als ich ein Junge war, wurde mein Vater, ein Polizist, jedes Jahr an Christi

Himmelfahrt für den Schutz der Karlspreis-Zeremonie eingeteilt. Ich fragte meine Mutter, wo er sei, was er mache. Deshalb nahm sie mich mit zum Aachener Rathaus. Als ich damals mit meiner Mutter auf dem Marktplatz stand und Jens Otto Krag oder Joseph Luns[86] von der Rathaustreppe winken sah, hätte ich mir niemals träumen lassen, einmal selbst Karlspreisträger zu sein.«[87] Dieser Moment ist die Anerkennung seiner langjährigen kompromisslosen Arbeit für Europa.

Instinkteuropäer

Mit weiteren Worten erklärt er, warum Europa Teil seines Lebens sowie seiner politischen und kulturellen Identität ist und wie er es rückblickend erlebte. »Als Bürger einer Grenzregion ist man so etwas wie ein Instinkteuropäer. Für uns alle, die wir nach dem Krieg in diesem deutsch-niederländisch-belgischen Dreiländereck aufgewachsen sind, in diesem europäischen Mikrokosmos, war die Erfahrung mit Grenzen prägend.« Und ergänzt: »Wir alle haben erlebt, wie einengend Grenzen sind und wie befreiend es ist, sie zu öffnen. Kaum etwas verkörpert für mich so sehr die Errungenschaften der europäischen Einigung wie die offenen Grenzen.«

Als Martin Schulz den Preis im Mai 2015 entgegennimmt, ahnt er noch nicht, dass nur wenige Monate später die zentrale Errungenschaft, das grenzenlose Europa, innerhalb kürzester Zeit infrage gestellt werden würde. Im Frühsommer 2015 werden plötzlich wieder Grenzschließungen von einigen Mitgliedsländern als

---

86 Jens Otto Krag, der damalige Ministerpräsident des Königreichs Dänemark, bekommt 1966 den Karlspreis; Joseph Luns, Außenminister der Niederlande, wird 1967 mit dem Karlspreis ausgezeichnet.

87 Zitiert aus: *Europa am Scheideweg: Verleihung des Internationalen Karlspreises zu Aachen 2015 an Martin Schulz*, hrsg. von Olaf Müller und Bernd Vincken, Aachen 2015, S. 59 ff.

probates Mittel zur Lösung der Flüchtlingskrise gesehen, Grenz-kontrollen werden wieder Alltag. Die Besinnung auf Grenzen innerhalb Europas und nationaler Egoismus werden zum Alltag. Martin Schulz sieht die Gefahr und spricht diese in seiner Rede an: »Deshalb stelle ich mich auch jedem energisch in den Weg, der uns diese Freiheit nehmen will. Wer Grenzen wieder einführen will, der will uns erneut trennen.«

Schulz appelliert an alle Entscheidungsträger, das europäische Projekt nicht aufzugeben und es nicht leichtfertig den Populisten und Nationalisten zu überlassen. Eindringlich warnt der Parlaments-präsident vor einer Re-Nationalisierung und dem Glauben einzelner Staaten, sie könnten Krisen besser allein bewältigen als gemeinsam im europäischen Verbund. Allerdings, so räumt er ein, gebe es auch für die Europäische Union keine »Ewigkeitsgarantie«. In nationale Einzelteile zerlegt, werde Europa in der Bedeutungslosigkeit versin-ken und dann zu schwach sein, um seine Werte zu verteidigen.

Dem Würselener liegt viel daran, das Vertrauen der Bürgerin-nen und Bürger in Europa wieder zurückzugewinnen. Mit Besorgnis stellt er fest, dass sich viele von ihnen trotz 70 Jahren Friedens und Demokratie von der Union entfremden. »Für sie ist die EU das Brüs-seler Raumschiff, das Bürokratiemonster.« Seine Mahnungen richten sich an die politisch Verantwortlichen in den EU-Staaten: »Hört damit auf, alle Misserfolge und ungelösten Probleme Brüssel in die Schuhe zu schieben, die Erfolge aber auf die eigene nationale Fahne zu schreiben. Das trägt zur Entfremdung der Menschen von der EU bei.« Gleichzeitig plädiert er für mehr Transparenz, denn »die Leute müssen sehen, was in der EU passiert«. Glaubwürdig verkörpert Martin Schulz seinen Grundsatz, nahe am Bürger zu sein. Ebenso überzeugend, wie es seine Art ist, spannt er einen historischen Bogen und bezeichnet die Europäische Union als »die größte zivilisatori-sche Errungenschaft des Kontinents seit der Aufklärung«. Er nennt in diesem Zusammenhang auch das neue System der Benennung von

Spitzenkandidaten für das Amt des Kommissionspräsidenten bei der Europawahl. Bei der Europawahl 2014 wurde dieses Spitzenkandidaten-Modell bereits erfolgreich eingesetzt.

Zum Abschluss seiner Dankesrede nimmt er noch einmal seine Kolleginnen und Kollegen in der Politik in die Verantwortung, Europa für die nächste Generation zu stärken. Als starke Gemeinschaft von Staaten und Völkern garantiere es seinen Bürgerinnen und Bürgern diejenigen Rechte, für die woanders gekämpft werde. »Wer Hand an dieses Projekt legt, versündigt sich an der Zukunft der nachfolgenden Generationen. Meine Generation hat nun dafür Sorge zu tragen, dass wir dieses großartige Haus unseren Kindern nicht als Ruine hinterlassen.« Europas Einheit müsse ständig von Generation zu Generation neu erarbeitet und bekräftigt werden. »Jede Generation ist Erbnehmer und Erblasser zugleich.«

Gerade das von Schulz offensiv vertretene Spitzenkandidaten-System nimmt das Direktorium der Gesellschaft für die Verleihung des »Internationalen Karlspreises« zum Anlass, den SPD-Politiker für seine jahrzehntelange konsequente und ruhelose Arbeit für Europa zu ehren. Die Jury zeichnet den damals 59-Jährigen »in Würdigung seiner bedeutenden Verdienste um die Stärkung des Europäischen Parlaments und der demokratischen Legitimation in der EU« aus und nennt ihn einen »herausragenden Vordenker des Vereinten Europa«, wie es in der Urkunde heißt. Sein Engagement für die Verständigung auf einen Spitzenkandidaten bei der Europawahl 2014 und damit auf einen Anwärter für das Amt des Kommissionspräsidenten sei ein historischer Meilenstein für die Demokratisierung der EU gewesen. Im Wortlaut des Direktoriums: »Als die sozialdemokratischen Parteien Europas Schulz am 1. März 2014 offiziell zu ihrem ersten gemeinsamen Spitzenkandidaten in der Geschichte der EU nominierten, hatte dieser die anderen Parteienfamilien längst unter Zugzwang gesetzt, sich für die Europawahlen ebenfalls auf einen Anwärter für das Amt des Kommissionspräsidenten zu verständigen.«[88]

Hollande über Schulz

Ausdrücklich werden die Festredner ersucht, keine klassische Laudatio auf Schulz zu halten. Erwartet werden politische Reden von Joachim Gauck, François Hollande und anderen. Das Staatsoberhaupt aus Berlin ermutigt die Bürgerinnen und Bürger, für das gemeinsame Europa zu streiten und zu kämpfen. Die Krise im europäischen Einigungsprozess sei nicht allein durch die Entschlossenheit politischer Eliten zu überwinden, es seien »zum ersten Mal alle Bürger der Union gefordert«, auch wenn Gauck gesteht, ein Unbehagen bei den Menschen zu orten. »Integrationskritischer Populismus von rechts wie von links ist nicht bloß eine Folge der jüngsten Wirtschafts- und Finanzkrise. Die Wurzeln dafür liegen sehr viel tiefer«, sagt er. »Der Kern des Unbehagens war und bleibt die Frage, wie weit die Bevölkerung der einzelnen Staaten sich auch zu einer europäischen Identität bekennen will und kann.«

Der französische Staatspräsident findet sehr persönliche Worte für seinen Duzfreund Martin Schulz, den er aber in seiner Rede mit Sie anspricht – in Frankreich ein Zeichen besonderer Wertschätzung, des Respekt und der Anerkennung. Hollande geht detail- und kenntnisreich auf das familiäre Umfeld von Schulz und seinen Beruf als Buchhändler ein. »Sie hatten auch immer einen Hang zur Freiheit, die Ihnen durch eine solide Erziehung, deren starre Regeln Sie zu umgehen wussten, gegeben wurde.« Mit noblen Worten hebt er das essenzielle Streben des Geehrten nach Freiheit und Widerstand hervor.

---

88   *Europa am Scheideweg*, S. 24.

Hollande beschreibt ihn auch als leidenschaftlichen Buchhändler. »In Ihrer Ausbildung zum Buchhändler muss man die Neigung sehen, die Früchte der Generationen zu ernten, die Ihnen vorausgingen, aber auch an der Quelle dessen zu leben, was tagtäglich gedacht und geschaffen wird. Buchhändler, das bedeutet weitergeben und verteilen, das Ererbte ebenso wie das Neue, das Lebendige. Buchhandlung, dieses Wort und dieser Ort lassen an Inspiration denken, daran, Montaigne und die Lumières wiederzufinden, den Geist der *Encyclopédie*, Immanuel Kant, kurz gesagt die Philosophie.«

Der Präsident arbeitet nicht nur feinfühlig die Eigenschaften von Martin Schulz heraus, seine menschlichen und politischen Überzeugungen sowie seine Kompromissfähigkeit, sondern skizziert auch die politischen Herausforderungen der EU: den Kampf gegen den Terrorismus, die Flüchtlingsfrage und die Schaffung eines gerechten Wirtschafts- und Steuersystems.

Beeindruckt zeigen sich die anwesenden Gäste von Hollandes Geste, besonders die Leistungen von Schulz zur Verbesserung der deutsch-französischen Zusammenarbeit zu unterstreichen. »Ich möchte Ihnen dafür Anerkennung zollen, dass Sie zur Annäherung zwischen der Bundeskanzlerin und dem französischen Staatspräsidenten beigetragen haben. Sie haben dafür gesorgt, dass wir jedes Mal die richtigen Lösungen finden konnten. Und Sie verfügen über diese seltene Begabung, sich sowohl auf Deutsch als auch auf Französisch ausdrücken zu können; so werden Sie von beiden verstanden, was schon viel ist.«

Im Festsaal des Rathauses in Aachen wird es ganz still, als Hollande abschließend jenen Satz sagt, der Martin Schulz charakterisiert wie kaum ein anderer. »Für Sie ist Aufrichtigkeit die schärfste Waffe zur Durchsetzung Ihrer Ideen.«

Eines hat es in der Geschichte des Karlspreises[89] noch nicht gegeben – den Auftritt eines Rockstars. Peter Maffay sorgt mit seiner Einlage für große Überraschung unter den illustren Gästen. Der bekannte Sänger, Gitarrist und Bandleader unterbricht extra seine Tournee-Vorbereitungen, um in Aachen bei der Preisverleihung an seinen engen und langjährigen Freund Martin Schulz dabei zu sein. Begleitet vom Sinfonieorchester Aachen singt er zu Ehren des politischen Brückenbauers den Song »Über sieben Brücken musst du geh'n ...«

London, 18. Juni 2015: Besuch bei David Cameron

Im Prinzip ist ein Besuch des Parlamentspräsidenten beim britischen Premierminister in der Downing Street 10 nichts Außergewöhnliches. In diesem Fall schon: Erstmals in seiner Amtszeit reist der leidenschaftliche Europäer Martin Schulz nach London, um mit dem EU-Skeptiker und Tory-Chef David Cameron über dessen Pläne und die Bedingungen der britischen EU-Mitgliedschaft zu sprechen. Ein Jahr später, am 23. Juni 2016, sind die britischen Wähler aufgerufen, über Verbleib oder Austritt des Vereinigten Königreichs aus der EU zu entscheiden. Martin Schulz betont nach dem Treffen mit Cameron die Notwendigkeit eines Dialogs über die britischen Anliegen hinsichtlich einer Reform der Europäischen Union. Er sei aber nach London gekommen, »um zuzuhören und dazuzulernen«, heißt es zurückhaltend in einer Presseaussendung des Europäischen Parlaments.

Martin Schulz will nicht provozieren, auch wenn seine Position den Briten gegenüber klar ist. »Meine rote Linie ist: Wir dürfen

---

89   1950 wird der Karlspreis das erste Mal verliehen. Die Auszeichnung bekommt damals der Österreicher Graf Richard Coudenhove-Kalergi, der Begründer der Paneuropa-Bewegung.

nicht anfangen, die EU zu zerpflücken.« Die von Cameron verlangte Änderung der europäischen Verträge lehnt der SPD-Politiker strikt ab, der Briten-Forderung, das Land von der Verpflichtung zu einer »immer engeren Union der Völker Europas« aus dem EU-Vertrag zu befreien, könne man aber stattgeben. Großbritannien sei ohnehin das einzige Land, das sich in den vergangenen Jahrzehnten mit Sonderregelungen von der europäischen Integration ausgenommen habe. »Wir würden ohnehin nur anerkennen, was für London längst gilt.«[90]

Straßburg, 8. Juli 2015: Buhrufe für Alexis Tsipras

Martin Schulz nimmt mit steinerner Miene in seinem Präsidenten-Sessel Platz, während sich vor seinen Augen der griechische Minis-terpräsident Alexis Tsipras einen Weg vorbei an Dutzenden Kameras und Fotografen ins Plenum des Europäischen Parlaments bahnt. Der Linkspolitiker schüttelt Hände, umarmt Abgeordnete und lächelt. Er ist gekommen, um sich wenige Tage vor dem entscheidenden EU-Gipfel über den Verbleib oder das Ausscheiden aus der Eurozone vor den europäischen Volksvertretern zu erklären.

Der Parlamentspräsident beobachtet seinen Einzug mit Arg-wohn, angesichts der existenziellen Bedrohung Griechenlands hat er für solche Szenen eines Politrebellen wenig Verständnis. Jeden Augenblick kann den griechischen Banken das Geld ausgehen. Athen ist bislang nicht bereit, die Bedingungen für ein drittes Hilfspaket zu akzeptieren, und Alexis Tsipras zieht unbeeindruckt von der Lage in seinem Heimatland eine Show ab. Linke und rechte Abgeordnete halten Schilder in die Höhe mit der Aufschrift »Oxi« (Ja) und »No« zum Sparprogramm, das den Griechen verordnet wurde.

---

90 Frankfurter Allgemeine Sonntagszeitung, 31. Mai 2016.

Mit Spannung wird die Rede des griechischen Premiers erwartet. Würde er die große Bühne nutzen, um in die Offensive zu gehen und seine Vorschläge für nötige Reformen und einen neuen Wirtschaftskurs zu präsentieren? Brüssel wartet auf ein Konzept, denn am 12. Juli findet dort ein weiterer Grexit-Krisengipfel statt. Gelingt eine Rettung in letzter Minute nicht, wäre das Ausscheiden Griechenlands aus der Eurozone unvermeidbar.

20 Minuten redet Alexis Tsipras, ohne etwas Konkretes zu sagen. Vielmehr gibt er allgemeine Stehsätze von sich: »Wir brauchen eine Einigung, die uns zeigt, dass Licht am Ende des Tunnels ist.« Oder: »Ich bin zuversichtlich, dass wir in den kommenden zwei oder drei Tagen in der Lage sein werden, den Verpflichtungen im besten Interesse Griechenlands und der Eurozone nachzukommen.« Zwischendurch erläutert er, was seine Regierung schon unternommen hat und wie es zur Krise gekommen ist. Was er allerdings vorhat, um bis zum 12. Juli eine Einigung mit den Gläubigern – der Euro-Gruppe, der Europäischen Zentralbank und dem Internationalen Währungsfonds – zu erreichen, das verrät er nicht. Er verweist nur auf den Ausgang des Euro-Referendums, bei dem sich das griechische Volk gegen das Sparprogramm der internationalen Geldgeber ausgesprochen hat. Bei dem Volksentscheid habe »die Mehrheit einen Ausweg aus dieser ausweglosen Situation verlangt«, betont der Linkspolitiker. »Und diese Entscheidung müssen wir umsetzen.« Der Premier pokert hoch.

Die Kamera schwenkt auf Martin Schulz, in dessen Miene Ablehnung und völliges Unverständnis für ein derartiges Theater zu sehen sind. Die Rede wird ebenso von vielen Abgeordneten mit Buhrufen quittiert. Der polnische EU-Ratspräsident Donald Tusk antwortet ungewohnt scharf: »Moral bedeutet auch das Geld zurückzuzahlen, das man anderen schuldet.« Guy Verhofstadt, Fraktionschef der Liberalen und ehemaliger belgischer Premier, wirft Alexis Tsipras schlicht »Versagen« vor. Er habe Reformen verschleppt und müsse endlich konkrete Vorschläge zusammen mit einem Zeitplan vorlegen. »Zeigen

Sie, dass Sie eine echte Führungspersönlichkeit sind und kein falscher Prophet«, ruft ihm Verhofstadt emotional zu. Der schärfste Angriff kommt von Manfred Weber (CSU), Fraktionsvorsitzender der Europäischen Volkspartei: »Sie zerstören das Vertrauen in Europa, der Rest der EU hat kein Vertrauen mehr in Sie. Applaus bekommen Sie vor allem von den Extremisten Europas – und vom kubanischen Ex-Diktator Fidel Castro«, erklärt er unter Protestrufen der Gegenseite. Den geforderten Schuldenschnitt müsse der »Landwirt in Portugal, die Krankenschwester in der Slowakei und der Beamte in Helsinki« bezahlen, womit Weber gerade die Länder nennt, in denen ein Schuldenschnitt noch verpönter ist als in Deutschland. Freundlich gegenüber Alexis Tsipras und dem griechischen Volk zeigt sich die Chefin des Front National, Marine Le Pen. Sie fordert Tsipras auf, endlich zu erkennen, dass Euro und Sparpolitik »siamesische Zwillinge« seien. Deswegen solle Griechenland den Euro aufgeben. Der Blick von Martin Schulz verfinstert sich. Er schweigt.

Herbst 2015:
Schulz fordert Solidarität der Länder bei der Flüchtlingsaufnahme

Martin Schulz ist der erste EU-Politiker, der eine faire Aufteilung der Flüchtlinge in der EU fordert. In seiner Rede am 3. Oktober 2014 auf Lampedusa sprach er ein Quotensystem an, ein Vorschlag, der im Mai 2015 von der EU-Kommission in ihre umfassende Migrationsagenda aufgenommen wurde. Im September 2015, als sich Tausende Flüchtlinge von Ungarn nach Österreich und Deutschland bewegen, kommt es zum großen Streit unter den Mitgliedsländern. Die Visegrád-Gruppe, eine lose Kooperation der Staaten Polen, Tschechien, Slowakei und Ungarn, lehnt Quoten strikt ab. Martin Schulz versteht diese Haltung mancher Länder nicht, ihre

Ablehnung einer gerechten Verteilung torpediere das EU-Prinzip der Solidarität. »Ich glaube, 90 Prozent aller Flüchtlinge werden in zehn Ländern aufgenommen, 18 weitere Länder tun gar nichts«, fürchtet er.[91]

Ende August wird sein Urteil noch schärfer: »Wir haben es nicht mit einem Versagen der EU-Länder zu tun, sondern mit einem eklatanten Versagen einiger Regierungen, die sich aus der Verantwortung stehlen, indem sie eine gemeinsame europäische Lösung verhindern.«[92] Die Retourkutsche der ungarischen Regierung folgt prompt: Bei seinem Besuch des Parlamentspräsidenten am 3. September in Brüssel betont Premier Viktor Orbán, dass der Flüchtlingszustrom lediglich ein »deutsches Problem« sei. »Das Problem ist kein europäisches Problem. Das Problem ist ein deutsches«, sagt er nach dem Treffen mit Schulz und begründet seine Aussage damit, dass die Flüchtlinge nicht in Ungarn oder sonst einem Land bleiben wollten.[93] »Alle würden gerne nach Deutschland gehen«, das Problem solle Deutschland lösen. Eindringlich warnt der rechtsnationale Premier Flüchtende davor, nach Ungarn zu kommen. Der Parlamentspräsident kontert bei einer gemeinsamen Pressekonferenz im Europäischen Parlament: »Ich bin nicht Ihrer Meinung. Es mag zutreffen, dass nicht alle Flüchtlinge in Ungarn bleiben wollen. Das Ziel muss dennoch eine gerechte Verteilung der Flüchtlinge in der EU sein.«

Martin Schulz spricht sich im Anschluss erstmals dezidiert dafür aus, dass auch Asylsuchende akzeptieren müssen, sich ihr Aufnahmeland nicht aussuchen zu können. »Wir brauchen auch die Erkenntnis, dass es nicht so ist, dass jemand sagen kann, ich will nur nach Deutschland. Wer den Schutz der Europäischen Union will, muss

---

91   dpa, 13. Mai 2015.

92   Die Welt, 29. August 2015.

93   Kurier, 4. September 2015.

auch damit leben, dass er in der Union verteilt wird«, stellt Schulz fest.

Berlin, 12. Dezember 2015: SPD-Parteitag

In der Berliner Messehalle CityCube versammeln sich am letzten Tag des Parteikongresses prominente Sozialdemokraten aus ganz Europa, darunter etliche Regierungschefs, um über die Zukunft der Europäischen Union sowie Strategien zur Bekämpfung des immer stärker werdenden Rechtextremismus zu diskutieren. Hier stehe ich und kann nicht anders: Mit dieser Haltung tritt Martin Schulz auf und appelliert an die Parteifreunde, sich gegen den aufkommenden Rechtspopulismus in Europa zu stellen. Die Rechten seien »nichts anderes als die Konjunkturritter der Angst. In der Demokratie gibt es keinen Platz für die Feinde der Demokratie«, sagt der Präsident des Europäischen Parlaments. Er warnt angesichts des Erfolgs rechtspopulistischer Parteien und eines völlig gespaltenen Europas in der Flüchtlingsfrage vor einem Zerfall der Europäischen Union. »Das Scheitern ist ein realistisches Szenario«, Europa sei davor nicht gefeit. »Europa kann zerbrechen«, fügt Schulz mit bebender Stimme hinzu. Dies sei auch das Ziel der Ultranationalisten, die sich in ganz Europa breitmachen und einen Sieg nach dem anderen für sich verbuchen. »Diejenigen, die die Europäische Union rückabwickeln wollen und einen absoluten Vorrang des Nationalen vor einem gemeinsamen Vorgehen anstreben, gewinnen Wahlen, ziehen in Parlamente und sogar in Regierungen ein.«

Die EU-Chefdiplomatin Federica Mogherini, Frankreichs Premier Manuel Valls, Schwedens Ministerpräsident Stefan Löfven sowie Österreichs Bundeskanzler Werner Faymann unterstreichen die Äußerungen von Martin Schulz. Überall in Europa stünden Sozialdemokraten derzeit »in einem Wettbewerb gegen Nationalisten«, betont Faymann. Die europäischen Gäste am SPD-Parteitag in Berlin sind sich einig: »Kampfzeit ist angesagt.«

27. Dezember 2015:
Dritte Amtszeit für den Parlamentspräsidenten?

Längst ist es ein Thema in den europäischen Medien, unter EU-Abgeordneten und bei diskreten Treffen hochkarätiger europäischer Politiker: Es geht um eine mögliche dritte Amtszeit für Martin Schulz. Es ist der Wunsch vieler, nicht nur der Sozialdemokraten. Der Vorsitzende der sozialdemokratischen Fraktion, der Italiener Gianni Pittella, verlangt erstmals in einem Interview, Martin Schulz möge Parlamentspräsident bleiben. Nicht nur für seine Fraktion, sondern für viele andere sei Schulz einfach der »beste Präsident«, den das Parlament je gehabt habe. Deshalb solle er noch weitere zweieinhalb Jahre diese Funktion ausüben, betont Pittella.[94] Für die Sozialdemokraten sei ein »starker Präsident« in diesen »politisch und gesellschaftlich schwierigen Zeiten« die »beste Lösung«.

Gemäß einer schriftlichen Übereinkunft zwischen den beiden größten Fraktionen im Europäischen Parlament, der Europäischen Volkspartei und den Sozialdemokraten, läuft die Amtszeit von Martin Schulz Mitte Januar 2017 aus, also in der Mitte der Legislaturperiode. Ein EVP-Abgeordneter wäre dann an der Reihe. Entschieden wird die Nachfolge aber nicht nur in der EVP-Fraktion im Europäischen Parlament, sondern auch in Berlin. CDU-Chefin und Bundeskanzlerin Angela Merkel hat ein wichtiges Wort mitzureden. Ob die Absprache zwischen den beiden Fraktionen noch hält, ist offen. Im Laufe des Jahres 2016 mehrten sich die Stimmen, Martin Schulz möge bleiben. Auch im engsten Umfeld des Kommissionspräsidenten Jean-Claude

---

94 Welt am Sonntag, 27. Dezember 2015.

Juncker heißt es, in der Krise sei die gute Zusammenarbeit zwischen den beiden Repräsentanten von Kommission und Parlament ganz entscheidend, Kontinuität sei gefragt. Jean-Claude Juncker und Martin Schulz verstehen sich als zuverlässige Partner und arbeiten in der Bewältigung der Flüchtlingskrise sowie in anderen Bereichen der Politik eng zusammen. »Das Parlament liefert«, sagt ein enger Vertrauter des Kommissionspräsidenten.

Fragt man Martin Schulz nach seiner weiteren Karriere, stockt sein Redefluss. Bleibt er in Brüssel – oder geht er nach Berlin? Häufig wird auch über einen Wechsel in die deutsche Innenpolitik spekuliert. Als erster namhafter SPD-Politiker bringt der stellvertretende Vorsitzende der SPD-Bundestagsfraktion, Axel Schäfer, Martin Schulz als SPD-Kanzlerkandidat ins Gespräch.[95] Schulz wehrt jedoch alle Fragen zu seiner Zukunft ab. »Ich konzentriere mich auf die Aufgabe, die ich jetzt zu erledigen habe«, beteuert er immer wieder. Allerdings gilt eines als sicher: Martin Schulz geht nicht in den frühen Ruhestand und zieht sich auch nicht an seine geliebte Atlantikküste in der Bretagne zurück.

Straßburg, 19. Januar 2016: Rede der polnischen Ministerpräsidentin Beata Szydło

Das neue Jahr beginnt für den Parlamentspräsidenten turbulent. In einem offenen Brief des polnischen Bischofs Wiesław Mering kritisiert der Kirchenmann und Sympathisant der neuen nationalkonservativen polnischen Regierung die Aussage von Martin Schulz, die Vorgänge in Polen hätten einen »Staatsstreich-Charakter«. In Warschau regiert seit Mitte November 2015 die von Jarosław Kaczyński geführte nationalistische und erzkonservative Partei Recht

---

95   Tagesspiegel, 4. April 2015.

und Gerechtigkeit (PiS). Eine Reform des Verfassungsgerichts, die die Beschneidung der Gewaltenteilung befürchten lässt, und ein Mediengesetz, das der Regierung die Entscheidung über die Vergabe von Führungsposten in den öffentlich-rechtlichen Medien gibt, haben eine Welle der Kritik ausgelöst. Für Schulz sind das Vorgänge von »gelenkter Demokratie nach Art Wladimir Putins«.[96] Die polnische Regierungschefin Beata Szydło spricht darauf von einer »Verleumdung«.

Die EU-Kommission leitet am 13. Januar 2016 erstmals ein Verfahren zur Überprüfung des Rechtsstaats in einem Mitgliedsland ein, das bis zu einem Stimmrechtsentzug für Polen führen kann.[97]

Das Europäische Parlament hält die Entwicklung in Polen für so schwerwiegend, dass es bei der ersten Plenarsitzung im neuen Jahr eine Debatte über die Demokratie in Polen ansetzt und die neue Ministerpräsidentin zu einer Aussprache einlädt.

Die Harmonie zwischen Polen und den EU-Institutionen war schon einmal besser. Den Zustand will Beata Szydło, die im Prinzip nur das ausführende Organ des PiS-Parteivorsitzenden Kaczyński ist, offensichtlich auch gar nicht verbessern, was ganz im Sinne ihres Chefs ist. Bei ihrer Rede am 19. Januar in Straßburg stellt sie gleich zu Beginn kämpferisch fest, dass es in ihrer Regierung keine »Politik auf den Knien« gegenüber Brüssel geben werde, ihr Auftritt sei »kein Bußgang«. Im Übrigen erfülle die Regierung nur den Wählerwillen und den Wählerauftrag. Nicht Polen sei das größte Problem in der

---

96 dpa, 11. Januar 2016.

97 Der dreistufige Rechtsstaatsmechanismus ist von der EU-Kommission Anfang 2014 eingeführt worden. Kommt es in einem Dialogverfahren zu keiner Einigung, kann dieses zu Sanktionen führen, die bis zum Entzug von Stimmrechten reichen. Dazu müssten die anderen Mitgliedstaaten aber einstimmig feststellen, dass es in Polen einen »schwerwiegenden und anhaltenden Verstoß« gegen EU-Grundwerte gibt. Der Polen-Verbündete Ungarn hat bereits erklärt, dass er Sanktionen gegen Warschau nicht unterstützen werde.

EU, versichert sie, sondern die Flüchtlingskrise. Sie erneuert die Warschauer Haltung, keine Flüchtlinge aufnehmen zu wollen. Gleichzeitig betont sie mehrmals, dass ihre Regierung »voll und ganz hinter der EU steht und konstruktiv an ihr mitarbeiten will«. Eine Überprüfung der Rechtsstaatlichkeit in Polen durch die EU-Kommission lehne sie entschieden ab, denn die Reformen des Verfassungsgerichts und der öffentlich-rechtlichen Medien seien keine Verletzung der Prinzipien des Rechtsstaates. »Unsere Angelegenheiten sollten wir zu Hause klären, denn wenn andere es taten, ging es uns immer schlecht«, sagt sie mit Blick auf die Geschichte ihres Landes im 20. Jahrhundert und die Besetzung durch die Wehrmacht und die Rote Armee.

Beata Szydło sendet unterschiedliche Signale aus, in der mehr als dreistündigen Debatte klatscht sie lächelnd Beifall bei den zahlreichen Äußerungen EU-skeptischer Abgeordneter, dann gibt sie sich wieder ganz proeuropäisch. Sie will allen gefallen. Auf die an Martin Schulz gestellte Forderung nationalistischer und rechter Abgeordneter, sich dafür zu entschuldigen, der polnischen Regierung eine »Putinisierung« vorgeworfen zu haben, geht der Parlamentspräsident nicht ein.

Straßburg, 7. Februar 2016:
Vertrauliches Krisentreffen mit Merkel und Hollande

Wieder ist es Martin Schulz, der die Initiative ergreift. Am 7. Februar, mitten in der Flüchtlingskrise und im Ringen um den EU-Türkei-Pakt, lädt er Frankreichs Staatspräsidenten François Hollande und die deutsche Bundeskanzlerin Angela Merkel zu einem Abendessen nach Straßburg ein, dieses Mal ins traditionelle Restaurant »Au Pont Corbeau« nahe des berühmten Straßburger Münsters. Hollande, Merkel und Schulz diskutieren über die Flüchtlingskrise, die ihnen die Grenzen ihrer Handlungsfähigkeit so drastisch aufzeigt. Es fehlt an solidarischer Einsicht in der EU, die Flüchtlinge fair auf alle Länder zu verteilen. Alle drei halten dabei an dem EU-Türkei-Abkommen fest, das den Flüchtlingsstrom in die EU eindämmen soll. Und sie sind sich auch einig darüber, dass Griechenland bei der Bewältigung des Andrangs von Flüchtlingen geholfen werden müsse.

Martin Schulz warnt, wie auch schon in den Wochen zuvor, vor einem Ende des grenzenlosen Schengen-Raumes oder gar einem Auseinanderbrechen der EU, sollten die 28 Mitgliedsländer wegen nationaler Egoismen keinen gemeinsamen Ausweg aus der Flüchtlingskrise finden.

Brüssel, 16. Februar 2016:
Krisengespräch über britisches Reformpaket

Zwei Tage vor dem entscheidenden EU-Gipfelgespräch der Staats- und Regierungschefs über das Briten-Reformpaket kommt Premier David Cameron zu einem Krisentreffen nach Brüssel. Um eine Einigung zu erreichen, die der Konservative auch für sein eigenes politisches Überleben dringend braucht, trifft er zunächst Martin Schulz in seinem Büro im Europäischen Parlament. Eine Pressekonferenz findet nicht statt, David Cameron will keine Öffentlichkeit. Dann eilt er zum nächsten Gespräch mit dem Präsidenten der EU-Kommission.

Sowohl Martin Schulz als auch Jean-Claude Juncker weisen die Forderung von David Cameron nach einer Anerkennung mehrerer Währungen in der EU zurück. »Die Währung der EU ist der Euro, die Verträge sind klar, was das angeht, und die Verträge garantieren Großbritannien auch eine Opt-out-Möglichkeit«, erklärt Schulz. Für das Europäische Parlament sei es inakzeptabel, einem Mitgliedstaat ein Vetorecht in Fragen einzuräumen, die die Eurozone beträfen.

Der Parlamentspräsident äußert sich auch differenziert zu der von Cameron geforderten Kappung von Sozialleistungen für EU-Ausländer, mit der London den Zuzug begrenzen will. Wenn die »Bewegungen praktische Probleme schaffen«, wenn es »systematischen Missbrauch« gebe, die Schulen und Krankenhäuser überfüllt seien, »müssen diese Probleme geregelt werden«. Eine Lösung könne aber nicht »um den Preis der Diskriminierung der EU-Bürger« gefunden werden, warnt Martin Schulz.

Nach schwierigen 18-stündigen Verhandlungen einigen sich die EU-Staats- und Regierungschefs bei ihrem Gipfeltreffen am 18. und 19. Februar auf ein Reformpaket, mit dem der sogenannte Brexit verhindert werden soll. Besonders umstritten ist der Wunsch des britischen Premiers, EU-Ausländern Sozialleistungen vorzuenthalten und für ihre nicht in Großbritannien lebenden Kinder weniger Kindergeld zu zahlen. So könnte das Vereinigte Königreich neu einreisenden EU-Ausländern jeweils bis zu vier Jahre lang Sozialleistungen verweigern und muss ihnen erst nach Ablauf dieser Frist die volle Summe zahlen. Steigt die Zuwanderung auf ein »außergewöhnliches Ausmaß« an, kann London einen »Schutzmechanismus« beziehungsweise eine »Notbremse« beantragen, um Sozialleistungen, wie etwa den Anspruch auf eine Sozialwohnung, zu streichen oder zu kürzen. Möglich ist die Anwendung dieser Sonderregelung der befristeten Aussetzung von Sozialleistungen höchstens für eine Dauer von sieben Jahren. David Cameron hatte eigentlich 13 Jahre durchsetzen wollen.

Auf Widerstand bei osteuropäischen Ländern stößt die von Großbritannien durchgesetzte Möglichkeit, die Höhe von Kindergeldzahlungen davon abhängig zu machen, in welchem Land die Kinder leben. Dies gilt etwa für Kinder, die in der Heimat der Eltern bleiben, während diese zum Arbeiten in ein anderes EU-Land, zum Beispiel nach Großbritannien, gehen. In diesen Fällen können die Zahlungen geringer ausfallen, wenn der Lebensstandard im Aufenthaltsland der Kinder niedriger ist. Bis 2020 sind nur neue

Zuwanderer von der Regelung betroffen, danach alle Arbeitnehmer aus anderen EU-Staaten. Die Regelung können darüber hinaus alle EU-Länder anwenden. Die britische Regierung hat im Streit um diesen Punkt argumentiert, dass Osteuropäer, die in Großbritannien geltenden Leistungen an ihre in der Heimat lebenden Kinder überweisen, obwohl dort die Lebenshaltungskosten geringer sind als im Vereinigten Königreich.

Straßburg, 9. März 2016:
Neonazi fliegt aus dem Plenarsaal

Mehrere Stunden debattieren die Europa-Abgeordneten über die Flüchtlingspolitik der EU mit der Türkei. Zu Wort meldet sich auch der griechische Parlamentarier Eleftherios Synadinos von der neofaschistischen Partei »Goldene Morgenröte«. Der 60-jährige ehemalige Armee-Leutnant bezeichnet die Türken unter Berufung auf nicht namentlich genannte »osmanische Gelehrte« pauschal als »dumme und schmutzige Barbaren«. Das reicht. Parlamentspräsident Martin Schulz verweist ihn aus dem Plenarsaal. Doch Synadinos weigert sich zunächst, der Aufforderung nachzukommen. Unter lauten Protestrufen und Tumulten auf den Bänken der Rechtsextremen verlässt er schließlich den Saal. Einer seiner Parteikollegen ruft Martin Schulz zu, ein »Faschist« zu sein.

Der vom griechischen Abgeordneten provozierte Eklat ist perfekt und wird Konsequenzen haben. Martin Schulz kündigt an, den Abgeordneten zunächst anzuhören, Sanktionen würden nicht ausgeschlossen. So seien ein zeitweiliger Ausschluss von der Parlamentsarbeit und der Entzug von Tagegeldern und Spesen möglich. Schulz drängt auch auf eine »Grundsatzentscheidung«, da es immer mehr Abgeordnete im Europäischen Parlament gibt, die systematisch »rote Linien überschreiten«. »Es gibt ständig Versuche, im Plenum zu provozieren und Grenzen auszutesten. Verletzende, rassistische Rhetorik darf man nicht durchgehen lassen. Darauf muss man reagieren«, sagt der Präsident.

Seit der Wahl des Europäischen Parlaments 2014 sind mehr als hundert rechte, nationalistische, europaskeptische und europafeindliche Politiker im Parlament vertreten, von denen viele unverblümt ausländerfeindliche und rechtsextreme Positionen vertreten. Nach Ansicht von Martin Schulz braucht es deswegen eine Strategie im Umgang mit Rechtsextremen und Nationalisten. »Die Solidarisierung der Parteien des Anstandes« wäre so ein Schutzschild. Man müsse die Populisten von rechts und links »politisch isolieren und gegen sie argumentieren«.[98] Sie gehörten entlarvt, verlangt Schulz, denn »sie haben keine oder nur scheinbare Lösungen, aber für alles einen Sündenbock«.

Rom, 6. Mai 2016:
Würdigung des Karlspreisträgers Papst Franziskus

Wenn Papst Franziskus mit der höchsten Auszeichnung Europas, dem Karlspreis, gewürdigt wird, pilgern die EU-Spitzen der drei EU-Institutionen – Parlament, Kommission und Rat – nach Rom. Für Parlamentspräsident Martin Schulz ist es nicht die erste Begegnung mit dem Oberhaupt der katholischen Kirche.

In seiner Laudatio in der Sala Regia im Vatikan unterstreicht Martin Schulz, dass der Preis ein Bürgerpreis sei, gestiftet von den Bürgern Aachens für das europäische Friedensprojekt. Diesem Geist der Aachener Bürger würden sich die EU-Vertreter verpflichtet fühlen. Er räumt ein, dass »Europa heute stürmische Zeiten durchlebt, vielleicht sogar vor einer Zerreißprobe steht«. Mehr denn je

---

98   Interview mit Martin Schulz im Kurier, 1. Mai 2016.

brauche es Menschen, die sich zur europäischen Einigung bekennen, die uns wachrütteln und die daran erinnern, was wirklich wichtig ist: »Frieden, Solidarität und gegenseitiger Respekt.« Genau dafür werde der Papst mit dem Karlspreis ausgezeichnet. Mit seinem Blick von außen auf Europa und seiner Betonung, dass ein Europa, das auf den Menschen schaut, das seine Würde verteidigt und schützt, »ein kostbarer Bezugspunkt für die gesamte Menschheit« sei, führe Seine Heiligkeit Papst Franziskus uns Europäer auf unsere europäischen Werte und damit auf uns selbst zurück: auf Europas humanistischen Geist, erklärt Martin Schulz. Es sei das Bekenntnis zur Menschenwürde, das Europa in einer bewussten Abkehr vom Totalitarismus abgelegt habe. »Aus diesem Tiefpunkt der Menschheitsgeschichte heraus entstand in der zweiten Hälfte des 20. Jahrhunderts – zunächst in Westeuropa – ein einzigartiger Gegenentwurf: Demokratie, Rechtsstaatlichkeit, Meinungsfreiheit und grenzüberschreitende Zusammenarbeit zwischen Völkern. Weil die Gründergeneration eines wusste: Wenn wir Europäer uns untereinander zerstritten, dann erging es allen schlecht – wenn wir Europäer aber zusammenstanden, dann brachte das gute Zeiten für alle.«

Bei diesem positiven Befund über die Lehren aus der Geschichte belässt es Martin Schulz aber nicht. »Heute laufen wir Gefahr, dieses Erbe zu verspielen. Denn die Fliehkraft der Krisen treibt uns auseinander, anstatt uns enger aneinanderzubinden. Nationale Egoismen, Renationalisierung, Kleinstaaterei sind auf dem Vormarsch. Ohne Frage, Europa steht in der Flüchtlingsfrage vor einer epochalen Herausforderung. (…) Doch Populisten treiben ihr böses Spiel; sie suchen nicht nach Lösungen, sondern schüren Ängste.«

Entschieden kritisiert Martin Schulz in seiner feierlichen Ansprache auch das Vorgehen vieler Regierungen, mehr als 25 Jahre nach dem Fall des Eisernen Vorhangs wieder Mauern und Zäune in Europa zu errichten und die größte europäische Errungenschaft, die Freizügigkeit, zu gefährden. »Geschichtsvergessenheit« sei das, bemängelt der Parlamentspräsident. »Realitätsverweigerung« konstatiert er bei jenen, die behaupten, dass »Nationalstaaten auf sich gestellt besser dran wären. Als ob wir Europäer uns und unser einzigartiges Gesellschaftsmodell in einer sich immer weiter globalisierenden und enger vernetzten Welt behaupten könnten, wenn sich unser Kontinent in seine Einzelteile zerlegt.«

Die Rede von Martin Schulz im Vatikan vermittelt aber auch die Gewissheit, dass nicht der Heilige Geist Europa helfen und aus seiner Solidaritätskrise herausführen kann, sondern nur die eigene Tat und Überzeugung. Europa auf eine neue Wertebasis zu stellen, muss schon das profane Werk der Europäer und ihrer Regierungen selbst sein. Allerdings können die Worte des Papstes motivierend wirken, wenn er sagt, dass »Schwierigkeiten zu machtvollen Förderern der Einheit werden können«. Papst Franziskus zeigt allen – »besonders jenen Regierungschefs, die sich weigern, muslimische Flüchtlinge aufzunehmen mit der Begründung, man sei ein christliches Land –, was gelebte Solidarität, was Menschlichkeit heißt, wenn er nach seinem Besuch auf Lesbos drei syrischen Familien Schutz im Vatikan gewährt«. Martin Schulz versteht es, jeden Redeanlass zu nutzen – wie auch seine Laudatio auf Papst Franziskus –, um existenzielle Fragen der europäischen Gesellschaft und der Europäischen Union anzusprechen.

Berlin, 12. Mai 2016:
EU-Trio widersteht dem Druck der Türkei

Der Konflikt in der Flüchtlingsfrage zwischen den EU-Institutionen sowie einigen Mitgliedsländern und der türkischen Staatsspitze in Ankara samt Präsident Recep Tayyip Erdoğan entwickelt sich im ersten Halbjahr 2016 zu einem Dauerzustand. In regelmäßigen Abständen droht die Türkei mit dem Bruch des Flüchtlingsdeals und damit, die Schleusen für Migranten zu öffnen, die von der Türkei über Griechenland in die EU weiterreisen wollen. Für die Türkei ein ganz wichtiger Punkt ist die Aufhebung der Visapflicht für türkische Staatsbürger. Der Streit über die Reisefreiheit eskaliert aufgrund der EU-Bedingung einer Änderung der Anti-Terrorgesetze. Nach dem Willen der EU soll die Türkei ihre bisher recht weit gefasste Definition von Terrorismus umgestalten, damit die Gesetze tatsächlich der Verfolgung von Terroristen dienen – und nicht gegen politische Gegner oder unliebsame Journalisten missbraucht werden können.

Die Frage, ob und wie lange der Flüchtlingspakt der EU mit der Türkei noch hält und welche Strategie die EU gegenüber dem autoritär agierenden Staatspräsidenten Recep Tayyip Erdoğan verfolgt, ist zentrales Thema des Spitzentreffens von Parlamentspräsident Martin Schulz, Kommissionspräsident Jean-Claude Juncker und Bundeskanzlerin Angela Merkel am 12. Mai in Berlin.

Beharrlich weigert sich Erdoğan, die Anti-Terrorgesetze zu ändern. Die EU lässt sich von der Türkei aber nicht unter Druck setzen und verlangt die vollständige Erfüllung aller 72 Kriterien für die Visa-Liberalisierung. Konsequent verhält sich in dieser Frage Martin Schulz: Es sei »absolut außerhalb jeder Diskussion«, dass das Europäische Parlament mit den Beratungen beginne, wenn Ankara die Voraussetzungen für die Visafreiheit nicht erfüllt habe – zumal mit dem Datenschutz und dem Anti-Terror-Pakt zwei der wesentlichsten Voraussetzungen »nicht nur nicht erfüllt, sondern nicht einmal angepackt sind«. Der Berater des türkischen Staatspräsidenten, Burhan Kuzu, droht zeitgleich mit dem Türkei-Gipfel in Berlin den EU-Abgeordneten via Twitter: »Sollten die EU eine falsche Entscheidung treffen, schicken wir die Flüchtlinge los.« Mit dem Flüchtlingsabkommen verpflichtet sich die Türkei, ihre Grenzen zu schützen und Flüchtlinge, die illegal nach Griechenland gekommen sind, zurückzunehmen. Für jeden syrischen Flüchtling, den die

Türkei von Griechenland zurücknimmt, lässt sie einen syrischen Flüchtling legal in die EU einreisen (1:1-Modell).

Einige Wochen nach dem Treffen in Berlin schreibt Martin Schulz einen Brief an den Staatspräsidenten in Ankara. Mit scharfen Worten wirft er ihm einen demokratiepolitischen »Tabubruch« vor. Hintergrund des Schreibens ist die Armenien-Resolution des Deutschen Bundestags, in der die Massaker an den Armeniern im Osmanischen Reich 1915 als Völkermord eingestuft werden. Recep Tayyip Erdoğan hatte türkischstämmige Abgeordnete im Bundestag, die für diese Resolution stimmten, als verlängerten Arm der verbotenen Arbeiterpartei Kurdistans PKK bezeichnet, deren türkische Herkunft angezweifelt und von ihnen sogar einen Bluttest gefordert. Für den Parlamentspräsidenten ist das völlig inakzeptabel. »Parlamentarier, die sich im Rahmen ihres Mandats positionieren, dürfen unbeschadet etwaiger Meinungsverschiedenheiten in einer politischen Frage keinesfalls in die Nähe von Terroristen gerückt werden«, heißt es in seinem Brief.[99]

Er reiht sich ein in die lange Liste konsequenter Kritik des SPD-Politikers an dem undemokratischen, rechtswidrigen, die Meinungs- und Pressefreiheit verletzenden Vorgehen der türkischen Regierung.

Auch in Bezug auf den Streit zwischen Erdoğan und dem deutschen Komiker Jan Böhmermann wegen seines Schmähgedichts über den türkischen Präsidenten bezieht Martin Schulz Stellung: »Satire ist ein Grundelement der demokratischen Kultur«, Politiker müssten damit leben, auch der türkische Staatspräsident. Kein Verständnis hat er auch für das Vorgehen des türkischen Staatsoberhaupts gegen oppositionelle Medien. So wurden die Zeitung *Zaman* und die Nachrichtenagentur *Cihan* unter staatliche Zwangskontrolle gestellt. Prozesse gegen Journalisten, denen unter anderem Spionage vorgeworfen wird, häufen sich. Hinter all diesen Maßnahmen erkennt

---

99 Der Brief wird in Auszügen am 9. Juni 2016 auf Spiegel Online veröffentlicht.

Schulz schwere »Grundrechtsverletzungen« in der Türkei. Zu diesen »darf die EU nicht schweigen, nur weil wir in der Flüchtlingsfrage zusammenarbeiten«.[100]

Mainz, 16. Mai 2016: Laudatio auf Kardinal Lehmann

Dass ein hoher Repräsentant der katholischen Kirche den Wunsch äußert, ein europäischer Spitzenpolitiker, nämlich Martin Schulz, möge die Festrede zu seinem 80. Geburtstag halten, ist etwas Außergewöhnliches. Noch dazu ist nicht bekannt, dass Schulz ein frommer, tiefreligiöser Mensch wäre. Am Pfingstmontag fährt der Parlamentspräsident schließlich nach Mainz, um bei dem Festakt in der Rheingoldhalle die Laudatio auf Kardinal Karl Lehmann zu halten, mit dem Titel »Aus Angst um Europa«. Darin unterstreicht Martin Schulz die Bedeutung des Kirchenmannes, der »Orientierung in Zeiten großer Orientierungslosigkeit gibt«, »das Gebot der Nächstenliebe sichtbar lebt, während mancherorts der kalte Egoismus Konjunktur hat«. Lehmann baue Brücken, wo andere Gräben vertieften. Geradezu dialektisch richtet der Festredner die Frage an den in Deutschland »bewunderten und verehrten« Kardinal, warum viele Menschen neuerdings Hass gegen Christen, gegen Fremde und Andersdenkende verbreiteten und das in 60 Jahren in Europa Erreichte – Frieden, Wohlstand, soziale Gerechtigkeit und Chancengleichheit – nicht mehr wertschätzten, sondern sich in Untergangsszenarien ergingen.

»Warum, so frage ich, warum haben wir unseren Glauben an uns selbst verloren? Warum sind wir so verzagt geworden, wo wir doch so Großartiges erreicht haben? Warum hadern so viele mit dem politischen und gesellschaftlichen System, obschon es uns

---

100 Reuters, 3. April 2016.

doch Frieden und Wohlstand gebracht hat? Woher kommt der Hass von manchen Menschen, denen doch im Vergleich zu allen Vorgängergenerationen ein so sicheres Leben geschenkt worden ist?«

Martin Schulz sucht Antworten im Leben von Kardinal Lehmann selbst, der totalitäre, rassistische Ideologien erlebt hat, »den Weltbrand, der durch Deutsche entfacht wurde und in dem schlimmsten Zivilisationsbruch der Geschichte der Menschheit gipfelte, er hat Flucht und Vertreibung gesehen«. Trotz dieser Erfahrungen sei der Kirchenmann »ein mutiger, weltoffener, zuversichtlicher, ja ein so wunderbarer Mensch geworden«.

Diese Haltung, wünscht sich Martin Schulz so sehr, möge die Europäer erfassen – und nicht »die Renaissance des Nationalen« und des Hasses. Ein Rückfall in »nationale Egoismen« könne in einer erneuten Katastrophe enden, warnt der Parlamentspräsident.

Mit Blick auf die aktuelle Flüchtlingskrise beklagt Schulz, dass Europa in Referenden abgelehnt werde und neue Grenzzäune und Mauern gebaut würden. Dies sei absurd angesichts globaler Herausforderungen, die kein Nationalstaat allein bewältigen könne. Es gehe nicht darum, den Nationalstaat zu überwinden, denn er werde ganz sicher noch gebraucht, sagt er. Der Nationalstaat sei aber nicht als Gegensatz zu Europa zu verstehen, sondern als Ergänzung: »Europa ist unser Instrument, um auch in Zukunft Frieden, Wohlstand und Sicherheit auf unserem Kontinent zu bewahren.«

Als eine zivilisatorische Errungenschaft von epochaler Bedeutung würdigt Martin Schulz das Recht auf freie Religionsausübung. Er ruft dazu auf, sich denjenigen entschieden in den Weg zu stellen, die wieder Hass gegen religiöse Glaubensgemeinschaften predigten.

Brüssel, 24. Juni 2016:
Briten entscheiden für den EU-Austritt

Martin Schulz ist am 24. Juni schon früh am Morgen in seinem Büro. Die Informationen, die ihn aus dem Vereinigten Königreich erreichen, sind beunruhigend, der Trend, wonach die Brexit-Befürworter vorne liegen, verfestigt sich. Gegen 7.00 Uhr, das offizielle Ergebnis liegt noch nicht vor, gibt es keinen Zweifel mehr, die britischen Wähler entscheiden sich nach 43 Jahren Mitgliedschaft mehrheitlich für den Austritt aus der Europäischen Union. Zwei Stunden später ist es dann offiziell: 51,9 Prozent sind für den Brexit, 48,1 dagegen, ein denkbar knappes Ergebnis. Die Wahlbeteiligung liegt bei 72,2 Prozent, bei der Parlamentswahl 2015 gingen 66,1 Prozent der registrierten Wähler zu den Urnen. Für das Brexit-Referendum haben sich 46,5 Millionen der fast 65 Millionen Briten registriert. Somit haben rund 33,5 Millionen Briten abgestimmt. Die Brexit-Befürworter haben rund eine Million mehr Stimmen gesammelt als die Brexit-Gegner. Das Votum für den Ausstieg Großbritanniens aus dem europäischen Projekt lässt die EU-Politiker ratlos zurück. Der Schock muss erst einmal verdaut werden.

Martin Schulz sei »traurig« über den Ausgang des Referendums, sagt er. Als er als erster EU-Spitzenpolitiker um 7.22 Uhr live im ZDF-Morgenmagazin auftritt, wirkt er gefasst: »Wir haben uns auf einen Brexit vorbereitet«, sagt er mit ruhiger Stimme. »Das Ergebnis zeigt, dass Großbritannien einen schweren Weg vor sich hat.« David Cameron habe »große Verantwortung auf sich und sein Land geladen«, indem er auf Druck der Euroskeptiker in seiner konservativen Partei das Referendum überhaupt angesetzt habe. Martin Schulz verlangt einen schnellen Start der Austrittsverhandlungen mit Großbritannien, es gelte die ökonomischen und politischen Unsicherheiten unter Kontrolle zu halten. Die ersten Reaktionen auf den Märkten sind alarmierend: Das britische Pfund verliert an Wert, auf den Börsen kommt es zu Turbulenzen, die Aktienkurse stürzen weltweit ab. Eine politische Kettenreaktion in der EU, Nachahmer eines Austrittsreferendums, schließt Martin Schulz aus, obwohl auf dem ganzen Kontinent die EU-Gegner jubeln und mit weiteren Volksabstimmungen drohen.

In den EU-Institutionen laufen die Telefone heiß, eine Krisensitzung jagt die andere. Martin Schulz telefoniert um 7.30 Uhr mit der SPD-Spitze in Berlin. Um 8.00 Uhr ist ein Treffen mit den Vorsitzenden der Fraktionen angesetzt, um die weitere Vorgehensweise im Europäischen Parlament abzustimmen.

Die Brexit-Sensation war nicht einmal ein paar Stunden alt, da tritt in London Premier David Cameron in der Downing Street 10 vor die Tür und kündigt vor laufenden Kameras seinen Rücktritt an – aber nicht sofort, sondern erst im Herbst. Er sagt auch nicht, wann Großbritannien die Scheidungsunterlagen in Brüssel einreichen wolle. Angekündigt hatte er vor dem Referendum, die EU »umgehend« darüber zu informieren, wann das Vereinigte Königreich das Austrittsgesuch stellt. Erst danach können die offiziellen Trennungsverhandlungen beginnen.

Dass David Cameron die EU so lange hinhält, damit haben die höchsten Vertreter der EU-Institutionen in Brüssel nicht gerechnet. Die Präsidenten von Parlament, Rat und Kommission sowie der niederländische Regierungschef Mark Rutte – die Niederlande haben im ersten Halbjahr 2016 die EU-Präsidentschaft inne – verabschieden Freitagvormittag eine gemeinsame Erklärung. Darin heißt es sachlich: »Wir erwarten nun von der Regierung des Vereinigten Königreiches, dass sie die Entscheidung des britischen Volkes so schnell wie möglich umsetzt, so schmerzhaft der Prozess auch sein mag. Jede Verzögerung würde die Unsicherheit unnötig verlängern. Wir verfügen über die Regeln, um auf geordnete Weise damit umzugehen.«

Martin Schulz drängt die Briten zur Eile, er hat wenig Verständnis dafür, dass der konservative Premier auf Zeit spielt und den Exit-Knopf nicht drückt. Ungewöhnlich scharf kritisiert er David Cameron in einem Interview mit den ARD-Tagesthemen: »Offen gestanden: Ich finde das skandalös. Zum wiederholten Male wird ein ganzer Kontinent in Geiselhaft genommen für die parteiinternen Überlegungen der konservativen Partei Großbritanniens.« Und weiter: »David Cameron hat vor drei Jahren, als er in seiner Partei unter Druck stand, den Radikalen am rechten Rand der Tories gesagt: Ich gebe euch ein Referendum, dafür wählt ihr mich wieder. Das hat geklappt. Da wurde ein ganzer Kontinent verhaftet für seine parteiinternen taktischen Unternehmungen. Jetzt ist das Referendum gescheitert. Jetzt sagt der gleiche Premierminister, ja, ihr müsst aber warten, bis wir mit euch verhandeln, bis der Parteitag der Konservativen im Oktober getagt hat. Dann trete ich zurück, dann gibt's einen neuen Parteichef, der wird dann Premierminister. Also ehrlich gesagt: Man kann einen Parteitag auch morgen früh einberufen, wenn man das will. Ich finde das schon ein starkes Stück, das der Herr Cameron mit uns spielt.«

Der Druck von Martin Schulz auf die britische Regierung, den Austrittsprozess einzuleiten, wächst. Die EU-Regierungschefs und die Außenminister teilen diese Position. Die deutsche Bundeskanzlerin Angela Merkel und einige andere konservative Spitzenpolitiker zögern allerdings. Sie wollen Großbritannien, wo nach dem Brexit-Referendum ein heilloses Chaos ausgebrochen ist, doch etwas Zeit lassen, die innenpolitische Krise sowie den Streit unter den Tories, aber auch in der Labour-Partei zu lösen.

Das Votum der britischen Bevölkerung für einen Austritt setzt aber auch der EU zu: Bisher gab es nur Beitrittsverhandlungen, erstmals steht sie vor der Situation, einen Austritt zu verhandeln. Der Vertrag von Lissabon, Artikel 50, macht das möglich. Das Brexit-Referendum ist die Ouvertüre für die längst fällige Debatte darüber, welchen Stellenwert nationale Referenden in einer modernen Demokratie einnehmen. Das unerwartete Ergebnis des britischen Plebiszits ist aber auch der Auftakt für den nächsten Reform-Machtkampf in der EU.

Wie sehr ein Volksentscheid aber auch zur Pleite werden kann, zeigt wiederum das Brexit-Beispiel: Dabei ging es ja nicht um die besseren Argumente für oder gegen einen Verbleib des Vereinigten Königreiches in der EU, es ging vielmehr um ein zynisches Duell zwischen zwei Eton-Boys, dem Regierungschef David Cameron und dem ehemaligen Londoner Bürgermeister Boris Johnson, der bekannten Stimme des Brexit-Lagers.[101] Schließlich verloren beide: David Cameron nimmt seinen Hut, Johnson hat nicht den Mut, sich als Brexit-Sieger für die Nachfolge von Cameron zu bewerben.

Der Referendumsbefürworter Historiker Timothy Garton Ash hat für die Brexit-Kampagne nur eine abschätzige Bemerkung übrig: »Es handelte sich um ein atemberaubendes Ausmaß an Verlogenheit und Manipulation.«[102] Klarheit verschafft das Brexit-Referendum keine: Das Votum stiftet Verwirrung in Großbritannien, Enttäuschung und Zukunftsängste machen sich bei den jungen Menschen breit, die mehrheitlich für den Verbleib in der EU gestimmt haben, es gibt Machtkämpfe unter den Tories und in der Labour-Partei, und das Land zeigt sich gespalten und zerrissen: zwischen Jung und Alt, gebildeten und weniger gebildeten Schichten, London und der Provinz, zwischen Engländern und Schotten. Nicht einmal der Exit vom Brexit ist mehr ausgeschlossen.

Die Lehren aus dem Brexit-Referendum liegen wie gesagt auf der Hand. Die EU braucht nicht mehr direkte Demokratie, sondern Reformen. Welche – das ist die große Frage, über die schon wenige

---

101   Das Eton College ist ein britisches Elite-Internat für Jungen. Das College ist für den Einfluss seiner früheren Schüler auf Politik und Gesellschaft bekannt. Untern den ehemaligen Schülern befinden sich 19 britische Premierminister.

102   Der Spiegel, 2. Juli 2016.

Stunden nach der britischen Abstimmung ein Streit unter Europas Staatenlenkern ausgebrochen ist. Die EU braucht eine Politik, die den Menschen etwas bringt und nicht noch mehr Frust und Europa-Skepsis verursacht, heißt es unter Europas Sozialdemokraten. Am Morgen des 24. Juni stellen Parlamentspräsident Martin Schulz und SPD-Chef Sigmar Gabriel ein Zehn-Punkte-Programm mit dem Titel »Europa neu gründen« ins Netz. »Ein phantasieloses ›Weiter so‹, technokratische Reformansätze oder ein Durchwursteln reichen nicht mehr aus. Wir brauchen jetzt den Mut, etwas Größeres zu wagen«, heißt es darin. Beide Sozialdemokraten verlangen, dass Europa wieder stärker Kurs auf die Menschen zu nehmen müsse. Auch die Sparprogramme und die Austeritätsdoktrin von Angela Merkel und Wolfgang Schäuble hätten Arbeit, Beschäftigung und sozialen Ausgleich in den Krisenländern nicht gerade gefördert. Der Zorn vieler Menschen, die EU-skeptisch seien, richte sich oftmals gegen das »Sparregime in Brüssel« und oft auch gegen Berlin.

Martin Schulz und Sigmar Gabriel verlangen eine offensivere Investitionspolitik, neue Wachstumsimpulse und eine Vertiefung der Eurozone bis hin zu einem eigenen Finanzminister und einem eigenen Budget für die Eurozone. Auch der Stabilitäts- und Wachstumspakt, für Konservative eine Art »heilige Kuh«, sollte dahingehend geändert werden, dass die Wachstumskomponente des Paktes gestärkt werde. Ziel sei unter anderem, »die beschämend hohe Jugendarbeitslosigkeit zu bekämpfen (…) Ökonomische Prosperität und soziale Gerechtigkeit bilden die Grundlage einer starken Union nach innen und nach außen.« Natürlich fordern die beiden auch eine stärkere gemeinsame EU-Außen- und -Sicherheitspolitik, einen besseren Außengrenzschutz, mehr Einsatz gegen die Terrorgefahren und Solidarität bei der Aufteilung der Flüchtlinge.

Das SPD-Papier spiegelt ferner die europäische Debatte über eine neue Machtverteilung zwischen Europäischem Parlament, Kommission und dem Rat der Staats- und Regierungschefs wider.

Die SPD setzte sich bei der Europawahl 2014 dafür ein, dass Spitzenkandidaten antraten. »Zum ersten Mal konnten die Bürger mit ihrer Stimme den Kommissionspräsidenten direkt wählen, der sozusagen als europäischer Regierungschef fungiert«, heißt es in dem Dokument. Folgerichtig müsse die EU-Kommission zu einer europäischen Regierung werden, die vom Europäischen Parlament und einer zweiten Kammer der Mitgliedstaaten kontrolliert werde.

Resümierend stellen Schulz und Gabriel fest, dass eine breite EU-weite Diskussion unter Einbeziehung auch aller nationalen Parlamente starten müsse, um die von ihnen angeregten Reformen zu diskutieren. Einen Konvent verlangen sie explizit nicht.

Europas Konservative weisen das SPD-Programm zurück. Einfach »mehr Europa« zu fordern, spiele nur den EU-feindlichen Kräften in die Hände, tönt es aus der CDU und CSU. Wer jetzt eine weitere Integration fordere, vor allem in der Eurozone, habe den Schuss nicht gehört, befindet Finanzminister Wolfgang Schäuble (CDU) und legt ein eigenes Programm vor, das auf ein besseres Funktionieren des Binnenmarktes und auf Budgetdisziplin setzt.

Brüssel, 28. Juni 2016: Brexit-Gipfel

Bevor sich am Dienstagnachmittag, den 28. Juni, die Staats- und Regierungschefs zum letzten Mal mit ihrem britischen Amtskollegen David Cameron in Brüssel treffen, kommt das Europäische Parlament zu einer Sondersitzung zusammen. Parlamentspräsident Martin Schulz dankt den britischen Abgeordneten und Beamten für ihren bisherigen Einsatz, Tränen fließen, ein Abschied ist für die meisten unvorstellbar. Als der britische Rechtspopulist und Chef der Austrittspartei UKIP (United Kingdom Independence Party), Nigel Farage, das Wort ergreift, entlädt sich die Wut vieler Parlamentarier. Vor 17 Jahren habe man ihn noch für seine

Brexit-Kampagne ausgelacht. »Jetzt lachen Sie nicht mehr, oder?«, sagt er in Siegerpose. Buhrufe ertönen, manche sind fassungslos ob dieser Anmaßung des Briten, der versprochen hatte, bei einem Brexit nie wieder im Plenum auftauchen zu wollen. Und jetzt sitzt er da und verhöhnt das ganze Plenum, indem er behauptet, keiner von den Anwesenden habe jemals ordentlich gearbeitet. Kommissionspräsident Jean-Claude Juncker platzt der Kragen. »Sie Lügner«, ruft er ihm zu. »Warum sitzen Sie noch hier. Die Briten haben für den Ausstieg gestimmt.« Parlamentspräsident Martin Schulz greift ordnend ein.

Auf Antrag der vier großen Fraktionen im Europäischen Parlament – EVP, Sozialdemokraten, Liberale und Grüne – wird eine Resolution verabschiedet, die Austrittsverhandlungen mit den Briten so schnell wie möglich zu starten, um eine Phase der Unsicherheit zu beenden. Sie rufen die britische Regierung dazu auf, die demokratische Entscheidung der Wähler zu respektieren und einen baldigen sowie stimmigen Austrittsprozess aus der EU auf Grundlage von Artikel 50 des Lissabonner Vertrags, der das Austrittsprozedere regelt, einzuleiten. Zugleich spricht sich die große Mehrheit der Abgeordneten dafür aus, dass der Kern der EU gestärkt werden müsse und Lösungen für Mitgliedsländer à la carte vermieden werden sollten. Das Parlament fordert außerdem den EU-Rat auf, die EU-Ratspräsidentschaft Großbritanniens in der zweiten Jahreshälfte 2017 zu annullieren.

Mit dieser Resolution in der Hand geht Martin Schulz gestärkt zum EU-Gipfel und trägt im Kreis der Regierenden den Inhalt vor. Zunächst zögern einige EU-Granden, ob man den Briten nicht doch etwas länger Zeit lassen sollte. Schließlich unterstützen alle die Position des Europäischen Parlaments: keine Vorverhandlungen, die rasche Abgabe des Austrittsbriefes und keine »Rosinenpickerei«. Die Tagesordnung bestimmt die EU und nicht das Land, das austreten will, lautet die Devise.

Parallel zum Austritt der Briten wird ein Erneuerungsprozess der EU vereinbart, der aber vorerst noch sehr vage bleibt. Im September 2016 werden bei einem Sondergipfel im slowakischen Bratislava – die Slowakei führt den EU-Vorsitz in der zweiten Hälfte 2016 – die Weichen für Reformen in drei Bereichen neu gestellt: Stärkung der inneren Sicherheit und effizientere Terrorismusbekämpfung, ein besserer Schutz der EU-Außengrenze und Ausbau des Binnenmarktes inklusive mehr Wettbewerbsfähigkeit.

London, 13. Juni 2016:
Theresa May zieht in die Downing Street 10 ein

Nach dem Brexit-Votum geht die Politik-Rochade in Großbritannien schneller voran als geplant. Seinen Rücktritt hat Briten-Premier David Cameron ursprünglich für den Herbst angekündigt, er gibt aber früher auf: Am 13. Juli 2016 legt er sein Amt offiziell nieder.

Zum letzten Mal steht David Cameron an diesem Tag im britischen Parlament, es ist seine letzte Fragestunde. Ohne ein Wort zu sagen und mit steinernem Gesicht sitzt seine Nachfolgerin, Theresa May, in der ersten Reihe. Sie hat das Rennen um den Parteivorsitz der Tories geschafft, mit dem auch das Amt des Premiers verknüpft ist. Cameron verteidigt noch einmal seine Entscheidung, ein Referendum über die Mitgliedschaft Großbritanniens in der EU abgehalten zu haben. Es sei wichtig gewesen, diese grundsätzliche Frage zu klären, und zwar durch das Volk und nicht durch das Parlament. Launig verabschiedet sich der Noch-Premier mit der Bemerkung: »Ich war einmal die Zukunft.« Camerons letzter offizieller Termin an diesem Tag ist die Audienz im Buckingham-Palast, um bei der britischen Königin Elisabeth II. seinen Rücktritt einzureichen.

Noch am selben Tag ernennt die Queen Theresa May zur neuen Premierministerin. Die Regierungschefin macht erneut deutlich, dass ihre Regierung den Brexit-Antrag bei der EU noch nicht stellen will. Großbritannien benötige vor den Verhandlungen noch Zeit, teilt sie Kommissionspräsident Jean-Claude Juncker mit.

In Rekordzeit stellt May ihr Team zusammen und schafft einen eigenen Brexit-Minister. Der Erzkonservative David Davis ist zuständig für den Austritt aus der EU. Wie seine Chefin hat er es mit der Scheidung von der EU aber nicht eilig. Er will erst Anfang 2017 mit der EU darüber sprechen, zum Ärger der EU-Staaten, die eine schnelle Lösung wollen. Als endgültigen Austritt beziffert Davis Ende 2018. Zunächst verfolgt er den Abschluss von Freihandelsverträgen mit den USA und China, dann hätten britische Unternehmen Zugang zu einer Freihandelszone »von beinahe doppelter Größe der EU«.[103] Dies scheint ein taktischer Schachzug zu sein, um die EU bei den Austrittsverhandlungen unter Druck zu setzen. Außenminister wird der Kopf der Brexit-Kampagne, der ehemalige Londoner Bürgermeister Boris Johnson. Liam Fox übernimmt das Ministerium für internationale Handelsbeziehungen. Davis, Johnson und Fox sind ausgewiesene Brexit-Leute. Mit dieser Personalentscheidung will Theresa May erneut bekräftigen, dass für sie Brexit auch wirklich Brexit heißt. Die Botschaft lautet: Der Ausstieg aus der EU wird ohne Kompromisse durchgezogen. In Brüssel zeichnet sich ein hartes Ringen ab.

Dort stoßen die Personalentscheidungen der neuen Premierministerin auf Kritik. »Im Mittelpunkt der politischen Weichenstellung steht bei May nicht das Wohl des Landes sondern parteipolitisches Kalkül«, so Parlamentspräsident Martin Schulz.[104] Großbritannien müsse diesen »Teufelskreis« durchbrechen, der direkte Auswirkungen auf den Rest Europas habe. Angesichts der ungewissen Lage, in der sich Europa nach dem Brexit-Votum befinde, müssten alle Beteiligten »sehr verantwortungsvoll« agieren, maint Schulz.

---

103 dpa, 15. Juli 2016.

104 dpa, 14. Juli 2017.

Wie schnell der Austritt der Briten wirklich erfolgt, hängt trotz der Ankündigung von Davis in der Luft. Schon beim Abschied von David Cameron am Abend des 28. Juni 2016 wird klar, dass sich die Briten von der EU nicht drängen lassen, den Antrag auf Austritt laut Artikel 50 des Lissabonner Vertrags zu stellen. Theresa May sagte bei der Übernahme der Regierungsgeschäfte ganz klar, sie werde diesen Schritt erst unternehmen, wenn die britische Ausstiegsstrategie »vollkommen klar« sei. In London haben weder Brexit-Befürworter noch Brexit-Gegner einen konkreten Plan, wie es weitergehen soll. Dazu kommt eine zerstrittene oppositionelle Labour Party, deren Basis ihrem Vorsitzenden Jeremy Corbyn vorwirft, nicht genug für den Verbleib in der EU geworben zu haben.

Zwingen kann die EU die Briten nicht, die Scheidung einzureichen. Der Vertrag legt nur fest, dass nach der Information an die EU, austreten zu wollen, zwei Jahre für Verhandlungen eingeplant sind. Kommt es in dieser Zeit zu keinem Ergebnis und wird diese Deadline nicht einstimmig von den EU-Regierungen verlängert, endet die EU-Mitgliedschaft Großbritanniens automatisch.

Im Sommer 2016 deutet vieles auf einen langen, schwierigen und schmutzigen Scheidungskrieg zwischen der EU und dem Vereinigten Königreich hin.

Teil III:
DAS SAGEN FREUNDE UND MITGLIEDER DES EUROPÄISCHEN PARLAMENTS

Sigmar Gabriel

Martin Schulz und Sigmar Gabriel ziehen politisch seit vielen Jahren an einem Strang. Auch persönlich verstehen sich die beiden SPD-Politiker. Martin Schulz nennt Sigmar Gabriel einen »engen Freund«. Auch umgekehrt »ist es so«. Sigmar Gabriel ist seit 2009 SPD-Parteivorsitzender und seit Ende 2013 Vizekanzler sowie Bundesminister für Wirtschaft und Energie.

Das Gespräch mit Sigmar Gabriel findet am 21. Juni 2016 statt.

Herr Gabriel, was verbindet Sie mit Martin Schulz?
Wir schätzen uns gegenseitig sehr. Unsere Familien kennen sich gut. Wir haben ein gemeinsames Verständnis von Politik. Und wir können uns blind aufeinander verlassen. Gelegentlich sind wir gleich emotional, was es zwischen uns ab und zu mal rauchen lässt. Ja, wir sind wirklich gute Freunde, das ist selten in der Politik.

Wo sehen Sie die Zukunft von Martin Schulz – in Brüssel oder Berlin?
Gerade in diesen turbulenten Zeiten ist deutlich, dass jemand wie Martin Schulz in Brüssel gebraucht wird. Deshalb hat sich ja auch der Kommissionspräsident dafür ausgesprochen, dass er eine weitere Amtszeit als Parlamentspräsident bekommt. Dadurch sind die Chancen für einen Verbleib in Brüssel besser geworden. Auch die CDU merkt, dass diese Große Koalition in Brüssel im Wesentlichen an Martin Schulz hängt und die Zusammenarbeit mit Jean-Claude

Juncker von enormer Bedeutung ist. Martin Schulz ist mit Leib und Seele Europäer. Es ist kein Geheimnis, dass ich ihn mir aber auch gut in der deutschen Innenpolitik vorstellen kann. Darüber gab es früher einmal auch schon Gespräche.

Sie schließen es aus, dass Sie und Martin Schulz einmal Konkurrenten werden?
Konkurrenten werden wir ganz gewiss nicht. Selbst wenn er in die deutsche Innenpolitik käme, werden wir ganz sicher keine Konkurrenten.

Sie fordern ein Bündnis der Intellektuellen und progressiven Kräfte für Deutschland. Braucht nicht die gesamte europäische Sozialdemokratie so ein Bündnis, um wieder nach vorne zu kommen?
Ich mache aus meinem Herzen keine Mördergrube. Ich verzweifle manchmal daran, wie wenig es uns gelingt, in europäischen Fragen grundsätzlich miteinander in Ruhe zu reden. Es gibt nationale Besonderheiten, auch in sozialdemokratischen Parteien. Am Ende können sie dazu führen, dass man einzelne Dinge unterschiedlich beurteilt. Was uns völlig fehlt, ist die Zeit.

Ich habe es einmal auf den Punkt gebracht: Solange wir nationale politische Termine wichtiger nehmen als europäische Abstimmungen, solange sind wir nicht ernsthaft genug. Daran mangelt es, ehrlich gesagt. Es mangelt am Ende vielleicht nicht einmal daran, dass wir uns einigen können. Aber die Voraussetzung ist, dass wir uns einmal Zeit nehmen.

Noch etwas will ich dazu sagen: 1889 gab es in Paris das erste Treffen der Internationalen Arbeiterassoziation. Sozialdemokraten der damaligen Zeit kamen aus der ganzen Welt hier zusammen. Bei dieser Tagung wurde der 1. Mai als »Kampftag der internationalen Arbeiterbewegung« beschlossen. Die Arbeiter haben damals gesagt, das Kapital ist national organisiert, dagegen hilft nur die internationale Solidarität der Arbeiterbewegung. Mehr als 120 Jahre später stellen wir wohl fest, das Einzige, was international organisiert ist, ist das Kapital. Es ist ein bisschen ironisch, aber die Alten wussten es besser, als es heute der Fall ist: Die Zusammenarbeit ist die einzige Chance. Wir bräuchten in der Tat ein wesentlich größeres Maß an Kraft, an Interesse und an Zusammenarbeit.

Woran liegt es, dass die Sozialdemokratie so schwach ist? Was wurde in den vergangenen Jahren falsch gemacht?

Der Fehler, der vor Jahren gemacht wurde, war, dass viele Teile der Sozialdemokratie in Europa dem ökonomischen Mainstream hinterhergelaufen sind. Ich kann mich noch gut daran erinnern, wie rund um das Jahr 2000 überall über den sogenannten dritten Weg diskutiert wurde. Letztlich war die Anpassung an den globalisierten Finanzkapitalismus wichtiger als das Aufrechterhalten bestimmter Vorstellungen von Zusammenleben.

In der Sozialdemokratie muss immer der Zusammenhalt einer Gesellschaft, der Sozialstaat am Anfang stehen. Man kann fragen, wie sich die Welt entwickeln muss, um den Zusammenhalt der Gesellschaft nicht zu gefährden. In Wahrheit haben wir das umgekehrt gemacht. Wir haben die neue Welt, die Globalisierung einfach akzeptiert und unsere Vorstellung von Zusammenleben dem angepasst. Das war falsch. Und das hat natürlich zum Glaubwürdigkeitsverlust der Sozialdemokratie beigetragen, spätestens seit dem Zusammenbruch der Finanzmärkte.

Ist das Modell des dritten Weges gescheitert, für das Tony Blair, aber auch teilweise Gerhard Schröder steht?

Jedenfalls trifft das auf diese Teile zu, in denen wir uns zu sehr der Welt der globalisierten Finanzmärkte angepasst haben.

Braucht die Sozialdemokratie eine Rückbesinnung auf ihre Prinzipien wie Solidarität, um das Vertrauen der Bürger und der sozialdemokratischen Wähler wiederzugewinnen?

Zunächst glaube ich, dass Menschen eine Sehnsucht nach diesen alten Prinzipien haben, die ja gar nicht so alt sind. In dieser Welt des Wandels gibt es ein großes menschliches Bedürfnis nach Zusammenhalt, Sicherheit und Verlässlichkeit. Mein Begriff dafür ist Sicherheit im Wandel.

Die Menschen wissen, dass sich ganz viel ändert: In der Regel üben sie den Beruf, den sie erlernen, nicht bis zur Rente aus, dazwischen passiert sehr viel. Trotzdem gibt es eine Sehnsucht nach Dingen, auf die man sich verlassen kann, etwa wenn man in Not gerät. Dass sich Leistung für Kinder lohnt, und nicht nur von den Beziehungen und den Einkommen der Eltern abhängt. Dass die Städte in Ordnung sind, verwahrloste Kommunen und Städte erzeugen verwahrloste Köpfe und Seelen. Heimat ist zum Beispiel ein ganz moderner Begriff: Heimat als Ort, in dem man sich aufgehoben fühlt. Natürlich nicht in diesem altbackenen Sinne der 1960er-Jahre. Ich glaube, solche Themen sind durchaus modern. Und wenn es um die Frage geht, wie man das macht, dann lautet die Antwort: nur durch eine größere Zusammenarbeit.

Nennen Sie ein praktisches Beispiel.

Nehmen wir das beste Beispiel Steuern: Die nationale Steuergesetzgebung ist an ihre Grenzen gestoßen. Deutschland ist ein Land mit massiven Ungleichgewichten in der Vermögensverteilung. Wenn man versucht, das mit nationaler Steuergesetzgebung zu ändern, gehen die Leute einfach woandershin. Die Europäische Union verliert pro Jahr 1,5 Billionen Euro durch legale Formen der Steuervermeidung. Jeder Bäckermeister in Berlin hat höhere Steuersätze als Konzerne wie Google oder Amazon. Das zeigt, nur durch eine europäische Zusammenarbeit lässt sich das verhindern. National geht das nicht mehr. Deswegen ist das Wiederentdecken des Internationalismus keine sentimentale Reminiszenz der Sozialdemokratie, sondern überlebenswichtig.

Was muss Europas Sozialdemokratie tun, um wieder Wahlen zu gewinnen?

Ich glaube, es geht bei uns immer noch um Emanzipation und Solidarität, um die Idee, dass ein Mensch aus seinem Leben etwas machen können soll. Weder der Staat noch die Sozialdemokratie können ein gelungenes Leben schaffen, das kann nur jeder Mensch selbst für sich tun. Aber wir können Bedingungen schaffen, dass jedes Leben gelingen kann und nicht abhängig ist von Herkunft, Geschlecht, Rasse und Religion. Diese Idee von Emanzipation steht bis heute im Mittelpunkt. Die Fähigkeit, aus seinem Leben etwas zu machen. Frei zu sein und sein Leben in die eigene Hand zu nehmen.

Das Zweite ist Solidarität im Sinne von gegenseitiger Verantwortung. Ich finde sogar, dass es eigentlich die Idee von Europa ist, Freiheit und Verantwortung zusammenzubringen. Die Amerikaner stellen Freiheit in den Mittelpunkt; manche asiatischen Staaten unterstellen das Individuum nur dem Kollektiv. Ich finde, das Europäische ist eben, individuelle Freiheit mit gegenseitiger Verantwortung und Solidarität zu verbinden. Das ist die Idee von Europa, und das ist auch die Idee von Sozialdemokratie.

Für Freiheit braucht es auch Demokratie.

Klar ist, ohne Sozialstaat ist Freiheit nur etwas, was im Gesetz steht, aber nicht, was sich realisiert. Das verbindende Element zwischen Freiheit und Demokratie ist die Herstellung sozialer Bedingungen. Nur so kann Freiheit auch wirklich gelebt werden.

*Gift für die Demokratie sind Nationalisten, Populisten und
Rechtsextreme.*

Diese Leute vertreten eine ganz alte Ideologie. Sie missbrauchen nur
die Angst vor dem Islam, um ihre alten, antiliberalen, autoritären
Ideen zu präsentieren. Nichts davon ist neu, ich kenne das alles aus
den 1970er- und 1980er-Jahren, im Zweifel kenne ich es von meinem
Vater, der bis zum letzten Tag seines Lebens ein ausgesprochener
Nazi war. Diese Form, wie sie auf den Nationalstaat schauen, als wäre
er in Gefahr, ist nicht neu. Auch nicht diese seltsamen Äußerungen
über Ausländer, über Schwule, über die Liberalität und Weltoffenheit
unserer Demokratie. Sie mobilisieren jetzt die Menschen im Zusammenhang mit der Flüchtlingskrise und dem Islam. Aber eigentlich
missbrauchen sie die Flüchtlinge, um diese alten Vorstellungen zu
aktivieren.

Was kann man dagegen tun?

Den Menschen mehr Sicherheit geben. Was die Menschen bewegt,
sind Abstiegsängste.

Achim Post

Mehr als 20 Jahre arbeiten Achim Post und Martin Schulz politisch Seite an Seite. Dabei begann alles 1994 mit einem Krach. Genossen erzählen, dass Achim Post als damaliger Geschäftsführer der SPD-Gruppe im Europäischen Parlament dem Newcomer Martin Schulz einen mickrigen Arbeitsplatz zugeteilt hatte. Er bekam das kleinste und das am schlechtesten gelegene Büro am Ende eines langen Ganges irgendwo im weitläufigen Parlamentsgebäude. Achim Post erwidert, die Büros seien ausgelost worden. Doch Martin Schulz glaubte ihm damals kein Wort und tut heute noch so, als würde er darüber schimpfen. Dabei kann er Tränen lachen, wenn er die Geschichte erzählt. Was immer in Brüssel genau passierte: Für Achim Post »fing damals eine wunderbare Freundschaft an«.

Martin Schulz ist in Deutschland der beliebteste EU-Spitzenpolitiker. Das weiß die SPD und sie profitiert davon. Der Mann aus Brüssel erklärt den deutschen Bürgern komplizierte Zusammenhänge der Weltpolitik, er hört den Menschen zu, diskutiert mit ihnen über ihre Bedenken und ihre Kritik an der EU und er fährt auch in kleine Orte, um dort Reden zu halten. »Für die Europa-Debatte in Deutschland macht niemand mehr als Martin Schulz. Er ist einfach glaubwürdig. Und er kann etwas, was nicht erlernbar ist: Die Leute spüren, dass er mit jeder Faser seines Körpers ein Europäer ist.« Das sagt Achim Post, Bundestagsabgeordneter und Generalsekretär der Europäischen Sozialdemokraten (SPE). Martin Schulz vermittle »ein Grundvertrauen«. »Das ist ein Wert in der Politik, der häufig verlorengegangen ist, auch in der SPD«, bedauert der Politiker.

Noch heute wird in der Partei über das Wahlergebnis von Martin Schulz bei der Europawahl im Mai 2014 geredet: Als Spitzenkandidat erzielte er 27,3 Prozent für die SPD, um 6,5 Prozentpunkte mehr als bei der Europawahl 2009. »Das Ergebnis ist deshalb so bemerkenswert, weil er derjenige ist, der den größten Zuwachs bei einer nationalen Wahl oder Europawahl erreicht hat. Niemand vor ihm hat seit der Gründung der Bundesrepublik im Jahr 1949 einen größeren Zuwachs erzielt.« Der Wahlerfolg ist kein singuläres Ereignis, die Bekanntheit von Martin Schulz hält an. »Martin Schulz ist hier präsent, er ist eine Kategorie, und er hat einen Terminkalender wie die Bundeskanzlerin.«

Achim Post und Martin Schulz sind Weggefährten seit mehr als zwei Jahrzehnten. Als Schulz 1994 ins Europäische Parlament einzog, war Achim Post Geschäftsführer der SPD-Gruppe. »Ich würde sagen, Martin Schulz ist mein Freund.« Nachdenklich fragt er sich allerdings, »wie oft es Freundschaften in der Politik überhaupt gibt«. Schulz und Post sind ein gelungenes Beispiel dafür, dass sich Freundschaft und Politik nicht ausschließen. Sie sind regelmäßig in Kontakt, sprechen auch über Persönliches und Familiäres. »Ich habe noch nie bei Martin einen Hintergedanken gehabt oder ihm nicht zu 100 Prozent die Wahrheit gesagt – und das über mehr als 20 Jahre.« Das sind ungewöhnlich offene Worte für einen Politiker und für jemanden, der als verschwiegen und wortkarg gilt. Achim Post ist Westfale, das muss man wissen. Martin Schulz ein fröhlicher, aufgeweckter Rheinländer. Die kulturellen Unterschiede in Nordrhein-Westfalen gilt es zu berücksichtigen, wenn man über das Verhältnis der beiden Sozialdemokraten berichtet. Rheinländer hin, Westfale her: Einige Fragen beschäftigen beide gleichermaßen: Was ist der Grund für den Vertrauensverlust der Menschen in die Sozialdemokratie? Warum konnte die Sozialdemokratie in der Wirtschafts- und Finanzkrise nicht an Terrain gewinnen? Und was ist die Zukunft der Sozialdemokratie?

Die letzte Hochphase der Roten liegt schon lange zurück. Ende der 1990er-Jahre, als in Deutschland Gerhard Schröder Bundeskanzler war, organisierte Achim Post einen SPE-Kongress. »Da hatten wir elf von 15 Regierungschefs.«[105] Die aktuelle Krise der Sozialdemokratie ist für ihn »ein europaweites Phänomen, es liegt nicht an den Führungspersönlichkeiten«. Hintergrund der Wählerverluste für die Sozialdemokratie sei ein tiefer ökonomischer, sozialer und gesellschaftlicher Wandel. »Seit 1973/74 arbeiten mehr Menschen im Dienstleistungssektor als in der Industrie. Den Kern der sozialdemokratischen Wähler bildeten Facharbeiter, Meister, Techniker und Ingenieure. Leute, die etwas aus ihrem Leben machen wollten. Ab Mitte der 70er-Jahre gibt es so etwas wie eine Spaltung der Arbeiterklasse in jene, die den Aufstieg mithilfe sozialdemokratischer Politik schaffen, und jene, denen das nicht gelingt. Die meisten von uns, ich auch, sind ja Kinder der erfolgreichen Politik von Willy Brandt, der Bildung für alle gefordert hatte.« Das treffe auf viele Sozialdemokraten zu, »die für sich das Erfolgsversprechen der Sozialdemokratie umgesetzt haben. Ob ihre Kinder in der SPD geblieben sind oder ob sie sich aus den Arbeiter- und Wohnmilieus entfernt haben, das ist eine andere Frage«, erklärt Achim Post.

Post hat diesen Wandel selbst miterlebt, er kennt das soziale Milieu: »Ich habe in einem Reihenhaus gewohnt, alle waren Facharbeiter. Am Samstag wurde das Auto gewaschen, dann die Sportschau geschaut, danach Kulenkampffs *Einer wird gewinnen*. Dieses Tagesprogramm war für alle ähnlich. Viele aus den Reihenhaus-Siedlungen haben es geschafft und sind ausgezogen. Manche wurden in ihrer politischen Haltung offener, sie wählten nicht mehr nur SPD. Andere sind gar nicht mehr wählen gegangen.« Die Fakten sind ernüchternd: »Die Wahlbeteiligung bei den Bürgermeister-Wahlen im Ruhrgebiet war zuletzt sehr schlecht. Viele sagen, ›ist eh egal, wer es wird‹.«

---

105 Das war noch vor der großen EU-Erweiterung im Jahr 2004, als die EU 15 Mitglieder hatte.

Was Achim Post für das Ruhrgebiet beschreibt, gilt auch überregional. Auch wenn Deutschland im EU-Vergleich seit Jahren eine exzellente Wirtschaftsentwicklung hat und so viele Beschäftigte wie noch nie vorweisen kann, gibt es einen festen Sockel an Langzeitarbeitslosen. »An denen geht diese Wirtschaftsentwicklung komplett vorbei, sie sind in jeder Beziehung abgehängt. Auch die Teile, die früher SPD gewählt haben, sind marginalisiert«, analysiert der SPD-Abgeordnete.

Europas Sozialdemokratie steht zusätzlich vor neuen Herausforderungen: Wie entwickelt sich die zukünftige Beschäftigungspolitik bei zunehmender Digitalisierung der Arbeitswelt, lautet die entscheidende Frage. »Ich sehe den Trend zur Digitalisierung, und er wird weitergehen und sich verstärken. Die Leute aus der Arbeiterklasse, die es geschafft haben, sind gut ausgebildet. Ich besuche sehr viele Betriebe und Unternehmen, die nur eines bewegt: ›Woher bekomme ich Fachkräfte?‹ Die Betriebe sind zurzeit sehr wettbewerbsfähig, sie brauchen alle gute Facharbeiter.« Post stützt sich auf Wirtschaftsprognosen und geht von einem Fachkräftemangel in Deutschland von sechs bis sieben Millionen Menschen bis zum Jahr 2030 aus. »Die Arbeit verändert sich stark, wir brauchen noch mehr Leute, die sehr gut ausgebildet sind, und immer weniger, die kaum über nötige Qualifikationen verfügen. Zu viele Langzeitarbeitslose sind zu schlecht ausgebildet. Für sie einen Job zu bekommen, ist sehr schwierig. Das ist ein Grundproblem entwickelter Gesellschaften«, bemerkt der ausgebildete Soziologe.

Er weiß, dass der Wettbewerb immer härter wird, gerade auch durch die Industrie 4.0, der Verzahnung der industriellen Produktion mit modernster Informations- und Kommunikationstechnik. »Die sozialdemokratischen Parteien können aber nur dann wieder Wähler gewinnen, wenn sie Antworten für die Zukunft liefern. Das machen wir viel zu wenig«, ergänzt er kritisch. Selbst der Erfolg der SPD, den Mindestlohn durchgesetzt zu haben, wird nicht von allen gutgeheißen. »Warum wählen uns nicht mehr als 25 Prozent? Die meisten, die uns gewählt haben, waren nicht betroffen. Vier Millionen profitieren vom Mindestlohn. Viele, bei denen ich geklingelt habe, sagten mir, ›der Mindestlohn ist super‹. Aber: ›Ich habe mein Haus, zwei Kinder, zwei Autos und fahre zweimal im Jahr auf Urlaub. Ich habe nichts vom Mindestlohn.‹«

Achim Post weist darauf hin, dass Martin Schulz die Debatte über die Digitalisierung maßgeblich angestoßen und die gesellschaftlichen und sozialen Auswirkungen hinterfragt hat. »Martin Schulz kommt aus einer Industrieregion rund um Aachen. Er weiß, wie wichtig ein leistungsfähiger, industrieller Kern ist. Er bringt die beiden Welten zusammen, die Prinzipien der Sozialdemokratie und die Herausforderungen der Zukunft.« Das sei für ihn selbst im Übrigen die zentrale Frage und nicht die Diskussion, Mitte- oder Linkskurs der SPD: »Das ist viel zu simpel.« Um die Zukunftsaufgaben zu bewältigen, brauchen sozialdemokratische Parteien »eine stärkere europäische Vernetzung und grenzüberschreitende Konzepte«, verlangt Achim Post. Einiges wurde in den vergangenen Jahren schon erreicht: 2014 baute die SPE Strukturen für den Europa-Wahlkampf auf, und es gab ein europäisches Parteiprogramm. Die Plattform der SPE müsste aber erweitert werden, inhaltlich und finanziell. Derzeit ist sie eine Familie von 75 Parteien inklusive Beobachtern aus Osteuropa und Nordafrika. Sie hat in ihrem Büro in Brüssel insgesamt 35 Mitarbeiter. Im Vergleich dazu verfügt die SPD über tausend Mitarbeiter, wovon 200 in der Parteizentrale im Willy-Brandt-Haus in Berlin tätig und 800 auf ganz Deutschland verteilt sind.

Viel Energie brauchen Europas Sozialdemokraten derzeit, um eine Krise nach der anderen zu bewältigen. In der Wirtschafts- und Finanzkrise setzten die sozialdemokratischen Parteien eigene Impulse, zum Beispiel forderten sie die viel beachtete EU-weite Beschäftigungsgarantie für Jugendliche, die jedem jungen Menschen eine

Ausbildungsmöglichkeit bis zu seinem 18. Lebensjahr ermöglicht. Diese Garantie übernahm auch die EU-Kommission als Bedingung für EU-Förderungen gerade in den von der Wirtschaftskrise schwer belasteten Ländern. »Die Krisenbewältigung absorbiert den Großteil unserer Kräfte«, sagt Achim Post. »40 Jahre bin ich in der SPD, aber so eine Situation habe ich noch nie erlebt. Am Anfang war die Griechenland-Krise. Es gab Bündnisse für und gegen Griechenland im Norden und im Süden. Die SPE hat versucht, den Laden zusammenzuhalten. Aber jetzt werden die Fliehkräfte immer größer. Nach der Finanz- und Wirtschaftskrise kam der Ukraine-Russland-Konflikt. Da gab und gibt es auch zwei Lager: jene, die die Aufhebung der Russland-Sanktionen wollen, andere wiederum sind vorsichtiger.« Dazu kommen noch die Defizite in der Demokratie-Entwicklung in Ost- und Südosteuropa.

Achim Post betont, dass der »Dauer-Krisenmodus der vergangenen Jahre auch Europas Sozialdemokraten gefangen hält«. Es wurde agiert nach dem Motto: »Wir wollen das Schlimmste verhindern.« Dabei können und wollen einzelne Länder ja vorangehen, auch wenn der Erfolg nicht garantiert ist: Die Finanztransaktionssteuer ist ein Beispiel, obwohl es dafür große Unterstützung von den Menschen gibt wie von dem Führungsduo an der EU-Spitze, Parlamentspräsident Martin Schulz und Kommissionspräsident Jean-Claude Juncker.[106] »Sehr oft scheitert es an der Uneinigkeit der Staats- und Regierungschefs«, bedauert Post. Haltung zu bewahren in kontroversen Auseinandersetzungen könnten nicht viele, sagt er und lobt in diesem Zusammenhang Martin Schulz, der in heiklen Situationen immer Rückgrat zeige, etwa bei der Frage der Visa-Befreiung für tür-

---

106 Vor allem Österreich und Deutschland haben die Finanztransaktionssteuer gefordert. Eine Gruppe von ursprünglich zwölf Staaten wollte sie im Rahmen der verstärkten Zusammenarbeit in der EU einführen, derzeit sind es nur mehr zehn Länder. Eine Entscheidung der EU-Finanzminister gibt es noch nicht.

kische Staatsbürger, die es nur geben könne, wenn die vereinbarten Bedingungen auch eingehalten würden.

Sorgen bereitet Achim Post der zunehmende EU-Skeptizismus in vielen Ländern, auch in Deutschland. Einer Umfrage im Sommer 2016 zufolge *(YouGov)* sehen drei von zehn Deutschen ihr Land lieber außerhalb der EU. »Ein kleinerer Teil der EU-Skeptiker geht auf das Konto der Rechtspopulisten. Sie brauchen Feindbilder, wie die gemeinsame Währung oder aktuell die Muslime. Andere EU-Skeptiker wollen Lösungen sehen, zum Beispiel was die Hilfen für Griechenland angeht. Bisher halfen die internationalen Gelder in erster Linie den Banken. Das irritiert viele Menschen, die solidarisch sein wollen.«

Achim Post weiß, dass sich viele in der SPD mehr von der Partei erwarten. »Das wird nicht eingelöst, wenn die SPD in ihren Positionen wackelt.« Eine weitere Herausforderung für die Sozialdemokratie stellt für ihn auch die Frage dar: Globalisierung versus Nationalismus. Werden sozialdemokratische Parteien zwischen diesen beiden Polen zerrieben? Oder sind sie eine Chance für ihre Stärkung und Weiterentwicklung? »Eindeutig Letzteres«, lässt Achim Post keinen Zweifel offen. Dazu müsse man sich aber klarer auf zwei, drei »Markenkerne« konzentrieren. Ganz einfach: »Soziale Gerechtigkeit, weil sich die Gesellschaft noch nie so weit auseinanderentwickelt hat wie jetzt. Es gilt weiter die Forderung nach Frieden, Entspannung und Abrüstung. Und drittens muss die SPD die Demokratie-Partei sein«, formuliert der sozialdemokratische Abgeordnete.

Er plädiert dafür, künftig noch stärker hervorzuheben, wofür SPD-Politiker stehen. Martin Schulz ist ein Modell: »Er wird eindeutig als Sozialdemokrat identifiziert. Viele kennen ihn. Auch viele, die nicht SPD wählen, wissen, wer er ist«, bestätigt Achim Post. Er ist überzeugt, dass »die Mehrheit der Bürger daran glaubt, die SPD ist die Demokratie-Partei, die für ein offenes und soziales Deutschland eintritt. Das nehmen uns die Leute ab. Die SPD ist dreimal in ihrer Geschichte verboten worden. Jetzt geht es um die Frage: Wollen wir ein liberales, offenes und soziales Land bleiben? Oder wollen wir den völkischen Nationalisten das Land überlassen?« Das Potenzial der Rassisten und Nationalisten liege in Deutschland bei rund 10–15 Prozent. In anderen Ländern, auch in Österreich, ist es weit höher, wie Wahlergebnisse zeigen.[107]

Auf die Frage, wo Achim Post die Zukunft von Martin Schulz sieht, antwortet er ganz spontan aus dem Herzen: »Am besten in Brüssel und in Berlin.« Er würde es sehr begrüßen, bekäme Martin Schulz eine dritte Amtszeit als Präsident des Europäischen Parlaments, gleichzeitig befürworte er es, wenn Martin Schulz auch weiterhin in Deutschland präsent bliebe. »Schulz ist für Europas Sozialdemokraten das Maß aller Dinge.« Das ist eine große Ansage. »Aber es stimmt.« Ein Beweis für seine Bekanntheit ist, dass er in deutschen und internationalen Medien ständig als sozialdemokratischer Kandidat für verschiedene Polit-Jobs genannt wird: vom Regierenden Bürgermeister in Berlin bis hin zum SPD-Kanzlerkandidaten oder auch als Favorit für das Amt des Bundespräsidenten.

---

[107] Im ersten Durchgang der Bundespräsidenten-Wahl am 24. April 2016 erzielte der FPÖ-Kandidat Norbert Hofer 35,1 Prozent der gültig abgegebenen Stimmen.

Rebecca Harms

Die Chefin der Grünen-Fraktion im Europäischen Parlament, Rebecca Harms, ist seit 2004 EU-Abgeordnete. Als sie damals in Brüssel ankam, hat sie sich mit Martin Schulz »schwer getan«, weil er »immer Kante zeigt«. Heute empfindet sie den Sozialdemokraten als »offen« und als einen »sehr ernst zu nehmenden Europapolitiker«.

Das Gespräch mit Rebecca Harms findet am 17. Februar 2016 in ihrem Büro in Brüssel statt.

Wie lange kennen Sie Martin Schulz?

Ich habe Martin Schulz im Jahr 2004 persönlich kennengelernt, als ich Europa-Abgeordnete wurde. Ich war ja zuvor Abgeordnete in Deutschland, er ist mir damals schon aufgefallen als Person, die interessiert an Europa ist. Spätestens seit dem Clash mit Berlusconi[108] wurde man in Deutschland ein wenig aufmerksam auf ihn.

Als ich ins Europäische Parlament kam, bin ich bei Martin Schulz gut eingeführt und freundlich vorgestellt worden. Ich hatte viele Jahre mit Sigmar Gabriel im niedersächsischen Landtag zusammengearbeitet. Wir waren Kollegen, er war Fraktionsvorsitzender der

---

108 Am 2. Juli 2003 kam es im Europäischen Parlament in Straßburg zu einem Eklat, als Schulz den anwesenden italienischen Ministerpräsidenten Silvio Berlusconi in dessen Doppelfunktion als Regierungschef und Medienunternehmer scharf kritisierte und dabei von einem »Virus der Interessenskonflikte« sprach. Berlusconi schlug ihm daraufhin vor, er solle die Rolle des Kapos in einem KZ-Film übernehmen, der gerade in Italien gedreht werde. Die wörtliche Übersetzung der Aussage lautet: »Herr Schulz, ich weiß, dass es in Italien einen Produzenten gibt, der einen Film über Nazi-Konzentrationslager dreht. Ich werde Sie für die Rolle als Kapo empfehlen. Sie sind perfekt.« In der daraufhin entstandenen turbulenten Diskussion stellte sich die große Mehrheit der Abgeordneten auf die Seite von Schulz, der damals stellvertretender Fraktionschef der Sozialdemokraten war. Vgl. auch S. 103 ff.

SPD und ich von den Grünen. Wir hatten viel miteinander zu tun. Gabriel ist ein enger Freund von Martin Schulz, politisch und auch persönlich. Für Parteifreunde sind sie ungewöhnlich eng befreundet.

Martin Schulz habe ich, wohl auch deshalb, als offen empfunden. Trotz manchen politischen Streits haben wir heute eine gute, sogar freundschaftliche Beziehung.

Wie haben Sie Martin Schulz beim ersten Kennenlernen empfunden?

Als Typ war er für mich zunächst gewöhnungsbedürftig. Das Europäische Parlament ist ja sowieso gewöhnungsbedürftig, wenn man aus einem anderen Parlament kommt. Im Europaparlament gibt es, im Vergleich zu meinen Erfahrungen im Niedersächsischen Landtag, einen Hang zum lauten und großen Auftritt, zum Flügelspreizen.

Ich musste lernen zu sortieren: Was ist Flügelschlagen, was ist der Kern. Bei Martin Schulz habe ich mir erst schwergetan. Ich habe ihn aber sehr zu schätzen gelernt. Auch wenn das in meiner Fraktion nicht immer auf Verständnis gestoßen ist, bleibe ich dabei, dass er ein sehr ernst zu nehmender Europapolitiker ist. Er setzt wirklich viel daran, die europäische Politik national stärker zu verankern. Er sorgt dafür, dass das Europäische Parlament und damit europäische Politik ernst genommen wird. Während seiner gesamten politischen Karriere war er überzeugter Parlamentarier in Brüssel und ist dafür auch eingetreten. Was mir schwerfiel zu verstehen, und manchmal zeigt es sich auch noch, war dieses Rheinländische an ihm.

Was irritiert Sie daran?

Er gehört zu denen, die schnell laut wurden, immer Kante zeigten. So habe ich es hier am Anfang meiner Abgeordnetenzeit zumindest erlebt. Du hörst, das EU-Parlament sei auf Konsens orientiert. Und dann sind die Fraktionsvorsitzenden in den Debatten immer gleich auf der Palme und schnauzen sich an. Ich habe das aus der Tiefe des

Plenarsaals verfolgt. Damals war ich noch nicht Fraktionsvorsitzende. Mit Cohn-Bendit[109] ist es mir auch nicht viel anders ergangen. Es gab eine Art Wettbewerb: Wer macht die drastischste Zuspitzung in der Runde der Vorsitzenden?

Ging es bei diesen Auftritten um eine inhaltliche Zuspitzung oder um Macho-Gehabe?
Ja, das steht schon auch dahinter. In diesen Führungspositionen inszenieren sich Männer anders als Frauen. Dazu kommt noch, dass im Europäischen Parlament verschiedene Kulturen aufeinandertreffen. Das zeigt sich auch in der Kultur der politischen Debatte. Je weiter aus dem Norden wir kommen, desto irritierender empfinden wir die Art, wie manche Pirouetten gedreht werden. Je weiter aus dem Süden jemand ist, desto mehr irritiert die Nüchternheit – manche sagen, die Emotionslosigkeit – in den Debatten.

Schulz ist einer, der vom Europaparlament geprägt ist. Der weiß, wie wichtig Konsensfindung ist. Im Ton war er trotzdem sehr auf Zuspitzung aus. Jetzt ist er präsidentieller geworden. Aber er hat das immer noch. Und ich würde auch nicht sagen, dass das immer verkehrt ist.

Was gefällt Ihnen an Martin Schulz?
Als Abgeordnete des Europaparlaments bin ich da in einer widersprüchlichen Situation: Ich finde es sehr gut, wie Martin Schulz dem Parlament zu mehr Sichtbarkeit verholfen hat. Er hat das geschafft, weil er – und da war seine klare Art sicher hilfreich – den anderen Institutionen und ihren Spitzen mehr Respekt gegenüber dem Parlamentspräsidenten abgerungen hat. Er war als Parlamentspräsident viel offensiver in Machtfragen zwischen den Institutionen, als dies je

---

109 Daniel Cohn-Bendit war von 1994 bis 2014 Mitglied des Europäischen Parlaments. Ab 2002 war er Ko-Vorsitzender der Fraktion der Grünen/Europäische Freie Allianz.

ein Parlamentspräsident vorher war. Das führt im Parlament schon mal zu Frust. Denn zumindest in einigen Mitgliedstaaten scheint Martin Schulz gleichbedeutend mit dem Parlament zu sein. Ich würde immer noch sagen, dass seine Bilanz gut für das Europäische Parlament und die Wahrnehmung der Europapolitik ist. Dass er es geschafft hat, dieses Amt neu zu profilieren. Dass er manchmal überdreht, stimmt auch. Und kleinere Fraktionen fühlen sich in dieser Legislatur regelmäßig übergangen durch die Große Koalition, auf die er baut.

Was hat – neben großen Auftritten – dazu beigetragen, dass Martin Schulz es geschafft hat, dem Parlament ein neues Profil zu geben?

Es war die klare Entscheidung, Jean-Claude Juncker zum Kommissionspräsidenten zu wählen, das Bekenntnis zu dem Ergebnis der Spitzenkandidaturen in der Europawahl. Juncker ist in seiner Amtsführung europäischer und dem Parlament näher und hört nicht immer zuerst auf den Rat, so wie es noch sein Vorgänger José Manuel Barroso[110] machte. Aber diese Veränderung basiert darauf, dass es für Juncker eine zuverlässige Bank im Europäischen Parlament gibt. Diese Bank ist die Mehrheit durch die Große Koalition. In der Tendenz hat es sie schon länger gegeben. Für deren Stabilität sorgt Martin Schulz sehr stark. Der Verdruss in seiner sozialdemokratischen Fraktion ist spürbar.

Martin Schulz hat ja den Spitzenkandidaten für die EU-Wahl 2014 erfunden?

Das Prinzip des Spitzenkandidaten hat in Europa nicht wirklich funktioniert, eher im deutschsprachigen Raum.

---

110   Der portugiesische Konservative José Manuel Barroso war zwei Amtsperioden, von 2005 bis 2014, Präsident der Europäischen Kommission.

Es hat am besten funktioniert, als das Parlament es verstanden hat, daraus Macht gegenüber dem Rat zu gewinnen. Der Rat wollte ja nicht akzeptieren, dass die Spitzenkandidatur Auswirkungen auf die Besetzung der Spitzenämter in Brüssel hat. Das Parlament hat mit großer Mehrheit darauf bestanden. Wir haben klargemacht, dass wir nur den Kandidaten unterstützen, der als Spitzenkandidat das beste Ergebnis hat. Das hat das Parlament durchgehalten gegen den Rat. Dadurch hat sich auch die Beziehung zwischen Juncker als Kommissionspräsident und dem Parlament entwickelt.

Kommissionspräsident und Parlamentspräsident sind in der Öffentlichkeit aber bekannter geworden, oder?
Ein Kommissionspräsident, der sich gegenüber dem Rat mehr traut, braucht auch eine sichere Bank, das ist das Europäische Parlament.

Juncker ist einer, der bei großen Konflikten die europäische Perspektive durchhält, zum Beispiel der Flüchtlingsfrage. Was Juncker macht, ist unverzichtbar. Er legt die Finger in die Wunde. Er zeigt dem Rat die eigenen Versäumnisse der vergangenen zehn bis zwanzig Jahre auf. Er mahnt eine europäische Lösung an. Er ist da wirklich zuverlässiger als sein Vorgänger Barroso.

Welche Erfahrungen haben Sie mit Martin Schulz in der parlamentarischen Arbeit gemacht? Kommt er Grünen entgegen oder gibt es oft Konfrontationen?
Abgesehen von seinen Verdiensten um das Europaparlament ist in den Absprachen der Großen Koalition wenig Spielraum für meine Fraktion. Natürlich weiß ich als Grüne, dass kleine Fraktionen keine großen Mehrheitsfraktionen sind und nicht deren Macht haben. Das ist das eine. Das andere ist, dass wir in den parlamentarischen Abläufen oft mit den Entscheidungen der großen Fraktionen konfrontiert werden, wenn sie schon getroffen sind. Das darf einem nicht gefallen. Dafür wird Martin Schulz, der die

Geschäftsordnung ebenfalls meisterhaft beherrscht, immer wieder angegriffen.

Sie sind die Opposition im Parlament?

Ja und nein. Wir Grünen üben oft die Rolle der proeuropäischen Opposition gegenüber der Großen Koalition im Parlament aus. Das Europaparlament aber ist der Gesetzgeber. Die Kommission ist keine Regierung. Regiert wird leider sehr stark über den Rat, also über die Regierungen der Mitgliedstaaten. Wir arbeiten mit Begriffen wie Opposition und Große Koalition, die im nationalen Rahmen anders funktionieren als innerhalb der Machtstrukturen in Brüssel. Mit jeder Gesetzgebung kann sich hier im Parlament eine neue Koalition bilden. Aber das ist nicht immer einfach. Als es nach dem Bekanntwerden der Luxleaks-Affäre, wo Konzerne in Luxemburg jahrelang von Absprachen mit Finanzbehörden profitiert und Milliarden Steuern gespart haben, den Streit um einen parlamentarischen Untersuchungsausschuss gab, haben Schulz und Juncker gegen einen solchen Untersuchungsausschuss gearbeitet. Schulz hat stark versucht, natürlich immer im Rahmen der Geschäftsordnung, den Ausschuss zu stoppen. Das ist am Ende nicht geglückt, es gibt den Ausschuss, wenn auch nicht als Untersuchungs-, sondern als Sonderausschuss. Martin Schulz betont, dass er die ordentliche Anwendung unserer Regeln garantiere. Andere würden sagen, er hat versucht, mit unseren Regeln den Ausschuss zu verhindern. Beides ist richtig. Aus solchen Auseinandersetzungen ergibt sich das Unbehagen an der Rolle des Präsidenten Schulz.

Ich bin im Vergleich zu einigen Kollegen eher gelassen. Eine Minderheiten-Fraktion ist immer damit konfrontiert, dass man nicht alles schafft, was man will. Manchmal muss man sich damit abfinden, dass die Mehrheit eine andere Meinung hat. Um dann als David gegen Goliath im nächsten Anlauf erfolgreich zu sein.

Ist Martin Schulz ein moderner Politiker? Hat er eine
Zukunftsvision?

Das ist schwer zu sagen. Ich habe mich ja wie gesagt anfänglich
schwergetan mit ihm als Typ. Ich bin norddeutsch geprägt und muss
mit Rheinländern immer erst warm werden. Das ist schon ein anderer
Schlag. Inzwischen finde ich, dass Martin Schulz in der schwierigen
Lage der Europäischen Union eine beachtliche Rolle spielt. Er macht
immer wieder Fehler durch die berühmten schrillen Töne. Zuletzt
fielen mir seine Reaktionen zu Polen und die Abkehr der Regierung
in Warschau von guten demokratischen Sitten auf. Aber oft zeigt er,
dass er den Leuten sehr gut erklären kann, was Europa heute ist, was
unsere Schwächen und Stärken sind. Und warum man das in der
Europäischen Union Erreichte nicht verspielen darf.

Die starke EU-Profilierung macht Martin Schulz zukunftsfit?

Er hat ganz klar mit einigen von uns verhindert, dass der Rat, also die
europäischen Regierungen, die Machtfrage danach, wer die Kommission in dieser Legislatur führt, verloren hat. Das Parlament hat
gewonnen. Da hat er gezeigt, was er kann.

Ich kann seine Wirkung auf die Bürger in den anderen EU-Staaten nicht beurteilen. Innerhalb Deutschlands ist er einer der wenigen
Sozialdemokraten, denen zugehört wird. Vor fünf Jahren hätte das
niemand gedacht. Ich höre immer wieder von Freunden, wenn er in
Talkshows auftritt, »da ist schon einer, der zu europäischen Themen
was zu sagen hat«.

Wo sehen Sie künftig Martin Schulz – in Brüssel oder in Berlin?

Ich würde von außen sagen, dass Martin Schulz zu denen gehört, die
an der Spitze der Partei gebraucht werden. Man fragt sich schon nach
dem letzten SPD-Parteitag im Herbst 2015, was aus Sigmar Gabriel
wird. Er wollte Schulz zu seinem Generalsekretär machen. Dazu
gehört schon allerhand, sich Schulz in einer dienenden Funktion

im Parteivorstand vorzustellen. Aber Sigmar Gabriel hat damit auch gezeigt, dass er die EU-Institutionen und die Ämter hier nicht zutreffend bewertet.

Seit wann kriselt es im Verhältnis zwischen Martin Schulz und Sigmar Gabriel?

Nun kommen wir eher in den Bereich der Spekulation. Martin Schulz konnte nicht Kommissionspräsident werden nach der Europawahl 2014. Aber klar ist, dass Schulz sich anschließend eine größere Unterstützung erwartet hat, um der deutsche EU-Kommissar zu werden. Und das am liebsten in der Funktion, die Frans Timmermans[111] jetzt innehat. Angela Merkel unterstützte aber den bisherigen deutschen Kommissar Günther Oettinger für eine zweite Amtszeit. In Deutschland hat damals in der SPD wohl keiner eine Lanze für Martin Schulz gebrochen, auch Sigmar Gabriel nicht. Aber wie gesagt, das ist eher vom Hörensagen.

Wenn die Rückkehr von Martin Schulz nach Deutschland nicht möglich ist – was dann?

Martin Schulz wird meiner Meinung nach nur nach Deutschland gehen, wenn er in die Regierung eintreten kann. Und seine weitere Position hier hängt davon ab, wie sich die Europäische Volkspartei entscheidet. Und wie die anderen Fraktionen reagieren, wenn Martin Schulz erneut als Parlamentspräsident kandidiert. In meiner Fraktion würden ihn viele ganz sicher nicht wieder wählen.

Ich würde sagen, man muss unbedingt abwarten, wer zur Wahl steht. Kleine Fraktionen fragen sich, ob sie nicht einen eigenen Kandidaten aufstellen, um damit auch das eigene Programm sichtbar zu machen.

---

111 Der niederländische Sozialdemokrat Frans Timmermans ist Erster Vizepräsident der EU-Kommission, sozusagen die rechte Hand von Kommissionspräsident Jean-Claude Juncker.

Im Kern geht es um die Frage, was macht die Europäische Volkspartei? Lässt sie sich auf eine dritte Amtszeit von Schulz ein? Was bekommt sie dafür? Wie reagiert die liberale Fraktion? Eine dritte Legislatur wäre aber eine grundlegende Veränderung der Praxis des Europäischen Parlaments, mit diesem Amt umzugehen. Martin Schulz hat dem Parlament viel gebracht. Aber er hat das Amt natürlich auch für sich genutzt. In der zweiten Hälfte der Legislatur rückt dann auch der Wahlkampf schon wieder näher. Ich kann noch nicht sagen, was den Ausschlag geben wird bei dieser Kandidatur und Wahl.

Schiebt Martin Schulz seine Person zu sehr in den Vordergrund?
Die Parlamentspräsidenten, die ich selbst hier erlebt habe, waren alle eher blass. Das Amt brauchte eine stärkere Profilierung.

Kann man sich auf sein Wort verlassen?
In der Regel kann ich mich darauf verlassen. Bei einigen Konfliktthemen war das anders.

Was bleibt von Martin Schulz?
Er hat dem Europäischen Parlament in schwierigen und andauernden europäischen Krisenjahren mehr Gehör verschafft – einerseits gegenüber dem Rat, andererseits in der Öffentlichkeit. Er hat das Profil des Parlaments geschärft.

Manfred Weber

Sie kennen sich seit vielen Jahren: Manfred Weber, der CSU-Politiker aus Niederbayern, wird 2004 ins Europäische Parlament gewählt, er ist ein Newcomer in der europäischen Volksvertretung. Martin Schulz, Abgeordneter mit langjähriger Parlaments-erfahrung, avanciert ebenfalls im Jahr 2004 zum Fraktionschef der Europäischen Sozialdemokraten. Seither begegnen sich die beiden Deutschen, der eine »ein Sozi«, wie ihn Weber nennt, der andere ein Parteifreund von CSU-Chef Horst Seehofer, auf Augenhöhe. Ein ungleiches politisches Paar, das sich dennoch versteht und Zusammenarbeit im Parlament praktiziert, vor allem seit 2014, als Weber Fraktionschef der Europäischen Volkspartei wird und insgesamt das Parlament mehr Macht und Befugnisse bekommt. Das Zeitalter der Großen Koalition auf EU-Ebene beginnt.

So gut die schwarz-rote Koalition auch funktioniert, gibt es doch Kritikpunkte von Weber an Schulz: »Er ist nicht immer absolut klar im Kurs«, heißt es oder: »Er ist als Parlamentspräsident zu stark Parteipolitiker.« Allerdings schätzt er an ihm den »überzeugten Europäer und leidenschaftlichen Debattenredner, der im Plenum Maßstäbe setzt«. Damit sei er ihm immer aufgefallen.

Das Gespräch mit Manfred Weber findet am 13. Januar 2016 in seinem Büro im Parlament in Brüssel statt.

Was charakterisiert Ihrer Meinung nach den Sozialdemokraten Martin Schulz?

Politisch ist er ein leidenschaftlicher Europäer, ein tief im Herzen überzeugter Europäer, der das europäische Projekt liebt und historisch so hoch einschätzt wie wenige sonst. Wenn ich ihn politisch charakterisiere, würde ich sagen, er ist ein sehr balancierter Sozialdemokrat. Er ist ein Linker, natürlich, er ist ein Sozialdemokrat, aber er ist in der Mitte balanciert, er sucht den Ausgleich, er denkt den Ausgleich, er geht auf andere zu. Er ist kein linker Ideologe, das ist Martin Schulz weiß Gott nicht. Diese beiden Aspekte stehen für den Politiker Martin Schulz.

Woher kommt das Streben nach Balance, nach der politischen Mitte?

Das kommt von seiner Herkunft. Er war Bürgermeister, das Kommunale hat ihn sehr stark geprägt. Bei dieser Aufgabe kann man nicht Ideologe sein, man muss Pragmatiker sein. Wenn man für die Kommune Verantwortung trägt, gilt es Lösungen zu finden. Das war sein Entwicklungsweg. Schulz kam über das Kommunale nach Europa und hatte den festen Willen, sich in das Europäische Parlament nicht abschieben zu lassen. Er hat aus diesem Job etwas gemacht, Wahrnehmung erzielt und den Menschen deutlich aufgezeigt, dass Politik in Europa genauso wichtig ist wie nationale oder regionale Politik – und Bedeutung hat.

Das Europäische Parlament hat aber auch an Macht gewonnen.

Es gab im EU-Parlament, vor allem seit 2014, eine riesige Veränderung. Aus dem Parlament des Grüß-Gott-Onkels, der europaweit herumgefahren ist und Termine gemacht hat, wurde eine machtvolle demokratische Institution. Das ist durch den Vertrag von Lissabon, den uns die Mitgliedstaaten zugestanden haben, erreicht worden. Aber Politik hat nicht nur mit Rechtsgrundlagen zu tun, sondern auch mit der Persönlichkeit. Schulz hat einen großen Anteil daran, dass das Parlament als wichtig und mächtig wahrgenommen wird. Das geht nur mit Leidenschaft.

Sie sagen, die Persönlichkeit, nicht nur der rechtliche Rahmen prägt diese EU-Institution.

Absolut. Wir müssen die Rechtsgrundlagen im Alltag mit Leben erfüllen. Es nützt nichts, wenn man das Recht hat, man muss es auch nutzen. Heute ist das Parlament der Ort für europäische Grundsatzdebatten. Diese Entwicklung ist Persönlichkeiten geschuldet wie Martin Schulz. Wenn Alexis Tsipras Griechenland erklärt, kommt er ins Parlament. Auch Viktor Orbán musste bei uns vorstellig werden, um den Europäern zu sagen, was er in Budapest macht. Anfang 2016 kam auch die polnische Premierministerin Beata Szydło ins Parlament. Hier wird beraten und offen debattiert – und nicht hinter verschlossenen Türen, wie es der Europäische Rat macht, bei dem man nicht weiß, worum es geht. Das Parlament ist der Debattenort, hier ist die Öffentlichkeit für europäische Themen. Wie gesagt, die Grundlagen dafür wurden durch die Verträge festgelegt, ausgefüllt wurde und wird es durch Politiker – und da ist Martin Schulz an vorderster Front zu nennen.

Sie treffen Martin Schulz für politische Absprachen. Gibt es auch private Zusammenkünfte?

Im Alltag unseres Geschäftes ist das echt ein Problem. Wir bemühen uns, jedes halbe Jahr ein Abendessen zu zweit zu verabreden, wo wir dann persönliche Sachen besprechen, Eindrücke und auch private Einschätzungen einbringen. Wenn wir uns nach Feiertagen oder nach dem Urlaub wiedersehen, dann beginnen wir nicht mit einer politischen Frage, dann geht es auch um Persönliches: Wie war deine Zeit? Welches Buch hast du gelesen? Hast du dich entspannen können? – Uns beiden ist der Mensch hinter dem Politiker sehr wichtig. Trotzdem, der Alltag in unserem Geschäft ist so eng gestrickt, dass wir leider zu wenige Ressourcen für regelmäßige private Treffen haben. Aber da ist Martin Schulz jemand, der achtgibt darauf, dass sie stattfinden. Da bin ich noch stärker themen- und faktengetrieben. Schulz ist gefühlsgetrieben. Er versteht, dass Politik viel mit Menschen zu tun hat.

Was ist eine besondere Leistung von Martin Schulz?

Eine Initiative, die Schulz in seiner Verantwortung gestartet hat, war ein Beitrag zum deutsch-französischen Verhältnis. In der Ukraine-Krise und danach hat er Merkel und Hollande zu einem Abendessen zusammengebracht. Das hat einen Beitrag zum Minsker Abkommen, zu einem gemeinsamen Engagement geleistet. Schulz begreift, dass vieles mit Personen und ihrem Verständnis füreinander zu tun hat. Er tickt so, und das ist auch gut so.

Was ist der wichtigste politische Deal zwischen Ihnen und Martin Schulz, zwischen Sozialdemokraten und Christdemokraten?

Wir haben seit der EU-Wahl im Juni 2014 eine neue europäische Zeitrechnung, weil das Konzept »Spitzenkandidat« eine Art von Regierungsbildung auf europäischer Ebene ist. Kommissionspräsident Jean-Claude Juncker ist nicht mehr in erster Linie durch die Staats- und Regierungschefs legitimiert, sondern durch eine Mehrheit im Europäischen Parlament. Die Zusammensetzung des Parlaments wurde bei einer demokratischen Wahl entschieden. Für uns Abgeordnete hat sich die Welt verändert. Die Regierungschefs kommen ins Parlament, um sich hier zu rechtfertigen. Was gemeinsame Anliegen angeht, konzentriere ich mich auf die Zeit nach der Wahl 2014: Große Themen sind für uns Wachstum und Arbeitsplätze. Den Europäischen Fonds für Strategische Investitionen (EFSI), das Finanzierungsinstrument für den Juncker-Investitionsplan, haben wir innerhalb von fünf Monaten durchgesetzt. Seit Herbst 2015 laufen bereits die Projekte. Ein anderes gemeinsames Thema ist die Migration. Wir können sagen, Europa, das Parlament und die Kommission, liefert rasch Ergebnisse. Wir haben die Flüchtlingsquote vorgeschlagen, die Lastenverteilung, den Schutz der EU-Außengrenze und den Türkei-Deal verhandelt. Beim Geld für die Türkei haben wir unseren EU-Anteil beschlossen. Das ist alles Juncker, das ist alles Brüssel, das ist alles Europa. Gemeinsam haben wir das im Parlament durchgesetzt. Das ist der Spirit, der hier herrscht. Die Mitgliedstaaten brauchen ewig, bis sie in die Gänge kommen.

Diese Kooperation der beiden großen Fraktionen hat es vor 2014 also nicht gegeben?

Nach 2014 hat eine Kulturveränderung im Parlament stattgefunden. Davor wurde viel weniger an Koalitionen gedacht, es wurde abgestimmt mit der Haltung, »Schauen wir, was da rauskommt«. Dass es jetzt partnerschaftlicher zugeht, dafür hat Martin Schulz einen wichtigen Beitrag geleistet, vor allem in der sozialdemokratischen Fraktion selbst. Symbolisch gibt es die Koalition nach außen durch die Teilung der Amtszeit des Präsidenten des Europäischen Parlaments. Das Wesentliche für diesen ist, dass er die Themenfelder, die Inhalte dominiert. Es ist zentral, wie Mehrheiten zustande kommen. In meinen ersten zehn Jahren im Parlament hatten wir bei jeder Abstimmung wechselnde Mehrheiten. In der Legislaturperiode von 2010 bis 2014 haben die EVP-Abgeordneten wichtige Gesetzgebungen im Budget- und Wirtschaftsbereich mit den Liberalen gegen die Sozialdemokraten durchgesetzt. Umweltthemen kamen wiederum gegen die EVP zustande. Die wechselnden Mehrheiten gibt es jetzt nicht mehr.

Ist das Parlament seit 2014 nicht auch zu mehr Gemeinsamkeit gezwungen aufgrund einer größer werdenden Zahl an EU-Skeptikern?

Das ist eine weitere Facette der Veränderung. Es gibt eine neue Entwicklung im Parlament: Regierungsfraktionen versus Opposition. Wenn sie Grüne fragen, dann empfinden sie sich als Opposition zur

Juncker-Kommission. Das heißt nicht, dass sie sich bei allen Fragen verweigern. Unser Ziel war und ist, Verantwortlichkeiten deutlicher zu machen, denn die Bürger fragen, »wer entscheidet in Brüssel?« Menschen müssen diese wahrnehmen. Danach richtet sich dann auch ihr Wahlverhalten.

Was schätzen Sie an Martin Schulz ganz besonders?

Ich schätze seine persönliche Leidenschaft, für Sachen zu brennen. Ich schätze, dass er auch in schwierigen Situationen einen Schritt zurückgeht, sich nicht provozieren lässt, Ruhe findet und sagt, das muss ich wieder zusammenführen. Leidenschaft kostet natürlich auch Kraft. Ich schätze seine hundertprozentige Überzeugung von Europa. Schulz sagt: »Europa ist unser Überleben, Europa muss funktionieren.« Menschlich schätze ich an ihm, dass er im Umgang mit anderen die Person sieht, nicht nur ihre Funktion und ihren Machtfaktor.

Hat er auch Fehler gemacht?

Das Ausfüllen der Aufgabe des Parlamentspräsidenten als Parteipolitiker, wie er es als Spitzenkandidat gemacht hat, damit habe ich ein Problem. Er ist als Parlamentspräsident sehr stark Parteipolitiker.

Martin Schulz hat sein Amt als Parlamentspräsident instrumentalisiert. Soll er seine politische Herkunft leugnen?

Er hat den Parlamentspräsidenten aufgewertet, das ist das eine. Das andere ist, dass er damit dem Parlament auch ein Gesicht gegeben hat. Das begrüße ich. Er hat das Amt mit einem parteipolitischen Ansatz erkauft. Das gilt für viele Inhalte wo er nicht ausgewogen argumentiert, weil er bürgerliche Argumente nicht aufnimmt. Ich werfe ihm das nicht vor, er ist Sozialdemokrat. In die Rolle des Parlamentspräsidenten passt das aber nicht. Deswegen hadere ich mit dieser Doppelrolle auch ein Stück weit.

Martin Schulz ist ein zu parteipolitischer Präsident?
Ende 2015 hat er in deutschen Medien CDU-Innenminister Thomas de Maizière, im Nachrichtenmagazin *Der Spiegel* Wolfgang Schäuble attackiert, er macht Parteipolitik. Bei der Wahl machte er keinen Hehl daraus, er sagte auch: »Ihr wählt keinen neutralen Manager, sondern ihr wählt einen Politiker als Parlamentspräsidenten.« Ich hadere damit. In Österreich und Deutschland sieht man die Rolle eines Parlamentspräsidenten anders, als Schulz sie sieht. Als Parlamentspräsident müsste er mehr über den Parteien stehen.

Was werfen Sie Martin Schulz vor?
Manchmal ist es schwierig zu verstehen, dass er an erzielten Ergebnissen festhält, weil er sich durch andere Gespräche zu sehr beeinflussen lässt oder sich letztlich bei den eigenen Leuten nicht durchsetzen kann. Wenn wir auf operativer Ebene Vereinbarungen treffen, ist er nicht immer absolut klar im Kurs. Auch wenn wir etwas ausgemacht haben, kommt er gerne mal mit neuen Sachen, weil ihm seine sozialdemokratischen Kollegen etwas einreden.

Das heißt, er ist zu sprunghaft?
Es geht nicht so sehr um die hochpolitischen Fragen, da ist er ein starker und vertrauenswürdiger Partner, sondern um praktische Fragen des Parlamentsalltags. Das stört mich.

Martin Schulz ist kein ehrlicher Makler?
Er macht es nicht hintenherum, das wäre nicht ehrlich. Er trickst nicht, das kommt bei Martin Schulz nicht vor.

Wo und wie sehen Sie seine Zukunft?
Martin Schulz wird – egal welche Rolle er nach der Phase seiner Präsidentschaft bekommt – weiterhin eine starke Position haben. Er hat sich in den Jahren in Brüssel europaweit einen Namen gemacht

und eine Stellung aufgebaut, die auf Dauer wahrgenommen werden wird. Europa ist für ihn eine Lebensaufgabe, ein Lebenstraum. Ein Thema, das ihn sehr beschäftigt, ist, dass Europa auch kaputtgehen kann. Dass wir uns in Europa traumwandlerisch bewegen und uns gar nicht bewusst sind, was alles kaputtgehen kann, wenn wir in der schwierigen Phase, in der wir sind, nicht achtgeben. Er leistet seinen Beitrag mit all der Kraft, die er hat.

LEBENSLAUF

Martin Schulz wurde am 20. Dezember 1955 in Hehlrath, heute Stadt Eschweiler, geboren. Verheiratet mit Inge Schulz, zwei erwachsene Kinder (Sohn und Tochter).

Schule und Ausbildung
- 1962 bis 1966 Grundschule
- 1966 bis 1974 privates Heilig-Geist-Gymnasium in Würselen
- 1975 bis 1977 Ausbildung zum Buchhändler

Beruf
- 1977 bis 1982 Tätigkeit als Buchhändler für diverse Verlage und Buchhandlungen
- 1982 gründet er eine eigene Buchhandlung in Würselen
- 1994 Verkauf der Buchhandlung

SPD und Politik in Deutschland
- 1974 Eintritt in die SPD
- 1974 bis 1984 Engagement bei den Jusos, Vorsitzender des Juso-Stadtverbandes Würselen
- 1984 bis 1998 Mitglied des Rates der Stadt Würselen
- 1987 bis 1998 Bürgermeister der Stadt Würselen
- seit 1984 Mitglied im Vorstand der SPD Kreis Aachen
- von 1996 bis 2009 Vorsitzender der SPD Kreis Aachen

Politik in Europa
- seit 1994 Mitglied des Europäischen Parlaments
- 1994 bis 1996 Koordinator der sozialdemokratischen Fraktion im Unterausschuss Menschenrechte

- 1996 bis 2000 Koordinator der sozialdemokratischen Fraktion im Ausschuss für bürgerliche Freiheiten, Justiz und Inneres
- 1999 Wahlkampfleiter der SPD für die Europawahl
- 2000 bis 2004 Vorsitzender der SPD-Gruppe im Europäischen Parlament
- 2002 bis 2004 Erster stellvertretender Vorsitzender der sozialdemokratischen Fraktion im Europäischen Parlament
- 2004 bis 2009 Vorsitzender der sozialdemokratischen Fraktion im Europäischen Parlament
- 2009 bis 2012 Vorsitzender der S&D-Fraktion (Fraktion der Progressiven Allianz der Sozialdemokraten im Europäischen Parlament)
- von Juni 2012 bis 1. Juli 2014 Präsident des Europäischen Parlaments
- am 1. Juli 2014 Wiederwahl zum Präsidenten des Europäischen Parlaments

Auszeichnungen
- 2015 Internationaler Karlspreis zu Aachen für die Einheit Europas
- zahlreiche Orden

Freizeit und Hobbys
- Literatur, Kunst, Fußball und Familie

DANKSAGUNG

Ich möchte allen herzlich danken, die daran beteiligt waren, dieses Buch zu verwirklichen:

Martin Schulz für seine Bereitschaft und seine Zeit, mit Geduld, Offenheit und Empathie über sein Leben und seine politischen Erfahrungen zu erzählen.

Jean-Claude Juncker für das sehr persönliche und aktuelle Vorwort.

Sigmar Gabriel und Achim Post für ihre Erinnerungen an die langjährige Zusammenarbeit und Freundschaft mit Martin Schulz.

Rebecca Harms und Manfred Weber für ihre konstruktive Kritik an Martin Schulz und ihre Hinweise zur parteiübergreifenden Kooperation im Europäischen Parlament.

Andreas Kleiner, Armin Machmer und Markus Engels, die das Projekt von Anfang an engagiert begleitet und mir wertvolle Informationen und Hinweise über die parlamentarische Arbeit geliefert haben.

Eva Steffen und Benedikt Föger vom Czernin Verlag sowie Lektorin Senta Wagner.

Raphael Sternfeld für seine langjährige Freundschaft und seine Vernetzung in der europäischen Politik.

Lucien Giordani für intensive Debatten.

Dem *Kurier*, Helmut Brandstätter und Josef Votzi für ihre Förderung der europapolitischen Berichterstattung.

ÜBER DIE AUTORIN

Margaretha Kopeinig,
geboren 1956, Studium der Politikwissenschaft, Geschichte, Soziologie, Pädagogik in Wien, Genf und Bogotá, D.C. (Mag. Dr.). Seit 1989 als Journalistin tätig (*AZ, ORF*-Fernsehen, *profil, Kurier*). 1992 bis 1994 EU-Korrespondentin in Brüssel für die österreichische Tageszeitung *Kurier*. Danach Europa-Berichterstattung für den *Kurier* in Wien, seit 2015 erneut Korrespondentin in Brüssel.

Zahlreiche Veröffentlichungen, unter anderem: *Jean-Claude Juncker. Der Europäer* (2. erweiterte Auflage 2014, Czernin Verlag).